中等职业学校汽车检测与维修专业教学用书

汽车维修业务接待实务

主　编　潘　波
副主编　磨丽萍　黄　懿　朱友德
参　编　伍玉坤　陆伽璐　薛文灵　伍思昱
主　审　吕镇书

机械工业出版社

本书针对汽车维修业务接待岗位所需的知识与能力，以任务驱动模式编写。主要内容包括：汽车维修企业售后服务认知；汽车维修业务接待人员职业认知、汽车维修技工职业认知、汽车配件管理员职业认知、车辆保险理赔与三包理赔业务认知、汽车维修服务工作流程共六个模块、21项工作任务，同时精选了大量的实际案例，每个模块后配有思考与训练以及任务评价。

本书可作为中等职业学校汽车维修、汽车商务类专业的教材，还可以作为汽车维修企业员工的培训用书。

图书在版编目（CIP）数据

汽车维修业务接待实务/潘波主编. —北京：机械工业出版社，2012.9
（2021.8 重印）
中等职业学校汽车检测与维修专业教学用书
ISBN 978－7－111－39172－2

Ⅰ.①汽⋯ Ⅱ.①潘⋯ Ⅲ.①汽车－修理厂－商业服务－中等专业学校－教材 Ⅳ.①U472.31

中国版本图书馆 CIP 数据核字（2012）第 211140 号

机械工业出版社（北京市百万庄大街22号 邮政编码100037）
策划编辑：陈玉芝 责任编辑：陈玉芝 张振勇
版式设计：霍永明 责任校对：陈秀丽
责任印制：常天培
北京中科印刷有限公司印刷
2021年8月第1版·第8次印刷
184mm×260mm·14 印张·345 千字
24 001—55 000 册
标准书号：ISBN 978－7－111－39172－2
定价：29.00 元

电话服务 网络服务
客服电话：010-88361066 机 工 官 网：www.cmpbook.com
　　　　　010-88379833 机 工 官 博：weibo.com/cmp1952
　　　　　010-68326294 金 书 网：www.golden-book.com
封底无防伪标均为盗版 机工教育服务网：www.cmpedu.com

前　　言

汽车维修服务是汽车后市场中最重要的环节。汽车品牌 4S 店及汽车维修企业把能够为客户提供标准、规范、满意的服务作为企业经营的目标，推行的是规范化操作流程，星级服务标准。在汽车维修服务工作过程中，汽车维修业务接待是一个非常重要的岗位，是企业与客户沟通的桥梁，是企业市场开发、稳定客户、业务拓展等有效的途径。汽车维修业务接待人员通过规范的服务礼仪、规范的服务流程、熟练的汽车维修业务能力赢得客户对汽车维修企业形象的认可。维修业务接待人员的服务水平直接影响着客户满意度、忠诚度的提升。

通过对汽车维修服务市场的实际调研，参考多家品牌 4S 店的真实案例，并结合我国中等职业教育重在培养应用型、技能型人才的特点，在汽车服务行业专家的指导和参与下我们编写了《汽车维修业务接待实务》一书。本书从市场实际出发，在教材内容上充分体现了理论与实践相结合的原则，学生经过学习能够全面、系统地掌握汽车维修服务接待方面的知识和技巧，并能获得充足的维修业务接待岗位的职业技能。本书具有如下特点：

1. 就业岗位导向，德育技能并重。以就业岗位为导向，通过对维修服务企业的岗位能力分析，构建能力模块，设置实训场景，突出对岗位技能的培养。编写以六大模块为教学单元，对接维修企业接待活动涉及的相关工作岗位，每个模块设定知识目标、能力目标、情感与价值观目标。引入汽车 4S 店的实际操作流程，实现与企业业务的零距离对接。

2. 任务驱动引导，模式体例创新。全书设计六大模块共 21 个任务，突破教材编写的传统模式，突出编写体例的创新立意，采用任务驱动模式，内涵丰厚详实。教材汇集国内外汽车维修企业的典型服务流程，注重训练、培养学生的服务接待、实际操作和就业创业能力。

3. 结构新颖规范，荟萃经典案例。以任务目标、任务描述、相关知识、任务实施、案例分析、任务拓展、任务评价、学习小结等展示每个任务，任务设立贴近现实、贴近中国汽车消费市场的实际，使学生能够通过任务实施，轻松掌握汽车维修服务接待所需要的知识和技能。

本书作者由国家中等职业教育改革发展示范建设学校的一线骨干教师组成，由广西柳州市交通学校潘波任主编，磨丽萍、黄懿、朱友德任副主编；各模块的具体编写分工是：模块一由潘波编写；模块二由磨丽萍编写；模块三由黄懿编写；模块四由朱友德编写；模块五由陆珈璐、薛文灵编写；模块六由伍玉坤、潘波编写；全书部分图表、单据由伍思昱绘制，全书由潘波统稿，由柳州道路运输行业协会副会长吕镇书主审。

在教材编写过程中参考了国内外有关的论著、教材、报刊、杂志和网站，在此表示衷心的感谢！

由于时间紧张，加之作者水平有限，本书难免有疏漏之处，敬请广大同仁和读者不吝赐教。

编　者

目 录

前言
模块一 汽车维修企业售后服务认知 ································· 1
 任务一 汽车维修企业认知 ··············· 1
 任务二 汽车维修企业组织机构设置认知 ································· 6
 任务三 汽车售后服务认知 ············· 15
 任务四 企业 6S 管理认知 ··············· 22
模块二 汽车维修业务接待人员职业认知 ································· 35
 任务一 维修业务接待人员职业条件认知 ································· 35
 任务二 服务礼仪规范认知 ············· 41
 任务三 客户接待技巧认知 ············· 47
 任务四 客户关系管理认知 ············· 61
模块三 汽车维修技工职业认知 ······· 71
 任务一 汽车维修制度认知 ············· 71
 任务二 汽车维修工种认知 ············· 85
 任务三 汽车维修流程及维修设备认知 ································· 90
模块四 汽车配件管理员职业认知 ··· 99
 任务一 车辆识别 ··························· 99
 任务二 汽车配件认知 ··················· 107
 任务三 汽车配件管理 ··················· 118
模块五 车辆保险理赔与三包理赔业务认知 ································· 138
 任务一 车辆保险理赔 ··················· 138
 任务二 车辆三包理赔 ··················· 155
模块六 汽车维修服务工作流程 ······· 170
 任务一 预约 ································· 171
 任务二 接待 ································· 180
 任务三 维修作业 ··························· 189
 任务四 结算与交车 ······················· 201
 任务五 服务跟踪 ··························· 207
附录 ································· 215
参考文献 ································· 218

模块一

汽车维修企业售后服务认知

学习目标

◆ 知识目标
(1) 理解4S店、综合汽车维修厂、汽车快修店的经营模式和特点；
(2) 熟悉汽车维修企业的组织架构与岗位设置；
(3) 掌握汽车售后服务的定义、内涵；
(4) 了解汽车售后服务人员的基本素质要求；
(5) 懂得企业6S管理的意义、内容及实施方法。

◆ 能力目标
(1) 能够在汽车售后服务过程中表现出优秀的职业素养与品德；
(2) 学会灵活运用所学知识给客户留下深刻印象；
(3) 锻炼语言表达能力、与人沟通能力和思维创新能力；
(4) 培养阅读分析能力；
(5) 培养信息收集（含上网搜索）及处理能力。

◆ 情感与价值观目标
(1) 培养严谨的工作态度和爱岗敬业的精神；
(2) 培养诚信做人的品德、踏实做事的风格。

任务一 汽车维修企业认知

 任务目标

1. 了解不同类型的汽车维修企业；
2. 熟悉"汽车4S店"。

 任务描述

了解不同类型的汽车维修企业内涵，熟悉汽车售后服务企业特点，思考并拟定个人从业方向。

相关知识

随着汽车市场超高速的发展,汽车已走进了寻常百姓家中。2011年中国汽车工业入世已满十年,十年间汽车工业得到了快速发展,汽车销量年均增长超过20%,远高于全球总体增长水平,汽车工业综合实力明显提升。

一、我国汽车后市场状况

汽车维修、保养工作属于汽车后市场业务范围。在我国,随着汽车产销量的逐年增长,不同规模的汽车维修企业应运而生。汽车产销量的状况直接影响着汽车维修企业的成长和发展。

据国家有关权威部门发布的数据,2011年,中国汽车市场呈现平稳增长态势,产销量月月超过120万辆,平均每月产销突破150万辆,全年汽车销售超过1850万辆,再次刷新全球历史纪录。

二、汽车保养和维修企业分类

汽车属于耐用消费品。都说"买车容易养车难",车主从买车那天起就不得不开始为汽车的保养和维修做准备。一辆新车从购入到汽车报废的全部花费,购车费用大约只占到35%左右,燃油费、税费险费、停车费等大约占到20%,后期保养和维修大约占到45%左右。因此,汽车保养和维修企业是汽车后市场最重要的组成部分。

目前,中国从事汽车保养和维修企业主要有以下五种类型:一是汽车特约销售服务中心(4S店);二是大中型综合汽车维修厂;三是汽车维修路边店(小型综合维修);四是汽车专项服务店(总成维修或单项服务);五是品牌快保、快修、美容、装饰连锁店(以下简称快修连锁店)。这五种类型在经营面积、设备投资、人员素质、地点便利性、服务质量、服务时间和收费标准等方面各有千秋。

任务实施

上网搜索,了解维修企业定义(或参观维修企业),结合表1-1所列的汽车保养和维修企业定义及特点的全部内容,比对三种主要的汽车维修企业的优缺点,分组讨论后对各企业的特点予以阐述(全班分成5~6个小组进行任务实施,考核各小组活动及讨论的组织、内容、秩序情况)。

表1-1 汽车保养和维修企业定义及特点

企业名称	定义	特点
汽车特约销售服务中心(4S店)	一种汽车服务方式,属于汽车特许经营的范畴。4S店就是包括整车销售(Sale)、零配件(Spare part)、售后服务(Service)和信息反馈(Survey)于一体的专门经营一种品牌的汽车销售服务店	须按厂家的要求单独注册一个公司来运营,厂房等基础设施及生产设备须按照厂家的统一标准建设,由厂家供给零配件。消费者到4S店来感受的是销售、维修、保养的全方位专业服务,还能定期享受到厂家的一些免费检测、保养等优惠活动

模块一　汽车维修企业售后服务认知

(续)

企业名称	定 义	特 点
大中型综合汽车维修厂	综合汽车维修厂是指同时维修几种品牌汽车的维修企业	通常只从事汽车的保养和维修,并不销售汽车。但经营方式灵活,价格便宜,很多消费者在过了保修期以后通常会选择综合汽车维修企业来保养和维修车辆
品牌快保、快修、美容、装饰连锁店(简称快修连锁店)	汽车快修店是指从事汽车保养(维护)以及简单维修等业务的企业。目前,汽车快修店以及与汽车后市场相关的行业,如洗车、美容、装饰等行业通常以品牌连锁经营的方式出现	技术力量及维修质量不如品牌4S店,但经营方式灵活,价格便宜

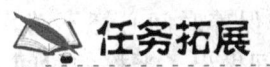
任务拓展

1. 理解"以客户为中心"的4S店

消费者喜欢选择在4S店购买车辆,最主要的原因是他们能够在这样的店里享受到销售、维修、美容、保养的一条龙专业服务,同时还能定期得到厂家的一些免费检测,免费保养等优惠活动,为购车者解决后顾之忧。4S店运营的模式必须按厂家的标准执行,同时不断获得厂家的专业培训和技术支持,并且每年受到厂家的专业业绩评估考核,甚至要定期经受第三方专业调查公司的客户满意度调查。4S店服务过程中所需的零配件直接由厂家专供,从而杜绝假冒伪劣配件进入服务环节。

4S店不仅是汽车生产厂商完善售后服务的手段,也是汽车市场激烈竞争下的产物。随着汽车市场的逐渐成熟,客户需求的多样化,消费者对产品服务的要求也越来越高,越来越严格,原有的代理销售体制已不能适应市场与客户的需求,4S店的出现,恰好最大限度地满足了市场和客户的各种需求。随着人们生活水平的提高,消费者买车不仅是为了实用,更注重的是一种享受。

汽车售后服务质量是消费者最关注的焦点。而4S店的经营模式,能使客户在购车、用车到修车的全过程都能得到良好的服务保障,而且还能享受到厂商为客户提供的汽车文化活动等增值服务,真正实现了以消费者为本的经营理念。因此,4S店的业务中,最重要的是售后服务,完美的售后服务能给客户带来安全感,同时也加强了专卖店与客户的联系,培养了客户对产品的忠诚度,这对于专卖店来说至关重要,也彻底将过去"以企业为中心"的经营理念,转变为"以客户为中心"的理念,为客户提供人性化、多功能、全方位的立体化服务。

2. 汽车快修店的优势

相对于4S店和大中型汽车维修厂,汽车快修店及包含洗车、美容、装饰等行业的品牌连锁企业有以下特点及优势:

(1) 投资方面　目前在我国汽车维修行业唱主角的4S店通常要投资数千万元,而快修连锁店投资一般在20万~50万元之间,投资风险较低。

(2) 市场份额方面　4S模式只能维修某一固定品牌,市场容量有限。快修连锁模式没

3

有品牌限制，面对车型较多。

（3）资源共享方面　快修连锁模式的配件由连锁总部统一供应，资金周转快，昂贵的检测诊断设备可以共享，可以降低经营成本。4S模式的配件库存及供应、检测设备必须由厂家指定配置，成本较高。同一品牌的不同4S店往往属于不同的投资者，他们之间没有战略联盟，资源不会共享，只有相互竞争关系。

（4）服务对象方面　随着私家车的增多，使得维修行业面对的服务对象由过去的企事业单位为主变成了现在的私家车主为主，车主们对爱车维修保养的要求开始升级。很多车主在车辆过了保修期之后不愿再到4S店或特约维修站维修、保养，理由是"反应慢、价格高、效率低、服务项目不灵活"。现在车主对车辆维修保养的需求已集中在"快捷、方便、便宜"三方面，既收费低廉又保证质量的快修连锁店的出现把他们从4S店和路边店里"挽救"了出来。

（5）时间方面　多数车主已经对大型维修厂一天甚至数天的维修保养时间心怀不满。而多数快修连锁店实行"一对一"的专项服务，并对单个项目作业时间做出了严格的时间及质量承诺，保证在较短时间内完成作业，不会耽搁车主过多时间。

（6）地域方面　随着城市化进程的加快和城市规划的调整，加上占地较大、环保要求较高，不少大型的维修企业都搬迁或者建在距市中心较远的郊区或城乡结合部，给不少车辆的维修带来不便。而快修连锁店只要拥有几个店面，具备废油回收等设备就可以"深入群众"，开设到社区。

（7）政府支持方面　为了以市场手段改变路边店损害城市形象的现状，一些城市的行业管理部门大力支持快修连锁店的发展。

【案例讨论】

汽车维修企业没有业务接待将会怎样

20世纪90年代以来，业务接待已逐步成为汽车维修企业经营管理的重要组成部分，业务接待员越来越显示出其在汽车维修企业中的重要作用。尤其是近年来，人们常把业务接待的好坏作为衡量汽车维修企业好坏的直接标准。客户这样看，绝大多数汽车修理厂厂长也这样看。把业务接待所起的作用绝对化固然不对，认为业务接待可有可无更是错误的。

有这样一位客户，去一个汽车修理厂修车，他期望得到热情的接待，故障诊断准确，修车费用合理，可是他去的是一个没有业务接待的修理厂，他的期望与实际有着很大的差距，可能会遇到一件或几件让人很不愉快的事，如：

他的到来不被重视；

回答修车技术问题非常不专业；

故障判断明显有误；

维修环境差，维修设备不齐全；

厂长什么都管，又什么都不管；

价格偏高。

无论遇到上述的一件或是几件事，都会引起客户的不满，并可能会做出以下结论：第一，这个修理厂不正规、档次低；第二，服务差，厂家与客户之间无沟通；第三，维修条件差，在这儿修车不放心，于是决定不在这个修理厂修车了。

在实际中，凡条件尚可而又不设业务接待的汽车修理厂确实存在客户少、回头客少和大中修业务少的"三少"现象。认为业务接待是可有可无的厂长们在激烈的市场竞争中缩手缩脚，只顾眼前利益，忽略了业务接待的作用，势必"捡了芝麻，丢了西瓜"，导致大批客户流失。

分组讨论：业务接待重不重要？

结论：作为一个汽车维修企业，有和没有业务接待大不一样。有了合格的业务接待，将给客户留下各种好的印象，如：这个修理厂很规范、够档次；服务态度好，有亲近感；服务人员解答修车、保险、索赔等有关问题都很专业；在这儿修车很放心。

任务评价

任务编号		1	学时：2学时		学生姓名：		总分：	
类别	序号	评价项目	评价内容及要求	配分	学生自评	学生互评	教师评价	得分
职业素质评价	1	文明、安全生产	遵守多媒体室（教室）文明规则。遵守设备（含计算机、教具）安全操作规程	10				
	2	个人礼仪	衣帽、发饰、仪态以及活动中的守纪情况	10				
	3	团队合作	沟通交流、合作参与意识，小组讨论的组织、内容、秩序等。能勇于发言，观点准确、有独到见解	20				
	4	任务执行	协作性、积极主动性；责任感、任务完成度	10				
知识掌握及岗位技能评价	5	了解汽车维修企业分类	是否明白汽车保养和维修企业的分类及不同维修企业的含义，能够区分其主要功能	20				
	6	懂得业务接待的重要性	明白汽车维修企业（尤其是4S店）加强业务接待的重要意义	10				
	7	理解及运用知识能力	是否理解所学知识，能运用所学知识解决案例讨论和思考与训练	10				
	8	完成时间	能否按时完成各项任务（含练习）	10				

注：按学生自评占20%，学生互评占30%，教师评价占50%计算总分。

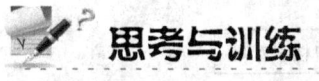

1. 判断题

（1）2011年，我国成为世界第一大汽车生产国和新车消费市场。　　　　　（　　）

（2）汽车属于耐用消费品。　　　　　　　　　　　　　　　　　　　　　（　）
（3）4S店服务过程中所需的零配件直接由厂家专供。　　　　　　　　　（　）

2. 简答题

（1）简述汽车特约销售服务中心（4S店）的含义。

（2）请说出汽车快修店较之4S店的优劣势。

任务二　汽车维修企业组织机构设置认知

任务目标

1. 了解汽车维修企业的组织架构；
2. 懂得维修企业岗位设置及对从业人员的素质要求。

任务描述

带领学生参观汽车维修厂和品牌4S店等汽车维修企业，感性认识汽车维修企业内部岗位设置情况及对从业人员技能知识要求，使学生思索并初步设定个人就业岗位。

相关知识

不同类型企业的组织架构与岗位设置有一定的区别。这里重点介绍特约销售服务中心、综合汽车维修厂和汽车快修店的组织架构与岗位设置。

一、特约销售服务中心（汽车4S店）的组织架构与岗位设置

不同品牌4S店（或某品牌特约销售服务中心）的组织架构大同小异，岗位设置名称略有区别。以下介绍4S店常见的组织架构与岗位设置。

1. 4S店整体组织架构与岗位设置

（1）组织架构　以某品牌4S店公司整体组织架构为例，如图1-1所示。

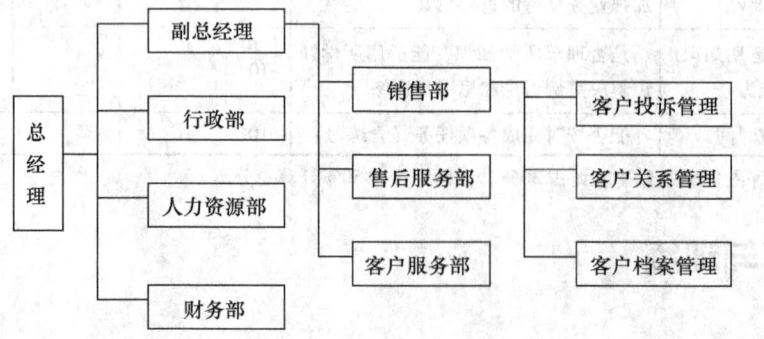

图1-1　某品牌4S店公司整体组织架构

(2) 岗位设置　各部门主要岗位设置及工作职责如下：

1) 总经理/副总经理：1人，必要时设分管副总经理1~2人。上级：董事会；下级：各职能部门经理/主管。负责公司整体经营状况、管理、服务质量等；领导公司各职能部门；完成汽车厂家要求在当地的市场占有率、销量、客户满意度等各项业绩指标。

2) 行政部经理：1人。上级：总经理；下级：部门人员若干人，人数根据实际情况确定。负责行政办公、硬件设施维护管理；部门运作流程的规范；安全、食堂、宿舍等其他后勤相关工作。

3) 人力资源部经理：1人。上级：总经理；下级：部门人员若干人。负责人员招聘管理及实施；人员培训及考核；建立和实施人员激励机制、发展计划。

4) 财务部经理：1人。上级：总经理；下级：部门人员，如会计、出纳等财务相关人员。直接向总经理负责，管理财务相关工作；按照汽车厂家的有关财务政策进行日常运作。

5) 客户服务部经理：1人。上级：总经理；下级：部门人员，如客户服务人员若干人。负责客户分类、档案管理；客户关系的维护，对公司的客户满意度负责；处理客户投诉等与客户相关的事务。

2. 4S店销售部组织架构与岗位设置

(1) 组织架构　以某品牌4S店销售部门组织架构为例，如图1-2所示。

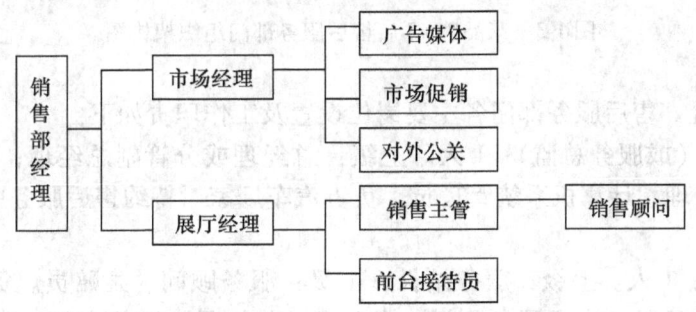

图1-2　某品牌4S店销售部门组织架构

(2) 岗位设置　销售部门各主要岗位设置及工作职责如下：

1) 销售部经理：1人。上级：总经理；下级：展厅经理、市场经理、二级网络/集团销售经理、销售内训师。负责完成总经理下达的当地的市场占有率、销量、客户满意度等销售业务指标；建立、培养和完善一支以客户为中心、训练有素的销售队伍；市场分析、管理及促销；大客户管理；严格执行汽车厂家营销运作标准等。

2) 展厅经理：1人。上级：销售部经理；下级：销售主管若干人（下辖销售顾问）、前台接待员。负责展厅的管理；任务目标的执行；日、周、月进度的掌控等。

3) 市场经理：1人。上级：销售部经理；下级：部门人员，如广告、促销、公关等人员。负责维护和推广品牌的品牌形象和品牌个性；策划、组织、实施区域内的市场推广计划、促销活动及媒体公关工作；研究、分析竞争对手市场策略；提高自身市场活动的效率。

4) 二级网络/集团销售经理：1人。上级：销售部经理；下级：销售专员若干人。负责销售网络开拓及规范；集团、政府的车改信息收集；培训二级网络、销售专员等。

5) 销售内训师：1人，可以由展厅经理兼任。上级：销售部经理；下级：销售主管、销售顾问等。负责落实汽车厂家对品牌授权销售服务中心的培训计划及培训相关要求；销售培训的组织及授课。

3. 4S店售后服务部组织架构与岗位设置

（1）组织架构　以某品牌4S店售后服务部门组织架构为例，如图1-3所示。

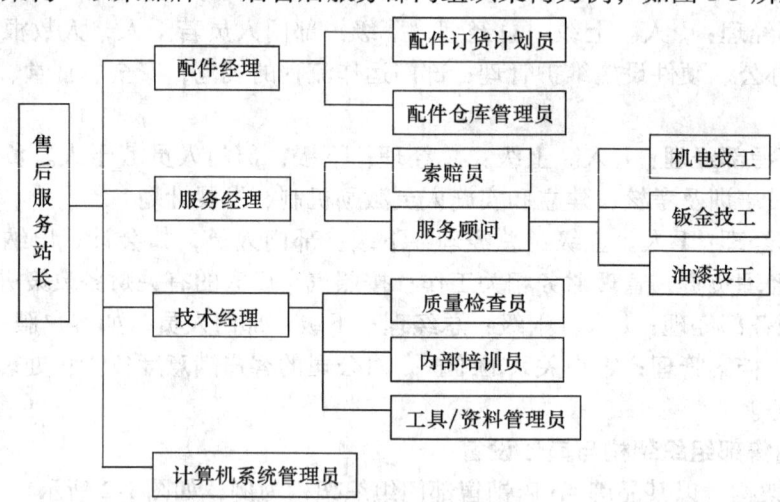

图1-3　某品牌4S店售后服务部门组织架构图

（2）岗位设置　售后服务部门各主要岗位设置及工作职责如下：

1）服务站长（或服务总监）：1人。上级：总经理或分管副总经理；下级：服务经理、配件经理、技术经理、计算机系统管理员。负责汽车厂家对特约售后服务中心要求的全面管理工作。

2）服务经理：1人。上级：服务站长；下级：服务顾问、索赔员。负责制定、安排和协调服务工作具体开展，协调服务顾问、索赔员、收银员、维修车间、配件部门之间的关系；负责解决服务过程中与客户发生的纠纷，主持重大质量事故和客户投诉的处理。

3）技术经理：1人。上级：服务站长；下级：质量检验员、内部培训员、工具/资料管理员。负责技术管理、维修质量、培训、工具/资料等技术管理制度的制定；解决技术难题等。

4）配件经理：1人。上级：服务站长；下级：配件订货计划员、配件仓库管理员。负责保证维修所需的充足的配件供应，对配件的质量负责。

5）服务顾问：若干人，根据实际情况定。上级：服务经理；下级：机电技工、油漆技工、钣金技工。负责按服务流程完成车辆维修的工作；负责一般客户投诉的解决；负责建立完善客户档案。

6）索赔员：1人。上级：服务经理；下级：无。负责索赔相关工作。

7）内部培训员：1人。上级：技术经理；下级：无。负责接受汽车厂家机电技术培训；负责实施经销商内部技术培训工作，组织协调其他内部培训项目。

8）质量检验员：1人。上级：技术经理；下级：无。负责维修质量的检验及反馈，保证维修质量等相关工作。

9）机电技工：若干人。上级：服务顾问；下级：无。负责车辆的机电维修工作；负责本工位设备及工具的维护与保养；负责工序质量的自检；负责工位环境的清洁与保持。

10）钣金技工：若干人。上级：服务顾问；下级：无。负责车辆的钣金维修工作；负责本工位设备及工具的维护与保养；负责工序质量的自检；负责工位环境的清洁与保持。

11）油漆技工：若干人。上级：服务顾问；下级：无。负责车辆的调漆、喷漆工作；负责本工位设备及工具的维护与保养；负责工序质量的自检；负责工位环境的清洁与保持。

12）工具/资料管理员：1人。上级：技术经理；下级：无。负责建立维修工具、设备及售后服务资料目录；负责工具、设备、资料库房的日常管理。

13）配件定货计划员：1人。上级：配件经理；下级：无。负责与配件订购计划相关的工作。

14）配件仓库管理员：1~2人。上级：配件经理；下级：无。负责与配件库存管理及发放等相关的工作。

15）计算机系统管理员：1人。上级：服务站长；下级：无。负责售后服务中心计算机系统的正常运作及维护；做好售后服务中心网络操作人员的工作指导；负责IT信息的维护、接收与反馈。

二、综合汽车维修厂的组织架构与岗位设置

1. 组织架构

以大型的综合汽车维修厂为例，常见的综合汽车维修厂的组织架构如图1-4所示。

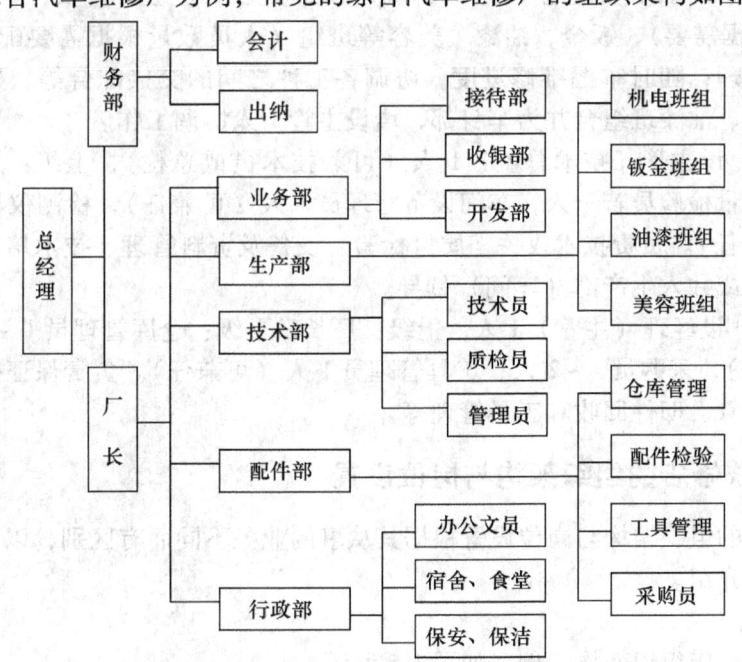

图1-4 常见综合汽车维修企业组织架构图

2. 岗位设置

各部门人员编制与职能如下：

1）总经理：1人，上级：董事会；下级：厂长和财务部主管。负责公司全面事务，直接管理财务部，必要时可设分管副总经理。

2）厂长：1人，上级：总经理；下级：业务部（前台）经理、生产部（车间）主管、配件部主管、技术部主管、行政部主管。负责公司（厂）生产管理，必要时可设分管副厂长。

3）财务部：设主管1人（必要时兼会计），上级：总经理；下级：会计1人，出纳1人。负责公司财务工作，完成财务结算、统计、账务、报表等工作，同时管理收银员（隶属业务部）的业务。必要时可以和行政部合并为一个部门。

4）行政部：根据行政部的职能不同，有时也称办公室、综合部等，设主管1人，上级：厂长；下级：文员1人，根据需要配宿舍、食堂、保洁、保安若干人。负责公司的行政管理和制度落实；负责人事、后勤保障、档案管理、安全保卫、公共事务等非生产性的辅助工作；负责落实公司安排的各项临时性任务。必要时可以和财务部合并为一个部门。

5）业务部：也称接待部、接车部或前台等。设经理（主管）1人（兼接车员），上级：厂长；下级：接车员若干人，收银员1人（与财务部双重管理）。负责车辆维修接待、签订维修合同；与车间联系安排车辆维修，督促维修进度；结算收银；客户跟踪回访及客户管理等。根据需要设业务开发人员若干人，负责定点单位、长期客户的管理；车辆保险业务、理赔业务；清理外欠账务；公司营销活动的组织策划。必要时也可单独设一个业务开发部门，增设主管1人，可直接由厂长或总经理领导。

6）生产部（车间）：设主管1人（可兼调度或总检），上级：厂长；下级：调度员1~2人，机电（根据需要）、钣金、油漆、美容等班组（人员数量根据需要配置）。负责车间各班组的日常管理；随时掌握维修进度，协调各工种之间的交接配合等。如果事故车数量大，可以将钣金、油漆班组合并为车身部，增设主管1人协调工作。

7）技术部：设主管（技术总监）1人（可兼技术员或总检），上级：厂长；下级：技术员若干人，质量检验员若干人，车间设备管理员1人（可兼任），检测仪器和技术资料管理员1人（可兼任）。负责技术攻关、质量检验、设备及资料管理、技术培训等工作。本部门可以单独设立或并入生产部（车间）领导。

8）配件部：设经理（主管）1人，上级：厂长；下级：仓库管理员1~2人，配件检验员1人（可兼任），采购员1~2人，工具管理员1人（可兼任）。负责保证生产维修的配件供应、配件的保管、旧件回收和工具管理等。

三、汽车快修店的组织架构与岗位设置

汽车快修店的组织架构与岗位设置根据其从事的业务不同而有区别，以下以最常见的快修加美容店为例介绍。

1. 组织架构

以某快修美容店组织架构为例，如图1-5所示。

2. 岗位设置

快修美容店的规模不同，相应的服务项目配置也不同，基本项目配置包括洗车、美容、免拆保养、油电路快修、车身快修、车辆加/改装等。

规模较小的快修美容店，更多采用兼职方式，对人员素质全面性要求较高，如维修可以

只设置技师一人,但要求技师对油路、电路、机械都要精通,其他工作设置养护技工即可。

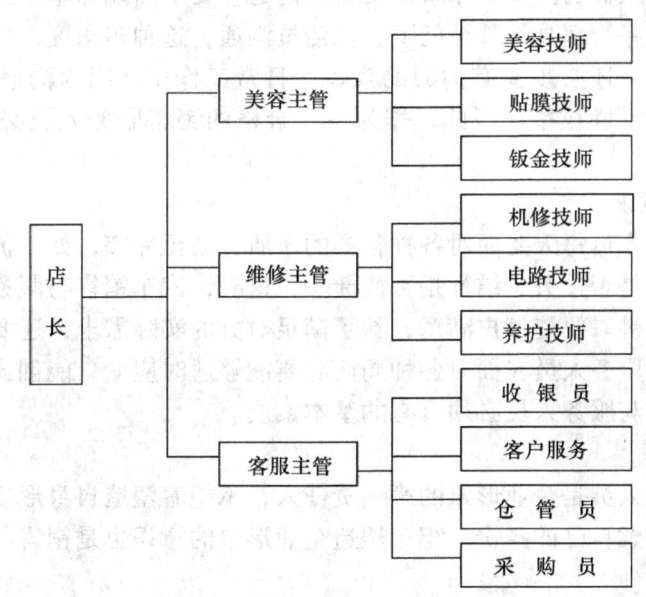

图 1-5 快修美容店组织架构图

规模较大的快修美容店,也可以增加岗位设置,如财务人员,在上述描述中,可由客服主管兼任,如果规模较大,可以把财务单独设置,包括会计、出纳与收银员。可兼任的岗位还包括:客户服务部只设两人,1人为收银员,1人为精品销售兼客户接待员,仓管、采购人员均可由技术工人兼任。

四、汽车售后维修与保养接待人员的基本素质要求

汽车销售与服务人员又称为业务人员,从事整车销售的人员也称销售顾问或销售员、销售专员,从事售后服务的人员也称服务顾问、服务专员、业务接待或接车员等,汽车销售与服务人员是企业的"第一印象"和"最后印象"的体现者,是业务成交的关键。愉悦的交往、完美的表达、高水平专业能力的显示都有助于业务的成交。汽车销售与服务人员必须具备以下基本素质:

1. 服务意识

汽车销售顾问与服务顾问是服务型岗位,所以服务意识特别重要。一句贴心的问候、一杯淡淡的清茶,看似简单,但是对不具备良好服务意识的人来说却很难做到,汽车销售与服务企业的优秀人员必须具备服务意识,热爱工作,能够热情地为客户服务。

2. 真诚互惠意识

汽车销售与服务人员对外代表企业,对内代表客户利益,所以必须具备真诚互惠的意识,才能在本岗位发挥巨大的作用,若工作中自己的位置稍有偏颇,不是损失了企业的利益,就是得罪了客户,唯有具备真诚互惠的意识,作好双方利益的平衡,才能维护好客户关系,保障企业的利益。

3. 沟通交往意识

汽车销售与服务人员的主要工作就是交流和沟通，要不断地和车主、维修技工、主管技师、配件采购员、仓库管理员，甚至门卫、保洁员沟通，这种多角度、多层次的沟通不仅要求员工要有沟通能力，还必须要有沟通的意识，日常工作中，因为沟通不畅造成的内部矛盾、客户抱怨的例子不胜枚举。因此，作为一个合格的销售服务人员必须具备沟通交往意识。

4. 应变与创新意识

汽车销售与服务人员每天要面对各种各样的矛盾，甚至冲突，如：价格是否合理、交车是否及时、配件质量是否过关、结算是否快捷等，这时，汽车销售与服务人员的应变与创新的能力就显得特别关键。要使客户满意，除了满足对方的实际需求，还要看在面对复杂问题时的处理方式，所以服务人员在面对各种局面时要能够适时应变，能创造性地开拓思路和解决问题也是汽车销售与服务人员必须具有的基本素质。

5. 塑造形象意识

汽车销售与服务人员是企业形象的第一责任人，承担着塑造自身形象和企业形象的双重任务，所以要时刻注意自己的身份，牢记塑造企业形象的意识也是销售与服务人员必须具备的基本素质。

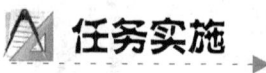

参观汽车维修企业——品牌汽车 4S 店

学生通过参观，听取汽车维修企业工作人员对企业的介绍，了解汽车维修企业的工作环境，懂得接待人员的礼仪规范要求，并感性认识维修企业。

参观的内容有：①参观汽车 4S 店维修接待区，见图 1-6；②在 4S 店维修接待区聆听介绍，见图 1-7；③4S 店着装整齐的接待人员，见图 1-8；④品牌汽车 4S 店维修接待前台，见图 1-9；⑤学生进入汽车 4S 店维修车间参观，见图 1-10；⑥整齐干净的汽车 4S 店维修车间，见图 1-11；⑦汽车 4S 店技工在认真维修车辆，见图 1-12；⑧认知汽车 4S 店常用维修工具，见图 1-13；⑨在 4S 店聆听店长介绍企业，见图 1-14。⑩顾客在汽车 4S 店维修前台咨询，见图 1-15。

图 1-6　参观汽车 4S 店维修接待区

图 1-7　在 4S 店维修接待区聆听介绍

图 1-8　4S 店着装整齐的接待人员

图 1-9　品牌汽车 4S 店维修接待前台

图 1-10　进入汽车 4S 店维修车间参观

图 1-11　整齐干净的汽车 4S 店维修车间

图 1-12　4S 店技工在认真维修车辆

图 1-13　认知汽车 4S 店常用维修工具

汽车维修业务接待实务

图 1-14　在 4S 店聆听店长介绍企业

图 1-15　顾客在汽车 4S 店维修前台咨询

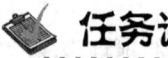 任务评价

任务编号			2	学时：2 学时		学生姓名：		总分：	
类别	序号	评价项目		评价内容及要求	配分	学生自评	学生互评	教师评价	得分
职业素质评价	1	文明、安全意识		遵守参观企业安全文明规章。遵守企业设备安全操作规程	10				
	2	个人礼仪		衣帽、发饰、仪态；参观企业过程中的礼仪规范及守纪情况	10				
	3	团队合作		沟通交流、合作参与意识；小组讨论的组织、内容、秩序等；能勇于发言，有独到见解	20				
	4	任务执行		协作性、积极主动性；责任感、任务完成度	10				
知识掌握及岗位技能评价	5	了解维修企业组织结构		掌握不同汽车维修企业的组织机构，能够区分维修企业的类型	15				
	6	接待人员基本素质		明白汽车售后服务接待人员应具备哪些基本素质	10				
	7	理解及运用知识能力		是否理解所学知识，能运用所学知识完成训练。能绘制所参观企业组织结构图	15				
	8	完成时间		是否按时完成各项任务（含练习）	10				

注：按学生自评占 20%，学生互评占 30%，教师评价占 50% 计算总分。

 思考与训练

1. 简答题

（1）汽车特约销售服务中心（4S 店）与综合汽车维修厂在组织结构上有何差别？

（2）结合参观情况，谈谈汽车售后服务接待人员应具备哪些基本素质。
2. 分组讨论并画出所参观的维修企业的组织结构图（分组画在黑板上）。

任务三　汽车售后服务认知

 任务目标

1. 了解服务及汽车售后服务的概念；
2. 掌握汽车售后服务的内涵；
3. 懂得汽车售后服务的现状及发展趋势。

 任务描述

运用网络查询汽车综合维修企业或标准的汽车 4S 店售后服务部的工作内容；结合所学的相关知识，分组讨论汽车售后服务的含义、现状及发展趋势。

 相关知识

一、汽车售后服务概述

1. 服务的概念

服务通常是指服务提供者通过提供必要的手段和方法，满足接受对象需求的过程。在这个过程中，服务的提供方通过运用各种必要的手段和方法，满足接受服务之对象的需求。

2. 汽车售后服务的概念

汽车售后服务是指将与汽车相关的要素同客户进行交互，或由顾客对其占有活动的集合。

依据汽车在使用过程中服务的范围不同，汽车售后服务有广义和狭义之分。

狭义的汽车售后服务是指从新车进入流通领域，直至其使用以后回收报废的各个环节涉及的各类服务，包括汽车销售、广告宣传、贷款与保险资讯等营销服务，以及整车出售及其后与汽车使用相关的服务，包括维修保养、车内装饰、金融服务、车辆保险、三包索赔、二手车交易、废车回收、事故救援和汽车文化等。

广义的汽车售后服务则可延伸至汽车生产领域，如原材料供应、产品开发、产品设计、质量控制、产品外包装设计，以及市场调研等。

汽车售后服务泛指客户接车前后，由汽车销售部门为客户所提供的所有技术性服务工作。这些服务有的在售前进行，有的在售时进行，但更多的是在车辆售出后，按行车期限、行驶里程所进行的质量保修、维修、技术咨询以及配件供应等一系列服务工作。这些服务内容称为传统服务。而在现代理念指导下的汽车售后服务不仅仅局限于传统服务，其所包含的内容更新，涉及面更广。

3. 汽车售后服务的内涵

1）汽车售后服务的目标是满足客户需求，使客户满意。用户的满意程度反映了对汽车售后服务的认同程度，所以，汽车售后服务必须突出服务质量，以提高客户满意度为中心。

2）汽车售后服务的精髓在于汽车售后服务系统的整合。汽车售后服务链是把整个汽车售后服务系统从原材料采购开始，经过生产过程和仓储、运输及配送到达用户，以及用户使用过程的整个过程看做是一条环环相扣的链，努力通过应用系统的、综合的、一体化的先进理念和先进管理技术，在错综复杂的市场关系中使汽车售后服务链不断延长，使得整个社会的汽车售后服务网络实现系统总成本最小。

3）现代汽车售后服务的界定标志是信息技术。现代汽车售后服务与传统汽车售后服务的有所不同，现代汽车售后服务是以信息作为技术支撑来实现其整合功能的。现代汽车售后服务对信息技术的应用、依赖达到了空前的程度，可以说，现代信息技术是现代汽车售后服务的灵魂。现代汽车售后服务和信息技术融为一体、不可分割。现代汽车售后服务呈现出系统化、专业化、网络化、电子化和全球化的趋势。

4）可持续发展是现代汽车售后服务的重要内容。汽车行业的迅速发展，最直接的后果是汽车保有量的巨增，使城市交通阻塞，噪声与尾气污染加重，增加了环境负担，对环境产生了较大的负面影响。现代汽车售后服务要从节能与环境保护的角度对汽车售后服务体系进行改进，不断提高汽车售后服务水平，促进经济的可持续发展。

4. 汽车售后服务的主要特征

1）系统性。系统性是汽车售后服务的主要特点。汽车本身就是一个复杂的系统。汽车售后服务所涉及的主要内容有原材料和配件供应、物流配送、售后服务、维修检测、美容装饰、智能交通和回收解体等。它运用系统的思想和现代化的科学管理方法，以及最新手段，将分散的、各自为政的局部利益，巧妙地连接在一起，形成了一个各部分有机结合的系统服务工程。

2）广泛性。汽车售后服务系统涉及的因素很多，涉及的学科领域也较为广泛，如行为科学、工程学、数学、环境学、法律学、管理学和经济学等。从时间关系看，包括了规划、拟定、分析和运筹等各个阶段。

3）经济性。国际汽车市场上，汽车销售和售后服务的利润水平都很高。国际著名咨询公司麦肯锡的研究结果显示，从销售额看，在成熟的汽车市场中，服务占33%，配件占19%，零售占7%，而制造商仅占21%。汽车售后服务业，在美国被誉为黄金产业。美国汽车售后服务业从业人员有350多万人，年产值高达1400亿美元，汽车维修业的利润率达到27%。通用汽车和福特汽车信贷公司的资料显示，汽车金融服务的赢利占两大集团全部利润的36%。欧洲汽车售后服务业也是汽车产业获利的主要来源。汽车售后服务业的利润来源，成为汽车产业可持续发展的重要支柱。战略管理咨询公司罗兰贝格的报告认为，2010年中国的汽车售后服务市场的规模将达到1900亿元人民币，在亚洲仅次于日本，位居第二。

4）后进性。自汽车诞生之日起就有汽车服务活动的发生，但汽车售后服务工程的形成却只有短短的几十年时间。汽车售后服务技术的发展落后于汽车制造技术的发展，汽车售后服务工程的产生要比汽车运用和制造的历史短暂，即后进性。究其原因主要有两个方面：一是随着生产水平的提高和科技水平的发展，汽车售后服务水平也在不断提高，逐步走向现代化，传统的依靠人的经验来进行汽车故障的检测，已演变为依靠智能化仪器来自动进行汽车

模块一　汽车维修企业售后服务认知

故障的检测，但其从属地位没有发生改变，极大地限制了汽车售后服务工程的发展。只有当到了生产高度发展和产品较为丰富的时期，服务成本相对上升的矛盾突出后，汽车售后服务工程的重要性才被人们认识，从而促进汽车售后服务工程的研究和发展。也就是说，汽车售后服务工程是在生产发展到一定水平之后，适应社会经济的需要才产生的，这是形成汽车售后服务工程后进性的根本原因。二是汽车售后服务工程是融合了许多相邻学科的成果以后逐渐形成和发展起来的，如电子技术、系统工程和技术经济学等都是汽车售后服务工程学科形成的重要基础。汽车售后服务工程学科对实践的指导作用，对社会经济和生产发展的价值体现，也必然依赖于相关学科的支持才能得以实现。因此，汽车售后服务工程只能在这些学科出现之后才能得以诞生和发展。

 任务实施

1. 查询"我国汽车售后服务现状"

将学生分为5~6个学习小组，分别上网查询或通过市场调研了解我国汽车维修企业售后服务的现状，每组派代表汇报收集到的资讯，集体讨论以了解汽车售后服务的发展状况。各小组任务详见表1-2。

表1-2　"我国汽车售后服务现状"查询任务分解表

学习小组	上网查询及调研任务	负责人
第一组	我国汽车售后服务相关法律和法规	
第二组	我国汽车售后服务机制及主要的经营模式	
第三组	我国汽车售后服务市场秩序及服务品牌状况	
第四组	我国汽车售后服务专业人才情况	
第五组	我国汽车售后服务企业的服务理念	
第六组	收集、汇总各组查询及调研到的相关资料	

2. 分析我国汽车售后服务现状

1) 底子薄，基础差。由于受到传统计划经济体制的影响，长期以来，国内汽车售后服务市场缺乏来自内部的竞争和价值规律强有力的杠杆作用。在改革开放初期，我国的汽车用户主要是公务机构和各类社会团体，对汽车售后服务的要求不高，不能够对汽车售后服务业发展形成足够的压力；同时，汽车服务业一直受到国家的保护，缺乏外来竞争。目前，我国的汽车售后服务业虽然得到了很大程度的发展，但仍然存在一些服务"盲点"，许多汽车生产厂商建立的销售系统还不能有效地和社会服务系统进行有机整合，其他服务类别也是各自为政。

2) 相关法律和法规有待完善。国内汽车行业由于制造及销售环节的高利润持续时间过长，对于汽车售后服务的关注不足，甚至有许多不规范的情况发生。这说明我国的汽车售后服务市场急需建立诚信机制。这需要相关从业人员的自律，更需要有法律保障。2004年10月1日，我国的汽车召回制度，即《缺陷汽车产品召回管理规定》已经正式实行，但是，最关键的还在于汽车"三包"服务制度能够早日正式出台，有了这些制度的保障和规范，汽车售后服务行业才能真正走上良性的发展轨道。

汽车维修业务接待实务

3）多种机制并行。从目前的汽车售后服务方式分析，我国汽车售后服务主要有两大经营模式，即"四位一体"和"连锁经营"。

汽车4S店是一种以"四位一体"为核心的汽车特许经营模式，包括整车销售（Sale）、零配件（Spare part）、售后服务（Service）和信息反馈（Survey）。

1998年广汽本田、别克、奥迪率先在我国建立了汽车品牌专卖店，即4S店，这种形式得到了制造商的青睐。"四位一体"这一模式对于我国汽车工业发展的初期阶段是比较适用的，因为当时少数几种品牌占据了绝对的控制地位。但是，在目前新车迭出的中国车市，这种方式已经渐渐显露其弊端，加上在实际实施中的许多不规范做法，"四位一体"的生存压力正在不断加大。

第二种是以美国为代表的"连锁经营"模式。这种服务模式在美国兴起的时间并不长，但是在最近20多年时间里却迅速发展起来，而且正向着走品牌化经营之路、观念从修理转向维护、高科技不断渗透等方向快速发展。例如，美国NAPA公司，是以经营汽车配件起家的，后来在丰厚利润的吸引下投入汽修业，成为汽车连锁业的龙头老大。NAPA公司以特许加盟的方式发展汽车配件连锁店。AUTOBACS是日本最大的汽车用品超市。在AUTOBACS的汽车超市连锁店里，从汽车的日常维护、维修、快修、美容，到各种品牌零配件的销售，甚至对车辆进行改造等服务一应俱全，能够一次性满足车主的全部要求。

其他的还有AUTOZONE以直营方式发展的汽配连锁店，YELLOWHAT、PEPBOYS都是以汽配销售与汽车维修服务为一体的连锁店，AAA是以汽车救援为主的连锁店。连锁经营的发起者不是整车厂家，而是定位于汽车售后市场的以集配件供应、汽车维修和快速养护为一体的综合性汽车售后服务提供商。这种模式整合了各品牌汽车零配件的资源，打破了纵向的垄断，在价格服务透明化的基础上，提供汽车保养、维修、快修、美容和零配件供应"一条龙"服务，车主可以一站式解决问题。2006年浙江省推出了"浙江快修"、"金丰快修"、"元通快修"和"小拇指微修"等连锁品牌。目前，类似的各种快修连锁店在全国其他地方也正在快速地成长。大力发展"连锁经营"，将之作为目前4S方式必不可少的有益补充并加以推广，然后向着数量多、分布广、维修质量好、效率高、形式多样、可选择性强的方向发展，全面提高汽车售后服务水平，是我国汽车售后服务未来发展的重要路径。

4）市场秩序混乱。当前汽车售后服务市场秩序混乱，主要表现为以下3个方面。一是市场运作混乱，尤其是流通领域混乱发展的局面十分明显；二是价格体系和执行混乱，在汽车流通领域、汽车维修服务领域、汽车保险领域和厂商的质量维修环节普遍存在着服务透明度低、收费混乱的现象；三是市场竞争秩序混乱，由于汽车售后服务业门槛低，导致从业者数量众多，竞争手段贫乏，为达到吸引客户的目的，不惜采取低价恶性竞争手段，这也是汽车售后服务产业诸多问题的重要根源。

5）品牌优势不突出。国内汽车售后服务市场最显著的特点是企业规模较小、持续经营能力差、品牌优势不突出。与国外连锁化汽车售后服务巨头相比，我国的汽车售后服务提供商普遍缺乏较成熟的服务品牌，对企业通过差异化服务实现可持续发展产生了较大影响。

6）专业人才不足。由于我国汽车业发展较快，但相关培训又较少，导致从业人员不能及时进行自我知识更新，造成目前汽车售后服务专业人才相对短缺。企业缺乏提高服务标准的推动力，从而不能满足消费者日益提升的汽车售后服务需求。

7）服务理念落后。汽车工业发达国家售后服务的立足点是提高保质期限，保证正常使用期，推行"保姆式"品牌服务，而我国售后服务的立足点是"坏了保证修理"。汽车工业发达国家售后服务项目多，零部件、销售、维修和保养"一条龙"，而我国则是维修服务较单一。与汽车工业发达国家的汽车售后服务相比，我国汽车售后服务的意识相对落后。

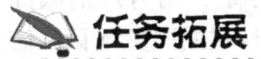

任务拓展

1. 了解汽车售后服务业的发展对策

1）建立"服务于人，信誉于己"的售后服务理念。把售后服务放在重要战略位置，把售后服务作为维护品牌、提高企业形象、参与国际竞争和全球经济一体化、全面进军国际市场的有力保障，汽车销售企业把售后服务管理作为其汽车产品质量的延伸，奉行"用户第一，质量第一"的经营宗旨，就能在激烈的市场竞争中获得良好的市场信誉。丰田公司全心全意为客户提供服务，认为只有在客户已使用了汽车并完全满意才可以认为是完善的营销，丰田公司的经营理念决定了"顾客第一"的经营方向。

> **知识卡**
>
> **丰田公司的经营理念**
>
> 丰田公司为顾客提供全方位的汽车售后服务，丰田公司的经营理念确定了以下的服务优先顺序：
>
> 1. 客户；
> 2. 分销商、经销商；
> 3. 制造商。

2）打造一个有顾客竞争力的汽车维修网络，作为售后服务的强大载体。世界著名品牌汽车企业奔驰公司就建立了世界上最庞大的维修服务系统，在德国有3000家汽车维修站，另外在17个国家还设有4000家服务站。如果顾客在途中发生故障，打个电话维修部门就能派人驾车前来修理，尽量当天完成。因此奔驰汽车在德国及世界各地广受客户欢迎。

3）建立一支过硬的业务骨干和技术骨干队伍。汽车售后服务虽然是一项商业性的工作，但它也是一项技术性很强的工作。因此，要有一支强大的售后服务技术骨干队伍，定期开展业务技术培训，有条件的企业可委托大专院校代培，不断充实他们的专业技术知识，才能使他们适应不断变化的市场形势，更好地开展售后服务工作。

4）建立完善的信息反馈系统。谁都希望自己的企业在竞争中能独占鳌头，希望顾客能长期光顾。要创造持久服务的优势，需要获得各方面的新而准确的信息，为此，企业必须通过对质量担保、专题跟踪、网点巡视、用户投诉、生产质量、新产品、网点的经营管理情况等信息的收集整理，建立完善的用户信息管理系统、内部故障信息反馈和改进渠道、重大和批量用户故障反应机制系统、网点考核管理系统和产品信息系统等。针对网点反馈信息和相关部门发现的重要疑难故障，由售后服务部门成立专门小组，依照专门的工作流程，对网点进行援助和指导，以便于企业的竞争。

5）提高管理层的人员素质。管理层的人员素质是关系企业兴衰、影响企业效益的关键因素。在我国汽车售后服务业要与国际接轨之际，迫切需要既精通外语，又具有一定管理能力，同时还要熟悉国际法通则的高素质经营管理人员，为及时了解世界最新信息，争取市场主动权提供保障。

2. 熟悉创新型汽车售后服务模式

（1）汽车售后服务品牌化　针对汽车用户的需要，在某一思想指导下，给特定的服务赋予特定的内容、程序和标准，并加以命名，使之形成一个个性化、符号化的服务项目。借用品牌管理思想，通过定位、包装、宣传和实施，在用户中形成预期的知名度、美誉度和认可度，最终达到促进汽车产品销售、提高市场占有率的目的。汽车产品服务品牌角色应该定位为一个企业的连带品牌。所谓连带品牌，即自身品牌附加于汽车产品主品牌之上，在品牌表现时，应将这一附加品牌与主品牌一同列出。汽车售后服务品牌化关键在于准确定位和实现方式的选择。

1）品牌命名。汽车整体产品可以分为实体产品与附加服务。在品牌定位的过程中，实体产品的品牌就是我们平时所说的主品牌，而服务与产品是截然不同的，所以服务应该有自己的品牌。从服务本身内容发展变化上看，服务内容是不断变化的，这些服务内容的推广，依靠主品牌是不合适的，只能通过一个企业的服务连带品牌，建立品牌效应，使消费者认识并接受这种服务。在进行汽车产品服务品牌命名时还必须考虑到产品服务品牌的核心价值。通过汽车产品服务品牌，能够让用户明确地识别并记住此连带品牌的利益与个性，促使用户认同、喜欢乃至偏爱一个品牌。例如，"别克关怀"，它既体现了其主品牌"别克"，也体现出其核心价值是关爱每一部别克车，关怀每一个别克车用户，从设计到推广，无不是围绕核心价值进行展开的。

2）品牌化策略。成功的汽车售后服务品牌的实现，要根据企业产品自身的特色、客户的需求，以及企业自身的能力来设计，而不是过度地追求服务的响应时间、完成速度及服务时间的长度。东风商用车"关爱每部车"在内容设计时，就考虑到了用户及自身的特色，将服务内容确定为延长保修期服务、附加升级服务、超值维护服务和超前保养服务。这些服务项目还组成不同的服务包，以不同的特色迎合不同用户的需求。汽车售后品牌应因产品和用户的差异而选择不同的内容和不同的推广方式。

（2）汽车售后服务 CI 模式　汽车售后服务的企业形象（Corporate Identity，CI）规范体系化关键在两个方面，即先进的服务理念规划和可操作的标准的制订。

1）先进的服务理念规划。紧跟先进销售理念的变化。汽车产品概念正在被需求取代，价格概念正在被成本取代，渠道概念正在被方便取代，促销概念正在被沟通取代。所有特约服务站应当是"四位一体"与形象统一的。

2）制订可执行的标准。将服务理念、客户精神由标准核心流程渗透到每一项服务之中。统一的维修设备配置和集中采购，统一的维修配件标准，统一的维修技术标准，统一的维修索赔标准从整体上体现了管理的先进性。例如，上海通用汽车的配件政策曾经是很多顾客所不能理解的。政策规定，只有在特约维修站修车时才可以买到上海通用汽车的维修配件。通过这种单向销售与采购的渠道，成功地控制了配件流向，保证了配件的纯正，防止了假冒伪劣的汽车产品，用户逐渐感受到这个政策给他们带来的质量保证。又如一汽大众的售后服务 CI 化模式既体现了服务的体贴入微与主动，又显示出了对服务过程的严格控制，同时又通过保持一致性保证了服务的质量，为汽车售后服务提供了有益的借鉴。

（3）汽车俱乐部制创新模式　汽车俱乐部制是指汽车售后服务采用俱乐部形式进行。

模块一　汽车维修企业售后服务认知

汽车俱乐部是为满足消费者需求而建立的一个与汽车用户共同追求生活品质、分享新资源、新科技的亲情化组织。在汽车俱乐部里，会员在享受汽车高品质生活的同时，会体会到一种前所未有的乐趣，可以享受特有的权益和贴心的亲情服务，再购买汽车产品的会员优惠，还会被邀请到汽车俱乐部结识天南地北的会员朋友，参加汽车知识的培训。这种有形的顾客组织使企业能更好地为用户服务，并与用户保持长久的联系。无论对商家还是客户而言，方兴未艾的汽车俱乐部都是一种极大的诱惑。汽车售后服务的内涵也越来越丰富，毫无疑问，只有更加专业规范的服务才有更大的生存发展空间。

【案例讨论】

丰田优质服务

为提高客户满意度，丰田汽车公司提供以下的质量维修和售后服务：
- 提供最优质的产品，也就是提供能满足客户需要的并能适应使用环境的汽车。
- 最好的售后服务，也就是在该地区提供最好的服务。提供给客户超过竞争者的关爱服务，这样，客户的汽车就能总是处于最好的状态，客户就能充满信心地驾驶他们的汽车。
- 关爱服务，即客户对服务有四种预期：
  - ▲ 态度热情
  - ▲ 准确可靠
  - ▲ 收费合理
  - ▲ 快捷高效

分组讨论：当客户将车开到4S店维修时，他们希望得到哪些服务？

提示：客户总是希望得到维修服务企业更多的关怀，许多客户都还会期望一些额外的服务，例如希望员工能乐于助人，希望给他们的车门铰接部位加些润滑油，希望在节假日收到小礼物，或者提供一些车友会的活动建议等之类的事情。

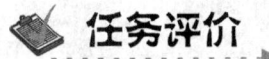
任务评价

任务编号		3	学时：4学时		学生姓名：		总分：	
类别	序号	评价项目	评价内容及要求	配分	学生自评	学生互评	教师评价	得分
职业素质评价	1	文明、安全意识	遵守企业安全文明规章。遵守一体化实训室设备安全操作规程	10				
	2	个人礼仪	衣帽、发饰、仪态；在企业调研中的礼仪规范及守纪情况	10				
	3	团队合作	沟通交流、合作参与意识。小组活动的组织、展示、内容等；勇于发言，踊跃讨论，独到见解	20				
	4	任务执行	协作性、积极主动性；任务完成度	10				

汽车维修业务接待实务

(续)

类别	序号	评价项目	评价内容及要求	配分	学生自评	学生互评	教师评价	得分
任务编号	3		学时：4学时		学生姓名：		总分：	
知识掌握及岗位技能评价	5	理解售后服务	掌握汽车维修企业售后服务的含义及特点	10				
	6	信息收集及分析能力	运用互联网收集汽车售后服务业的现状及发展趋势的资讯并会分析	10				
	7	语言表达能力	售后服务中，语言表达能力，与客户进行沟通、交流能力，以及思维创新能力	10				
	8	理解及知识应用能力	是否理解所学知识，及运用所学知识的能力，能运用知识完成训练	10				
	9	完成时间	是否按时完成各项任务（含练习）	10				

注：按学生自评占20%，学生互评占30%，教师评价占50%计算总分。

 思考与训练

1. 判断题

（1）汽车4S店是一种以"四位一体"为核心的汽车特许经营模式。（　）

（2）汽车售后服务以提高客户满意度为中心。（　）

（3）连锁经营模式的代表企业是美国的NAPA公司。（　）

（4）汽车售后服务CI模式即先进的服务理念规划和可操作的标准的制订。（　）

2. 讨论题

（1）通过上网查询和去维修企业调研你对汽车售后服务业的现状及今后的发展趋势有哪些了解？

（2）结合所学的相关知识，谈谈汽车售后服务是做什么的？

任务四　企业6S管理认知

 任务目标

1. 了解汽车维修企业6S管理的意义；
2. 掌握企业6S管理的内容；
3. 掌握企业6S管理的具体实施方法。

 **任务描述**

到汽车维修厂或学校汽车检修实训室进行现场教学，观察了解企业现场管理，整理汽车

检修实训室工具及实训中常用的各种汽车零部件，学习企业 6S 管理的有关知识。

相关知识

一、汽车维修企业 6S 管理的意义

6S 管理是现代企业中的一种生产现场管理方法。包括整理（Seiri）、整顿（Seiton）、清扫（Seiso）、清洁（Seikeetsu）、素养（Shitsuke）、安全（Safety），故简称 6S。它源于日本，用于车间现场管理。实施 6S 管理，能使企业员工在整洁、舒适的环境之下工作，以提高工作效率和士气，减少资源浪费。

实施 6S 管理对提高维修企业的整体形象、降低生产成本、提高劳动生产率等方面都有着十分重要的意义。

1）提高企业的整体形象。员工着装统一整齐有利于良好的工作生产场所气氛，有利于塑造团队精神，鼓舞工作士气。整齐、清洁的工作环境易于吸引客户。

2）提高工作、生产效率。规范的设备、工具、零件摆放可减少工作过程中寻找物品的时间，避免影响工作场所秩序。

3）降低生产成本。实施 6S 管理可减少资金的浪费、场所的浪费、人员的浪费、士气的浪费、效率的浪费、品质的浪费、成本的浪费，大大降低企业生产成本。

4）保证生产质量。良好的工作环境可避免产生各种质量问题。

5）保障企业安全生产。零配件、工具摆放整齐、到位，工作场所清洁、有序、通畅等则可大大减少安全隐患。

二、6S 管理的内容

6S 管理内容如图 1-16 所示。

1. 整理

整理就是区分要与不要的东西，工作场所除了要用的东西以外，一切都不放置，将"空间"腾出来活用。

推行要领：活动实施中，对工作场所进行全面检查，包括看得到的和看不到的；制定"要"和"不要"的判断基准；不要的物品清除；要的物品要调查使用频度，决定日常用量；每日自我检查。

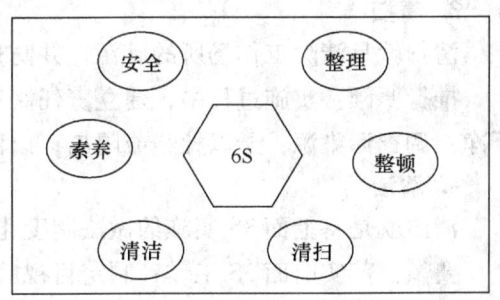

图 1-16 6S 管理内容

清除不需要的物品从这里开始：棚架、工具箱、抽屉、橱柜中有没有杂物、书报杂志、空罐、废手套、抹布、已损坏的各种器具；是否有长时间不用或已经不能用的设备、台车、原材料、待返品或一些不明状态的物品；仓库、墙角落、窗台下、货架后面、货架顶上是否摆放着一些生锈、变质的物品，是否有一些多年不动的材料、零件等物品；办公场所、桌台凳下面、黑板后面、资料柜顶上是否摆放着废纸箱、实验品、样品等杂物。

2. 整顿

整顿就是将要的东西按照规定定位、定方法摆放整齐，明确标示。

推行要领：明确"3要素"原则：场所、方法、标示；明确"3定"原则：定点、定容、定量；大量使用"目视管理"。

整顿的五个步骤：

1) 物品放置场所的决定见表1-3。
2) 物品放置场所的整编。
3) 物品放置场所的标示。
4) 品名、数量、时间等的标示。
5) 形成整顿的习惯化。

表1-3 物品放置场所确定表

项 目	使用频率	处理方法	建议场所
不用	全年一次也不用	●废弃 ●特别处理	待处理区
少用	平均两个月到一年用一次	分类管理	集中场所（工具室、仓库）
普通	1~2个月使用一次或以上	置于车间内	各摆放区
常用	●1周使用数次 ●1天使用数次 ●每小时都使用	●工作区内 ●随手可得	如机台旁、流水线旁、个人工具箱内

整顿的具体方法：

1) 维修工具的整顿：应遵守能"立即取到"，用后能"立即放回"的原则。
2) 计量器具的整顿：精密仪器注意防滑落、防尘、防污、防锈。

3. 清扫

清扫就是清除工作场所的脏污，并防止污染的发生，保持工作场所干净、明亮。

推行要领：实施过程中，建立责任制和标准化。进行工作场所的大清扫；每个地方清洗干净；调查污染源，予以杜绝或隔离；以清扫标准作为规范指导检查效果。

4. 清洁

清洁就是将上面3S实施的做法制度化、规范化，维护其成果。

要领：落实前面3S工作；制定目视管理及看板管理的基准；制定6S实施办法；制定稽核方法；制定奖惩制度，加强执行力度；高层主管经常带头巡查，带动全员重视6S活动。每个岗位制定岗位6S日常确认表，明确应负责的范围、对象、方法、周期、要求，定期检查实施及记录状况。

5. 素养

素养就是指员工人人依规定行事，养成良好的习惯。从而提升"人的品质"，成为对任何工作都持认真态度的人。

要领：制定服装、臂章、工作帽等识别标准；制定礼仪守则；定期教育训练；推动各种精神提升及激励活动（早会、礼貌运动等）。

在6S活动中，要求员工做好整理、整顿、清扫工作，其目的不只是希望员工将东西摆好，设备擦干净，最主要的是通过细碎单调的动作，潜移默化地改变员工的思想，使员工养成良好的习惯，进而能依照规定的事项（厂纪、厂规、各种规章制度，标准化作业规程）来行动，变成一个有高尚情操的真正优秀员工。

素养即教养，努力提高人员的素养，养成严格遵守规章制度的习惯和作风，这是6S活动的核心。没有人员素质的提高，各项活动就不能顺利开展，开展了也坚持不了。所以，抓6S活动，要始终着眼于提高人的素质。

6S活动的核心和精髓是素养，如果没有职工队伍素养的相应提高，6S活动就难以开展和坚持下去。

6. 安全

安全是指企业员工人身、设备、设施的安全。使员工上班途中、工作过程中实施安全活动是为了消除事故隐患。下班途中的安全事故减少到最低限度；使企业的设备、设施处于正常运行状态。

操作要领：

1）建立安全教育制度，提高员工安全意识；
2）制定企业的各项安全管理规定，实施标准化、程序化生产；
3）实施安全目视管理；
4）定期进行安全演练。

三、6S管理推进实施方案

学一学

××厂6S管理推进实施方案

第一条 为持续完善有序的高效生产营运体系，不断提高企业内部各组织的工作效能，通过规范化、制度化、日常化的要求，消除惰性和随意性，创造井然有序、整洁舒适的工作环境，建立素质优良、工作高效的员工队伍，做到内强素质，外树形象，特制定本实施方案。

第二条 6S管理推进的目的

创建一个文明、整洁、有序、高效、安全的工作环境和人文环境，使人产生良好的"第一印象"，从而保持饱满的精神状态，以利于提高工作质量和产品质量，增强用户的信心，提高企业的凝聚力和向心力。

第三条 6S管理推进的范围

工厂生产区域内，建筑物内外的工作场所（分厂、车间、部办及公共和服务场所等）、仓储场所（各级仓库、产成品库、零备件库、在制品库、毛坯库、废品库、分厂车间的工具室和材料室等）、卫生间、通道、地面、墙壁（含门窗）、顶棚、车辆（机动车和非机动车）的停放、人员着装等。

第四条 6S管理推进的评价标准

总的要求是：

通畅：通道畅通无阻、无障碍物；

定置：设备、物资定置摆放有序；

整齐：三维空间划线整齐，人员着装整齐；
透明：视域开阔，光照明亮，墙壁、门窗洁亮；
协调：色彩协调，布局合理；
清洁：工作场所干净、无废弃物，地面平整；
绿化：树木、花草覆盖厂区，无裸露土地；
美观：环境优美，神清目爽；
文明：人们养成好习惯，形成文明、健康的文化氛围；
安全：工作场所各项安全措施落实，杜绝伤亡事故，确保人身安全。
具体项目和基本要求另行规定。

第五条 6S管理推进的总体目标

工厂对6S管理推进所设立的总体目标是：在2010年5月底前基本扭转脏、乱、差的面貌，使工作场所发生质的改变，把要与不要的物品分开，把需要的物品加以定量、定位，把工作场所打扫干净，创建一个明快、舒适的生产和工作环境；力争在2010年10月底完成各项工作，以确保在2011年5月末达到公司6S管理验收合格标准。

第六条 组织机构和职责

1. 工厂成立6S管理推进委员会，由厂长亲自担任6S管理推进委员会主任，其他副厂长任副组长，相关职能部门的主要领导任成员。厂6S管理推进委员会职责是：

1) 负责全厂6S管理推进工作，组织制定工厂6S管理工作目标和长远规划。

2) 负责审定工厂6S管理年度工作计划，并对6S管理中的重大问题做出决策，对正确执行6S管理体系负责。

3) 负责批准工厂6S管理工作考核奖惩事项。

4) 负责定期（每月2次）组织召开工厂6S管理推进委员会工作会议，分析形势，布置工作。

2. 成立6S管理办公室。工厂6S管理推进委员会下设办公室，6S管理办公室是工厂6S管理推进工作的归口管理部门，是工厂6S管理监督的常设职能机构，是工厂6S管理推进委员会的办事机构。6S管理办公室职责是：

1) 负责制定工厂6S管理长远规划、年度6S管理目标和工作计划，并组织实施。

2) 负责6S日常管理和监督工作，组织6S管理综合检查。

3) 负责收集有关6S管理信息，对6S管理工作的考核奖惩提出建议，报工厂6S管理推进委员会批准后执行。

4) 负责与上级6S管理部门的联系工作。

3. 生产部的职责

1) 负责机械设备的监督检查和专项考核。

2) 负责作业现场的现场产品加工、油封、保管、工装、工具及物料等生产过程方面的监督检查和专项考核。

3) 及时将相关信息反馈给工厂6S管理办公室。

4. 质量保证部的职责

1) 负责作业现场的文件资料、工作记录、仪器、仪表及量具等有关质量方面工作的监督检查和专项考核。

2）负责质量文化建设的组织推动和监督检查工作。

3）及时将相关信息反馈给工厂6S管理办公室。

5. 党委工作部的职责

1）负责组织实施厂6S管理工作中人文环境建设方面的工作。

2）负责组织推动厂文化建设，制定工厂文化标志规范，并对职责范围内的有关工作进行监督检查和专项考核。

3）及时将相关信息反馈给工厂6S管理办公室。

6. 资产管理部的职责

1）组织全厂6S管理专项改造工程。

2）负责制定基建方面规划，并组织实施。

3）负责组织房屋设施的监督检查和专项考核。

4）及时将相关信息反馈给工厂6S管理办公室。

7. 人力资源部的职责

1）负责对工厂6S管理相关人力资源的合理配置。

2）组织制定有关员工素养方面的规范，并负责监督检查和专项考核。

3）及时将相关信息反馈给工厂6S管理办公室。

8. 培训中心的职责

1）负责制定工厂年度6S管理培训计划。

2）负责组织实施工厂6S管理工作中各类人员的培训。

3）及时将相关信息反馈给工厂6S管理办公室。

9. 财务部的职责

1）负责工厂年度6S管理经费的平衡。

2）负责具体办理经工厂6S管理推进委员会批准的6S管理考核奖惩。

3）及时将相关信息反馈给工厂6S管理办公室。

10. 武装保卫部的职责

1）负责作业现场及重点部位消防安全及其相关规范等方面工作的监督检查和专项考核。

2）负责工厂生产区内机动车辆安全行驶、有序停放及其相关规范等方面的监督检查和专项考核。

3）及时将相关信息反馈给工厂6S管理办公室。

11. 技安环保部的职责

1）负责组织实施办公区域6S管理方面的工作，并做好监督检查和专项考核。

2）负责组织实施作业现场安全生产规范及其定置管理方面的工作，并做好监督检查和专项考核。

3）及时将相关信息反馈给工厂6S管理办公室。

12. 其他单位（部门）职责

1）按照工厂6S管理推进委员会及6S管理办公室的安排，负责制定本单位（部门）年度6S管理工作计划，并组织实施。

2）负责组织定置和执行6S管理方面的各项标准规范，并对本单位（部门）开展6S管理的工作情况进行检查和考核，做好记录。

3）负责针对本单位（部门）6S 管理中存在的问题组织整改工作。

4）及时将相关信息反馈给工厂 6S 管理办公室。

第七条　监督检查和考核

建立工厂自上而下的垂直 6S 管理推进工作网络，形成工厂、职能部门、车间及工段（班组）的多级监督检（自）查制约机制。

监督检查分为：工厂 6S 管理办公室负责组织的综合监督检查和考核；职能部门负责组织的专项监督检查和考核；分厂（车间）负责组织的自查及工段（班组）组织的巡查等。

监督检查的频次为：综合监督检查每月不少于 1 次；专项监督检查每月不少于 2 次；车间的自查每周不少于 1 次；工段（班组）的巡查每天进行 1 次。

工厂将设立 6S 管理专项奖励基金，各车间、部办每月工资总额的 10% 与 6S 管理推进工作挂钩。根据每月对各单位 6S 管理推进工作的监督检查，实施量化考核。

监督检查和考核的依据及内容：6S 管理相关的规章制度、标准规范。6S 管理推进评价项目和基本要求。

任务实施

按企业 6S 要求对"汽车修理实训室"实施管理

组织学生对本校"汽车修理实训室"（或实训中心）的工具设备、教学用具、汽车零部件按企业 6S 管理要求进行整理、整顿、清扫、清洁等工作，达到规范要求。

实训中心 6S 管理任务实施区域主要包括教师办公区，一体化教室，实训区域内汽车整车、零配件、工具放置区以及通道等实训中心各处。在"汽车修理实训室"6S 管理任务实施过程中，按 6S 管理要求设置实训室具体检查项目，并逐项对照整改、检查、落实。"实训室 6S 管理检查表"详见表 1-4。

通过 6S 管理在实训场所的管理应用，加深学生对维修企业 6S 管理要求的认识，认识到维修企业实施 6S 管理是企业文化的重要内涵。

表 1-4　实训室 6S 管理检查表

6S 项目	检查项目	检查状态
1. 整理	通道、设备、办公桌（实验台）及抽屉、材料、工具柜（箱）	通道无杂物摆放，通道整洁并通畅
		设备放置不杂乱，按不同的使用频率整理好
		办公桌（实验台）及抽屉内最低限度摆放物品，且分类整理好
		配件、材料等物品分类摆放，有标志
		工具柜（箱）放在规定位置，必备工具齐全
2. 整顿	设备、仪器；工具；零件、元件、配件；指导书；文件档案	设备、仪器无破损，能使用，有保养，摆放有序、整洁
		工具均可用，有保养，定位放置，采用目视管理
		零件、元件、配件不杂乱，分类放置，摆放整齐
		实验、实训指导书、作业指导书齐备
		文件档案资料有卷宗夹保管，并有目录、有次序，且整洁

模块一　汽车维修企业售后服务认知

（续）

6S 项目	检查项目	检查状态
3. 清扫 4. 清洁	通道；实验、实训场所；办公桌；实验台；实训台；窗、墙、天花板；设备、工具、仪器	通道打扫干净，无杂物，保持洁净 实验、实训场所打扫干净，保持洁净 办公桌及办公用品打扫干净，无灰尘，保持洁净 实验台、实训台打扫干净，无污渍，保持洁净 窗、墙、天花板保持洁净 设备、工具、仪器保持洁净
5. 素养	日常 6S 活动；服装；仪容；行为规范；时间观念	坚持日常 6S 活动，有计划、有检查、有竞赛、有总结 不着暴露服装，不穿拖鞋，衣着干净，穿戴整齐 仪容依规定整理，修边幅、无染发；有精神，充满活力 行为规范，恪守规章，举止文明，有团队精神、公德意识 时间观念强，按约定时间完成任务，无旷课、上课迟到现象
6. 安全	用电；消防设施；门窗完好；安全操作	开关、插座完好无损，充电器、饮水机有固定位置，物品洁净 消防设施齐备，灭火器能使用，有消防安全通道和消防栓 门窗完好无损，保障实训室安全 安全操作，员工按规定穿戴劳动保护服装、鞋、帽、眼镜、手套、护耳、安全带等

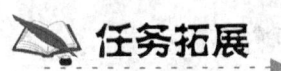

了解 6S 管理对企业的基本要求

通过落实 6S 管理即整理、整顿、清扫、清洁、素养、安全等方面对维修企业的管理要求，掌握 6S 管理对企业各部门的评价项目和基本内容，以持续长久地实施 6S 管理来实现汽车维修企业的服务目标。6S 管理评价项目和基本要求全部内容详见表 1-5。

表 1-5　6S 管理评价项目和基本要求

序号	检查项目	基本要求
1	办公室物品和文件资料	1. 办公室物品实行定置管理，摆放整齐有序，办公电器的各类导线集束，整齐、美观 2. 文件资料分类定置存放，标志合理、清楚，易于取放和查找 3. 文件柜内的文件资料、计算机存储介质分类存放在适当的文件夹（盒）内，必要时夹（盒）内有文件目录。文件夹（盒）应加贴以印刷字体打印的标志，并按文件柜内的定置图或定位标志有序摆放 4. 办公桌面放置的文件资料是当日要用的，桌面及抽屉内的东西是保证正常办公最低限量的用品 5. 办公室内不允许放置与工作无关的私人物品
2	办公区通道、门窗、地面、墙壁	1. 办公区门厅、通道、办公室地面平整、干净、通畅 2. 门窗、墙壁、天花板、室内照明设施完好整洁 3. 室内明亮，空气清新，温度适宜 4. 室内张贴、悬挂物与其环境和谐、统一

(续)

序号	检查项目	基本要求
3	作业现场的设备、仪器、工装、工具和物料	1. 作业现场实行定置管理 2. 设备、仪器、工装、工具和物料分类合理有序摆放，易于查找取放，减少无效动作和时间 3. 现场没有无用或长久不用的物品 4. 作业现场设备油、液的跑、冒、滴、漏、飞溅、粉尘、飞屑、喷雾等污染源得到根除或控制，有效保持现场整洁
4	作业现场的通道和地面划线	1. 通道畅通，无占用通道的阻碍物，且保持干净 2. 作业区地面划线清楚，功能分区明确，并标示出某些可移动设备（含拖架、拖车、推车、废物桶、垃圾桶、灭火器等）的定置摆放位置，且划线颜色、规格统一 3. 主通道线用黄实线，线宽80～100mm，次通道用黄实线，线宽50～80mm，功能分区和定置线用黄色实线，线宽50～80mm，全厂须统一
5	作业区地面、门窗、墙壁	1. 作业区地面平整、干净 2. 门窗、墙壁完好、洁净 3. 作业现场光照明亮、空气流通、清新 4. 按统一要求张贴悬挂标语牌或图片 5. 各类管路、线路布置合理、整洁
6	作业区现场的产品	1. 作业现场的产品（零件、部件）要采取保护措施，工位器具齐全、完好、有效，规格统一 2. 产品状态标志清楚，合格品与不合格品采取隔离措施，并有清楚的标志 3. 产品放置区域标志清楚
7	作业现场的文件、记录	1. 作业现场的文件必须为适用版本 2. 作业现场的文件和记录保管摆放要适当，并保持完好、洁净
8	库房和储物间	1. 实施定置管理，物品分类整齐摆放 2. 环境整洁，通道畅通 3. 账、物、卡相符，标志清楚 4. 各种防护措施，温、湿度控制措施有效落实
9	办公室规范	1. 建立办公室文明整洁规范，责任落实到人 2. 6S检查考核形成制度 3. 人人自觉遵章守纪，养成每日整理清扫习惯
10	作业现场规范	1. 制定了保持作业现场6S成果的各项规章制度，责任落实到单位和个人 2. 建立了检查考核制度和激励措施 3. 员工都自觉遵守有关规章制度和程序
11	安全生产、作业规范	1. 建立健全了安全管理组织机构或配备专职管理人员 2. 建立健全各项安全生产责任制，并层层落实 3. 建立完善各工种安全生产操作规程，并做到人人遵守 4. 建立健全安全监督检查考核制度和有关奖惩制度，消除安全生产隐患 5. 积极建立职业安全健康体系，把安全生产工作纳入法制化、规范化轨道 6. 员工安全意识不断增强，自觉遵守安全操作规程、规章制度

(续)

序号	检查项目	基本要求
12	6S 培训	1. 将 6S 管理培训纳入人员培训计划并形成制度，并有效贯彻执行 2. 对管理层和 6S 管理骨干人员及新入厂人员必须进行重点培训，并对广大员工进行必要的培训
13	行为规范	1. 使员工养成积极自觉执行 6S 有关规定和严格遵章守纪的好习惯 2. 以"诚实守信"为行为准则，发生质量问题或过错时不弄虚作假、不扯皮，实事求是，查找原因予以纠正 3. 工作中坚持高标准严要求，精益求精，始终追求"一次做好、缺陷为零"，具有积极主动精神 4. 树立用户至上的观念及下道工序就是用户的思想，以用户满意为最高质量标准 5. 与人交往言谈举止讲究文明礼貌，制定并自觉执行礼仪守则
14	时间观念	1. 具有效率、效益意识，办事讲效率、重效果 2. 对用户的意见反应迅速 3. 做事守时养成习惯，不迟到、不早退、不拖拉 4. 考勤管理科学、有效
15	团队精神	1. 培养员工树立团队意识、爱岗敬业精神，树立集体荣誉感、责任感 2. 关心他人、关心集体，与兄弟单位、部门团结协作，关系融洽 3. 依靠集体的智慧和力量，以团队的工作方式解决问题 4. 员工参与管理的积极性、创造性高，管理层鼓励并大力开展员工提出合理化建议活动
16	仪容	整洁、庄重、充满活力
17	服装	1. 着装规范整洁，尤其对外交往注意着装 2. 能按规定穿着厂服，佩戴识别牌（证） 3. 工作时间不得在不适合的场合穿拖鞋，不得穿背心、短裤、超短裙、吊带衫等过于暴露的服装
18	日常 6S 活动与创新	1. 坚持经常持久地开展 6S 活动，并勇于解决难题 2. 为推进 6S 活动投入必要的人力、物力、财力资源 3. 鼓励 6S 管理方法创新 4. 实施看板管理，积极推行精益制造（JIT）、全面生产维护（TPM）、6S 管理等先进管理方法和技术
19	工作现场安全	1. 工作现场布局符合安全标准，安全通道畅通，安全防护设施、消防设施设备齐全有效 2. 工作现场对人体有害的气体、液体、粉尘、噪声、温度、强光、振动、电磁辐射、放射性物质等符合国家标准规定，并有有效的防护措施和劳动保护措施，确保员工身体健康 3. 工作现场安全警示、标志齐全醒目 4. 员工严格遵守安全操作规范，并按规定穿戴劳动保护服装、鞋、帽、眼镜、手套、护耳、安全带等

【案例讨论】

某企业（修理厂）员工素养管理规定

一、本规定适用于全厂员工素养的管理、教育及其考核。

二、术语和定义

"三观"：发展观、质量观、客户观，"三力"：执行力、学习力、创新力。

三、职责

1. 人力资源部、质量保证部负责制定员工行为规范方面涉及文明礼仪、诚实守信、追求质量、用户满意等制度和守则，并组织监督检查与专项考核。

2. 人力资源部、质量保证部负责制定员工时间观念、工作效率、用户意见反应等管理制度，并组织监督检查和专项考核。

3. 厂办、质量保证部、技术中心负责制定员工团队意识、敬业精神、学习改善活动、技术攻关等管理规定，并组织监督检查和专项考核。

4. 厂办、人力资源部、保安部负责制定员工仪容、着装、胸卡等管理规定，并组织监督检查和专项考核。

5. 各部门、各单位按要求应对员工进行员工素养的宣传教育、检查和考核。

6. 全厂员工应自觉遵守工厂各项管理规定，努力工作，勤奋学习，不断提高自身素养。

四、管理内容与要求

1. 行为规范方面的要求

1) 工厂应制定员工行为规范，明确礼仪准则，并进行广泛宣传教育，使广大员工熟知、领会，并执行。

2) 工厂应组织员工进行诚信教育，"三观"、"三力"教育，公德教育，文明礼仪教育，培养员工遵章守纪的良好习惯、与人交往的文明礼仪、用户至上的观念和良好的公德意识。工厂常用的礼貌用语有：

您好！/请/谢谢！/对不起/没关系/请原谅！/请您稍等/请您多指教/请您关照/请保重/请不要客气/给您添麻烦/欢迎多提宝贵意见/感谢您的支持/您的意见对我们很重要/请放心/我们一定尽全力/再见/欢迎再来等。

3) 全厂员工应保持良好的精神风貌，仪容整洁、庄重大方、充满活力，言谈举止体现本企业员工队伍形象。

4) 员工应按规定佩戴胸卡，不得将胸卡挂在车筐、皮包、手臂等非规定的地方，自觉接受门卫值勤人员的检查；员工应按规定着装，着装规范整洁。

5) 工厂主管部门应组织对员工行为规范的日常监督检查，制定切实可行的检查措施，促使全体员工行为规范符合要求。具体要求是：

①各种车辆按规定停放。禁止在厂房、办公室内或道路上等非规定地点随处停放。

②每日按6S规定，做好清理、整顿、清洁工作。桌面卫生整洁，文件摆放整齐。

③接打电话要文明礼貌、简明扼要。

④严格执行员工劳动纪律管理制度，明确考勤管理内容。

⑤以厂内外顾客为关注焦点，针对用户意见迅速反应、及时处理。

⑥全厂员工应增强时间观念，提高工作效率。具体要求是：

● 严格遵守劳动纪律，按时上下班，不迟到、早退、无故离岗，不得矿工。

● 工作不推诿、不扯皮、不拖拉，今日事今日毕。

⑦出入厂区大门时，在停车线前应主动下车，自觉出示有关证件，接受值勤人员的检查。

⑧对来访者或接洽业务者，要热情周到，来有迎声，问有答声，走有送声。

2. 团队建设方面的要求

1）各部门（单位）应培养员工树立团队意识、爱岗敬业精神，树立集体荣誉感、责任感，并付诸经营生产工作之中。

2）工厂根据经营生产实际，实行团队工作方式，开展学习改善、技术攻关和合理化建议活动，并取得一定成效。

讨论结论：企业制定规范的管理制度对落实 6S 管理要求十分必要，是实现 6S 管理目标的好帮手。

任务评价

类别	序号	评价项目	评价内容及要求	配分	学生自评	学生互评	教师评价	得分
	任务编号	4	学时：4 学时		学生姓名：		总分：	
职业素质评价	1	安全生产	遵守设备（教具）安全操作规程	10				
	2	文明生产	遵守实训室（教室）文明生产规章，纪律好	10				
	3	个人礼仪	衣帽、发饰、仪态	10				
	4	团队合作	沟通交流、合作参与意识	10				
	5	任务执行	协作性、积极主动性；责任感、任务完成度	10				
岗位技能评价	6	理解 6S 管理基本内容	是否了解并掌握 6S 管理基本内容和具体方法	20				
	7	运用 6S 管理实施现场管理的能力	是否能根据 6S 管理评价项目和基本要求对学习、实训现场进行管理，实施情况如何	20				
	8	完成时间	是否按时完成各项任务及训练	10				

注：按学生自评占 20%，学生互评占 30%，教师评价占 50% 计算总分。

思考与训练

1. 填空

（1）6S 由_____、_____、_____、_____、_____和_____六部分组成。

（2）开展 6S 活动的原则是_____、_____和_____。

（3）整理活动中的三定原则是_____、_____、_____。

2. 思考题

（1）企业为什么要进行 6S 管理？

（2）6S 管理中的安全管理的基本要领有哪些？

汽车维修业务接待实务

学 后 小 结

通过学习我们认识到，作为汽车维修企业的售后服务人员，应该掌握一定的专业知识并具备一定的专业技能，具有服务接待人员的优良道德品质。

◆ 理解4S店、综合汽车维修厂、汽车快修店的经营模式和特点。汽车特约销售服务中心（4S店）就是包括整车销售（Sale）、零配件（Sparepart）、售后服务（Service）和信息反馈（Survey）于一体的专门经营一种品牌的汽车销售服务店。

◆ 熟悉汽车维修企业的组织架构与岗位设置。业务接待员岗位逐步成为汽车维修企业经营管理的重要组成部分，对维修企业有着重要作用。

◆ 汽车售后服务是指将与汽车相关的要素同客户进行交互作用或由顾客对其占有活动的集合。汽车售后服务人员的基本要求是具有服务意识、真诚互惠意识、沟通交往意识、塑造形象意识。

◆ 6S管理是现代企业管理之现场管理活动。包括整理（Seiri）、整顿（Seiton）、清扫（Seiso）、清洁（Seikeetsu）、素养（Shitsuke）、安全（Safety）。6S管理能使企业员工在整洁、舒适的环境之下工作，提高工作效率和士气，减少资源浪费。

模块二
汽车维修业务接待人员职业认知

学习目标

◆ 知识目标
（1）了解维修业务接待人员的作用；
（2）掌握维修业务接待人员应具备的条件；
（3）掌握维修业务接待人员的服务礼仪规范；
（4）维修业务接待人员接待客户的接待技巧；
（5）维修业务接待人员的职责；
（6）掌握现代客户服务管理的基本理论和方法。

◆ 能力目标
（1）具有良好的语言表达能力，思维敏捷，具备对客户心理活动的洞察力；
（2）树立"客户至上"的服务观念；
（3）具备良好的沟通能力，工作的独立处理能力，分析解决问题的能力，建立客户关系、维护客户关系和恢复客户关系的能力。

◆ 情感与价值观目标
（1）更好地对顾客表示尊重，提高用户满意度；
（2）使特约维修店创造出更好的经济效益和社会效益；
（3）树立客户服务意识。

任务一　维修业务接待人员职业条件认知

任务目标

1. 维修业务接待人员力求具有较好的亲和力和技术能力；
2. 加强业务接待人员素养培训，提高接待员的服务水平和素质，使顾客信任企业，使顾客愿在本企业修理、保养车辆，从而吸引顾客成为企业的"回头客"。

汽车维修业务接待实务

任务描述

小王在中专学校"汽车运用与维修"专业学习两年，即将开始顶岗实习，在一次校园招聘会上，一家"维修服务中心"正在招聘汽车修理工、维修业务接待人员，他认真、积极地应试着，当主考官问他维修业务接待人员这一岗位应具备哪些个人条件时，他回答不清楚。让我们和他一起来了解汽车维修企业经营越来越重要的岗位——维修业务接待人员的基本要求。

相关知识

随着汽车保有量的增加，汽车拥有者的身份不尽相同，也就形成了顾客需求的多样性。汽车维修企业为满足顾客需求，树立企业形象，提高企业的竞争力，纷纷开展顾问式服务，设置维修业务接待人员接待这一岗位。经过几年的发展，维修业务接待人员已逐步成为汽车维修企业经营管理中的一个十分重要岗位。维修业务接待的好坏已作为衡量汽车维修企业好坏的依据，汽车维修企业也将业务接待作为企业营销战略的一个重要组成部分。企业对维修业务接待人员的职业道德、从业条件均提出了一定的要求。

一、维修业务接待人员的职业道德规范

维修业务接待人员的职业道德规范是指维修业务接待人员进行维修业务接待工作过程中必须遵循的道德规范和行为准则。

维修业务接待人员的职业道德规范是在汽车维修职业道德的指导下，结合实际业务接待的工作特征逐步形成的。维修业务接待人员其职业道德规范可归纳为：真诚待客，服务周到，收费合理，保证质量。

（1）真诚待客　真诚待客是指积极主动、热情耐心地对待顾客；做到认真聆听顾客的诉说，耐心回答顾客提出的问题，必要时做好记录；换位思考，设身处地地理解顾客的期望与要求，最大限度地与顾客达成共识。

（2）服务周到　服务周到是指在修前、修中和修后向顾客提供全方位的优质贴心的服务。

1）修前服务。认真倾听顾客对车辆故障的描述；迅速准确诊断汽车故障；对维修内容、估算费用和完工时间进行详细说明，并使之认可；向顾客提供有关汽车保养等一些小建议、小提醒和其他信息有关。

2）修中服务。修理项目要合理，避免重复收费和无故增加不必要的修理项目和费用；需要增加维修项目，要耐心、详细地向顾客说明，同时要征得顾客认可；随时了解生产部门维修进度，督促相关维修技术员按时完工。如发现不能按时完工，要及早告知顾客，说明缘由，取得顾客的谅解；结算前要向顾客详细说明维修内容、维修费用的组成，并征得顾客同意。交车时要简要介绍修车过程中的一些特殊情况、车子现在的状况及使用当中应注意的问题等。

3）修后服务。建立新顾客和车辆的档案，完善老顾客车辆维修技术档案；回访顾客时

模块二　汽车维修业务接待人员职业认知

要热情、诚恳，对顾客提出的所有问题要认真如实回答。对一些疑问要耐心解释，必要时要勇于承担责任，不可推诿和敷衍，对顾客的表扬和建议要表示感谢；处理好质量投诉。处理顾客投诉时，切忌当着顾客的面责怪工人或是当着工人的面责怪顾客；做好电话跟踪服务。

（3）收费合理　汽车维修企业在承接维修业务接待时，要做到价格公道，严格按照交通行政管理部门制定的汽车维修工时定额和收费规范来核定企业的维修价格，也就是收费合理。不乱报工时，不高估，不小修当大修，更不可采取不正当的经营手段招揽业务。对行业的不正之风，维修业务接待人员都应该自觉抵制。

（4）保证质量　保证质量主要是指保证车辆维修的质量。具体地，车辆维修过程中各工序要严格按照技术要求和操作规范进行生产；使用的原材料及零配件的规格、性能符合规定的规范；按规定的程序严格进行检验与测试；车辆故障完全排除，原来丧失的功能得以恢复；车辆使用寿命得以延长等。

二、维修业务接待人员接待必须具备的条件

根据许多汽车4S店的现状调查和汽车工业的发展水平来看，一个合格的维修业务接待人员接待必须具备下列条件：

1）具有汽车维修专业大专以上文化程度，或者取得中级维修工技术证书，以及具有在维修岗位3~5年以上的工作经验。

2）身体健康、品貌端正，普通话流利，具有较强的表达能力和应变能力。

3）熟悉国家和汽车维修行业有关价格、法律、法规、政策。

4）了解汽车维修、汽车材料、汽车零配件知识以及汽车保险知识等，并有一定相关工作经历。

5）接受过专业的业务接待技巧的培训。

6）具备一定的财务知识，熟悉汽车维修价格结算流程。

7）有驾驶证，能熟练驾驶汽车，熟悉计算机一般操作。

8）有高度的责任心和良好的职业道德。

9）接受过专业培训，经主管部门考核达到上岗要求。

三、维修业务接待人员必须具备的专业素质

维修业务接待人员为完成其职责所需要具备的素质称为专业素质。

维修业务接待人员需要掌握维修技术、顾客服务、顾客沟通等专业知识和技巧，在与顾客的交流过程中能够从技术和服务的两个方面为顾客进行解释和劝说，让顾客接受。

（1）熟练的专业技能　作为一名合格的维修业务接待人员，必须具备熟练的专业技能。维修业务接待人员根据其工作的需要，应掌握相关业务知识。

第一，熟悉国家和汽车维修行业有关价格、保险、索赔等方面的法律、法规和政策；

第二，熟悉和了解汽车维修专业知识，如汽车的类型及特征、汽车构造及基本原理、汽车材料及零配件知识、汽车维修工艺流程、常见故障，以及检测设备主要用途、各种工艺特点及成本构成，并具有一定的维修技能及经验；

第三，掌握一定财务知识，懂得汽车维修收费结算流程；

第四，要适应企业现代化管理的要求，会开车，能熟练操作计算机运用相关软件进行本

汽车维修业务接待实务

专业的辅助管理工作。

（2）优雅的形体语言及其表达技巧　人的气质通过优雅的形体语言及其表达技巧表现出来。掌握优雅的形体语言及其表达技巧，能体现出业务接待员的专业素质。

（3）思维敏捷，具备对顾客心理的洞察力　业务接待员要思维敏捷，并具备对顾客的洞察力，能洞察顾客的心理活动。对顾客心理活动的洞察力是处理好顾客投诉工作的关键。

（4）沟通协调能力　维修业务接待人员在工作岗位上，每天都要与顾客及其他岗位的同事打交道。所以，沟通协调能力是业务接待员的岗位要求之一。

四、维修业务接待人员的职责

1）着装要保持专业，保持接待区整齐清洁。

2）热情接待顾客，了解顾客的需求及期望，为顾客提供周到满意的服务。

3）承接车辆，评估维修要求，开出维修工单。

4）估计维修费用或征求有关人员意见，并耐心向顾客解释说明收费项目及其依据。

5）掌握维修进度，增加维修项目或延迟交车时，联络顾客。

6）掌握车辆维修进度，确保完成顾客交代的各项维修项目，按时将状况良好的车辆交给顾客。

7）妥善保管顾客车辆资料和车辆上顾客的遗留物品。

8）建立和完善顾客档案资料。

9）做好修后服务。

10）宣传本企业，推销新技术、新产品，解答顾客提出的相关问题。

11）听取和记录顾客提出的建议、意见和投诉，并及时向上级主管汇报。

12）不断学习新知识、新政策，努力提高自身素质和业务水平。

五、维修业务接待人员的重要作用

对维修企业来说，维修业务接待人员是非常重要的一个窗口。在接待顾客的良好服务过程中，维修业务接待人员协调了企业和客户的利益。

1. 维修业务接待人员能保证客户的需求得到理解和认同

当来修车的顾客进入接待大厅时，第一个接触的人就是维修业务接待人员，维修业务接待人员的热情服务保证了客户的需求得到理解和认同。

2. 维修业务接待人员还培养了回头客，同时引进了一些新的客户为企业创造效益

大家都知道，赢得客户的忠诚是企业各个部门的责任。所以，各个部门应当密切配合。比如说，销售部门每卖出一辆车，就有责任把这个新的客户带到维修部，介绍给维修部。因为销售部门的客户很有可能将来会成为维修部门的忠诚客户。而维修部门的责任是当发现他们的客户有购买动机的时候，就必须把这个客户介绍给销售部门。这样，使客户能够再回过头来购买我们的新车。

> 提示：
> 有人说维修部最主要的作用是把一个满意的客户再推回销售大厅。

模块二　汽车维修业务接待人员职业认知

3. 与其他员工相比，维修业务接待人员有更多的机会使客户满意

在上述过程中，维修业务接待人员还起到了一种协调部门之间工作的作用，提高了企业的工作效率和效益。与其他员工相比，维修业务接待人员有更多的机会使客户满意。一个客户到销售部来买车的时候，可能只有一次机会令他对销售人员工作满意的机会，因为客户买了车以后，可能在往后的几年里还没有换新车的准备。至于维修部门，每一天、每一个月都会接待这些忠诚的客户和回头客，所以，接待员有很多次机会使同一个客户感到满意。

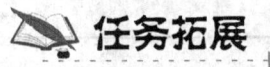任务实施

一个成功的业务接待员的身后，有无数个忠诚的客户。然而，我们多数的业务接待员却缺少磁石般的吸引力，让客户主动地把车辆托付给他，把信任托付给他。在业务接待的过程中，当信任发生危机的时候，业务接待员就已经扮演了推销员的角色，这种服务感受是客户所不期望的，也是我们企业经营者所不期望的。

业务接待员良好的专业形象与专业的素质，也许会改变客户以往的消费理念与消费习惯，也许还会与我们的业务接待员成为终身挚友。这样的例子屡见不鲜。

分组讨论维修业务接待人员接待的重要作用。

任务拓展

学会记住客户的一些特征

记住自己的每一位客户，熟悉自己每一位客户，应当成为业务接待员的基本功。当客户记住你，而你没有记住客户的时候，客户就会产生失落感，他就有可能从你的客户群体中流失，从我们企业的基盘客户中流失。如果时隔一两年之后，你仍然能够准确地报出客户的尊姓与当年的车况时，客户对你的信任，以及你在客户心目中的信誉也就油然而生了。

另外，尽快地熟悉客户的脾气秉性，学会察言观色、投其所好，也是业务接待员的一门必修课。在业务接待的过程中，及时捕捉客户的现场心情，观察客户的处事节奏，也能给业务接待工作带来事半功倍的效果。

【案例讨论】

维修业务接待人员的不同回答

顾客："你看，我上次才换了继电器电机，这次空调又不凉了"——这是一个事实。

维修业务接待人员说"哦，是吗？让我来查一下。"——这就是你对这个事实的关注。

但如果维修业务接待人员这样回答："哦，不可能吧！看看是不是别的问题。"——这是对情感的关注了。因为维修业务接待人员质疑了事件本身，客户会不愉快，还可能对维修业务接待人员产生抵触情绪。

分组讨论维修业务接待人员的不同回答会有何不同结果？

汽车维修业务接待实务

任务评价

类别	序号	评价项目	评价内容及要求	配分	学生自评	学生互评	教师评价	得分
任务编号	5		学时：2学时		学生姓名：		总分：	
职业素质评价	1	道德规范	遵循文明、道德规范	10				
	2	专业素质	熟练的专业技能，对顾客心理的洞察力	10				
	3	个人礼仪	优雅的形体语言	10				
	4	团队合作	沟通交流、合作参与意识	10				
	5	任务执行	协作性、积极主动性；责任感、任务完成度	10				
岗位技能评价	6	工作中的行为准则	是否具备维修业务接待人员接待的条件	20				
	7	运用知识能力	是否能够运用所学知识理解任务拓展、案例讨论	20				
	8	完成时间	是否按时完成各项任务	10				

注：按学生自评占20%，学生互评占30%，教师评价占50%计算总分。

 思考与训练

1. 判断题

（1）客户修车离厂时，接待员应与客户礼貌告别，目送客户出厂。　　　　（　）

（2）客户在接收车辆时，如有意见和诉求，可进行解释，但维修方不予采纳。（　）

（3）业务接待员只有语言要求，没有行为要求。　　　　　　　　　　　　（　）

（4）业务接待员只要做好维修业务接待登记，无需填写《机动车维修记录》中的相关内容，也没有提醒客户妥善保管物品的义务。　　　　　　　　　　　　　　　　（　）

2. 思考题

某4S店汽车销售顾问小林在第一次参加店内新车发售仪式时遭遇了着装带给他的窘境，那次境遇让小林认识到穿衣服不能忽视场合。

新车发售的前一天，小林恰好把店里发的白衬衣洗了，到早上还没干。小林就随便拿了件浅蓝色的衬衣穿上去了单位。到了单位后发现同事及领导们都统一身着白色衬衣，而自己却显得独树一帜，他感到了一种不自在，一种被环境隔离开来的不自在。从那以后，小林非常注意在不同时间、不同场合、不同环境的服饰穿着和饰物的搭配，使得自己的职业形象更完美。请思考：

（1）为什么服务型企业都要求各级员工必须统一着装？

（2）你对着装的时间、地点、场合有怎样的想法？

模块二 汽车维修业务接待人员职业认知

3. 简答题
（1）一个合格的维修业务接待人员必须具备哪些条件？
（2）维修业务接待人员的素质要求有哪些？

任务二　服务礼仪规范认知

 任务目标

1. 掌握基本礼仪规范；
2. 学会在维修服务中心里，合理地展现自身仪容、仪表、仪态，以塑造良好的个人形象。

 任务描述

在维修服务中心里，每天都会有许多顾客光临，接触顾客的机会自然也多，而且有时还要去拜访顾客；在人际交往过程中，个人的服务礼仪往往会引起交往对象的较多关注，并将影响到对方对自己的整体评价。那么维修业务接待人员工作时在服务礼仪上需要注意哪些方面呢？组织学生到维修企业品牌"4S店"，观察、了解维修业务接待人员的礼仪规范要求。

 相关知识

维修企业服务的工作由好的接待开始，而服务工作要使顾客认定和满意，必须由优秀的技术水准与良好的维修接待服务来决定。如果维修技术良好，但在顾客接待时，让顾客感觉到不亲切、不周到而产生不满意，仍会使我们所提供的服务大打折扣，因此要使无形的接待服务变为有价值，那就必须要求维修接待员对本身职务、职责有所认识，如此方能发挥接待的功能。

一、基本礼仪

具有良好职业道德修养的维修接待员，须有较好的气质、风度和仪表，第一眼就能给人以良好的印象。做到这些并不容易，必须认真从我做起，在每天的工作中严格按照职业礼仪的要求规范自己的行为。

1. 仪容

仪容一般是指人的外观、外貌，重点是指人的容貌。在人际交往过程中，每个人的仪容往往会引起交往对象的较多关注，并将影响到对方对自己的整体评价。

2. 仪表

仪表是人的外表，包括人的形体、容貌、健康状况、姿态、举止、服饰和风度等方面，是人举止风度的外在表现。风度是指举止行为、接人待物时，一个人的德才学识等各方面内在修养的外在表现。风度是仪表的核心要素。

41

二、汽车维修接待员仪容、仪表、仪态要求

1. 仪容要求

（1）整洁　仪容保持整洁、清爽。要使仪容整洁，重在持之以恒，这一条与自我形象的优劣关系极大。

（2）干净　要勤洗澡、勤洗脸，脖颈、手都应要干干净净，并经常注意去除眼角、口角及鼻孔的分泌物。要常换衣服，消除身体异味，有狐臭要搽药品或及早治疗。

（3）卫生　讲究卫生，注意口腔卫生，早晚刷牙，饭后漱口，不能当着客人面嚼口香糖；指甲要常剪，头发按时理，不得蓬头垢面，这是每个人都应当自觉做好的。

（4）端庄　仪容庄重大方，斯文雅气，不仅会给人以美感，还易于使自己赢得他人的信任。不要将仪容修饰得花里胡哨、轻浮怪诞。

（5）简约　仪容要保持简约。仪容既要修饰，又不可标新立异、"一鸣惊人"，以简练、朴素为好。

2. 仪表要求

（1）TPO原则　TPO是时间（Time）、地点（Place）、场合（Occasion）的简称。TPO原则要求仪表修饰因时间、地点、场合的变化而相应变化，使仪表与时间、环境氛围、特定场合相协调。

（2）适体性原则　要求仪表修饰与个体相适宜、相协调，也就是根据性别、年龄、容貌、肤色、身材、体型、个性、气质及职业身份等来修饰个人仪表。

（3）适度性原则　要求仪表修饰无论在修饰程度，还是在饰品数量和修饰技巧上，都应把握分寸，自然适度，追求虽经修饰但又不露痕迹的效果。

（4）整体性原则　要求仪表修饰先着眼于人的整体，再考虑各个局部的修饰，促成修饰与人自身的诸多因素之间协调一致，使之浑然一体，营造出整体风采。

3. 仪态要求

（1）站姿的要求　站立是人们生活交往中一种最基本的仪态，它指的是人在站立时呈现出的具体姿态。"站如松"是指人的站立姿势要像松树一样端正挺拔。这是一种静态美，是培养优美仪态的起点。优美的站姿能衬托出一个人的气质和风度。站姿礼仪规范要求见表2-1。

表2-1　站姿礼仪规范要求

两肩放松，气下沉，自然呼吸。身体挺立，抬头挺胸，下颌微收，双目平视对方，双手交叉，放在身前，右手搭在左手上	
男士	女士
身体挺拔直立，两脚开立，与肩同宽	脚跟并拢，脚尖分开，呈V字形，或两脚稍微错开，一前一后，前脚的脚后跟稍稍向后脚足弓靠拢，后腿的膝盖向前腿靠拢

注意：

1. 千万不要僵直硬化，肌肉不能太紧，可以适宜地变化姿态，追求动感美。
2. 避免垂头、垂下巴、含胸、腹部松弛、肚腩凸出、耸肩、驼背、屈腿、斜腰、依靠物体、双手抱在胸前等不良站姿。

模块二 汽车维修业务接待人员职业认知

（2）坐姿的要求 坐是人们在生活工作中采用得最多的一种姿势，它也是一种静态美。"坐如钟"是指人在就座之后要像钟一样稳重，不偏不倚。坐姿礼仪规范要求见表2-2。

表2-2 坐姿礼仪规范要求

身体重心垂直向下，腰部挺起，上体保持正直，头部保持平稳，两眼平视，下颌微收，双掌自然地放在膝头或座椅的扶手上	
男士	女士
上身挺直，两腿分开，不超肩宽，两脚平行	双腿并拢，两脚同时指向左或右，两手相叠后放在左腿或右腿上，也可双腿并拢，两腿交叉置于一侧

注意：

1. 用手指示顾客就座的座位，为顾客扶椅子（遵循女士优先，长者优先的原则）。

2. 坐下之前应轻轻拉椅子，用右腿抵住椅背，轻轻用右手拉出，切忌发出声响。

3. 坐下的动作不要太快或太慢、太重或太轻。太快显得有失教养，太慢则显得无时间观念。

4. 坐下后，上半身应与桌子保持一个拳头左右的距离，应大方自然，不卑不亢。

5. 坐着与人交谈时，双眼应平视对方，但时间不宜过长或过短；也可用手势但不可过多或过大。

6. 女士不可将双腿叉开。

7. 双手不要叉腰或交叉在胸前。

8. 不要摆弄手中的茶杯或将手中的东西不停地晃动。

9. 腿脚不要不停地晃动。

（3）蹲姿的要求 蹲姿在工作和生活中用得稍少一些，但最容易出错。人们在拿取低处的物品或拾起落在地上的东西时，不妨使用下蹲和屈膝的动作，这样可以避免弯曲上身和撅起臀部。着裙装的女士下蹲时应尤为注意，稍不注意就会露出内衣，很不雅观。

注意：

1）女士下蹲时两腿一定要靠近；臀部始终向下。

2）如旁边站有他人，应尽量使身体的侧面对人，保持头、胸挺拔姿势，膝关节自然弯曲。

（4）行姿的要求 行姿就是人们在行走的过程中所形成的姿势。常说的"行如风"就是形容人们行走时像一阵风一样轻盈。它体现一种动态美，是以人的站姿为基础的，是站姿的延续动作。

起步时，上身略向前倾，身体重心落在脚掌前部，两脚跟走在一条直线上，脚尖偏离中心线约10°，行走时，双肩平稳，目光平视，下颌微收，面带微笑。手臂伸直放松，手指自然弯曲，手臂自然摆动，摆动幅度以30°～35°为宜。同地，速度要适中，不要过快或过慢，过快给人以轻浮的印象，过慢则显得没有时间观念，没有活力。

注意：

1）上身摆动和臂部摆动幅度不可过大，那样会显得体态不优美。

2）避免含胸、歪脖、斜腰及挺腹等现象发生。

（5）正确的仪态姿势 在维修接待过程中，接待人员正确仪态姿势，会给顾客留下良好地第一印象，有利于提高维修接待服务的质量。正确的仪态姿势图片详见表2-3。

表2-3 正确的仪态姿势

正确的握手姿势	正确的站立姿势	正确的行走姿势	正确的坐姿

三、维修接待员基本礼仪规范

1. 介绍

介绍是人际交往中互相了解的第一步。介绍使不相识的人相互认识，也可以通过落落大方的介绍和自我介绍，显示出良好的交际风度。介绍分为自我介绍和他人介绍。

（1）自我介绍　自我介绍的基本程序是，先向对方点头致意，得到回应后再向对方介绍自己的姓名、身份和单位，同时递上准备好的名片。例如，"您好，我叫××，是××4S服务中心的维修接待员，这是我的名片。"在做自我介绍时，表情要坦然、亲切，注视对方，举止庄重大方，态度镇定而充满信心，表现出渴望认识对方的热情。

（2）他人介绍　他人介绍是经第三者为彼此不相识的双方引见、介绍的一种介绍方式。他人介绍通常是双向的，即将被介绍者双方各自均做一番介绍。

2. 交换名片

名片是工作或社交过程中重要的介绍身份的工具。名片也是自己（或公司）的一种表现形式。因此，作为一个维修接待员应懂得正确使用名片。

（1）名片的准备

1）名片不要和钱包、笔记本等放在一起，原则上应该使用名片夹。

2）名片可以放在上衣口袋（但不可以放在裤兜里）。

3）要保持名片或名片夹的清洁、平整。

（2）接收名片

1）必须起身接收名片。

2）应用双手接收。

3）接收的名片不要在上面作标记或写字。

4）接收的名片不可来回摆弄。

5）接收名片时，要认真地看一遍。

6）不要将对方的名片遗忘在座位上，或存放时不注意落在地上。

（3）递名片

1）递名片的次序是由下级或访问方先递名片，如是介绍时，应由先被介绍方递名片。

2）递名片时，应说些"请多关照"、"请多指教"之类的寒暄语。

3）互换名片时，应用右手拿着自己的名片，用左手接对方的名片后，用双手托住。

4）互换名片时，也要看一遍对方职务、姓名等。遇到难认字，应事先询问。

5）在会议室如遇到多数人相互交换名片时，可按对方座次排列名片。

6）会谈中，应称呼对方的职务、职称，如"×经理"、"×教授"等。无职务、职称时，称"×先生"、"××小姐"等，而尽量不使用"你"字或直呼其名。

3．接、打电话

电话是一种常见的通信、交往工具，打电话的礼仪也是公共关系礼仪的重要组成部分。

（1）接电话的礼仪

1）应在电话铃响三遍之内接起。拿起电话应先自报家门，"您好，这里是××4S服务中心售后服务部"；询问顾客时应注意在适当的时候，根据顾客的反应再委婉询问。电话用语要文明、礼貌，态度应热情、谦和、诚恳，语调平和，音量适中。

2）电话交谈过程中，对顾客的谈话可作必要的重复，重要的内容应简明扼要地记录下来，如时间、地点、联系事宜和需解决的问题等。

3）电话交谈结束时，应尽量让顾客结束对话，如果确需自己来结束，应解释、致歉。通话完毕后，应等顾客挂机后，再轻轻地放下电话，以示尊重。

（2）打电话的礼仪

1）选择适当的时间。通常，打公务电话时间最好避开临近下班的时间，因为在这个时候，顾客往往急于下班，很可能得不到满意的答复。另外，公务电话应尽量打到对方单位，若确有必要往对方家里打时，应注意避开吃饭或睡觉时间。

2）开始通话要首先通报自己的姓名、身份。必要时，应询问对方是否方便接听，确认顾客方便接听时才开始交谈。

3）电话交谈过程中，应做必要的记录。

4）电话用语应文明、礼貌，电话内容要简明、扼要。

任务实施

离下班还有1小时，某品牌4S店VIP用户老王未预约来店进行2万公里常规保养，服务顾问小华热情地接待了他。保养完后，小华请老王到接待台入座说明本次保养费用。由于第二天是小长假，当天来店做保养的车辆很多，小华已经接待得有些疲惫，所以在和老王交谈的过程中不停地打着呵欠，整个身体也几乎瘫到接待桌的桌面上，两腿也不停地抖动。老王的脸色渐渐地难看起来，不耐烦地催促小华赶快结账，之后头也不回地驾车离店。第二天，小华受到了经理的严厉批评。

请想想看：如何利用自身的仪态来更好的提升个人形象，获得相互尊重？

任务拓展

原一平在日本寿险业被称为"推销之神"，他在1949～1963年，连续15年保持全国人寿保险业绩第一，他身高只有1.53米，而且其貌不扬。

汽车维修业务接待实务

原一平的微笑被称为"全日本最自信的微笑"、"价值百万美元的微笑",而这样的微笑并非天生,而是长期苦练出来的结果。原一平曾经假设各种场合与心理,自己面对镜子,练习各种笑容。因为笑必须从全身出发,才会产生强大的感染力,所以他找了一个能照出全身的特大号镜子,每天利用空闲时间,不分昼夜地练习。经过一段时间的经营练习,他发现嘴唇闭与合,眉毛的上扬与下垂,皱纹的伸与缩,都会使"笑"有不同的含意,甚至于双手的起落与两腿的进退,都会影响到"笑"的效果。

原一平通过长期苦练各种笑容,使自身的微笑达到了炉火纯青的地步。他用那由衷真诚的微笑,使他给人的感觉永远是那么精神抖擞,充满信心。因此,原一平的微笑最终成就他成为日本历史上签下保单金额最多的推销员。由此可以从一个侧面看出,仪容仪表礼仪的成功运用能很好地开启汽车服务人员的人际关系网络资源。

学生们进行分组,针对个人的仪容仪表每名学生先自评,再对本组其他同学进行评价,最后对其他组同学进行评价。

【案例讨论】

小贾在外地旅游,连夜坐车赶回上班,因疲劳站在那里不停地打呵欠。一对夫妇进入展厅看到无精打采的小贾后,随便逛了一下便离开了展厅;随后又陆续有些客人进来,看到小贾很困的样子都很快离开;由此可以看出,在服务过程中,自身仪态的展现是多么重要。

各组学生先观察其他组学生的坐姿、站姿与走姿,再分别指出他们的这些姿态都有哪些问题,自己今后将如何避免这类问题。

任务评价

任务编号		6	学时:4学时		学生姓名:		总分:	
类别	序号	评价项目	评价内容及要求	配分	学生自评	学生互评	教师评价	得分
职业素质评价	1	道德规范	遵循文明、道德规范;遵守实训规章、纪律	10				
	2	团队合作	沟通交流、合作参与意识	10				
	3	任务执行	协作性、积极主动性;责任感、任务完成度	20				
岗位技能评价	4	基本的仪态礼仪	接待员基本的站立、行走、蹲、坐姿符合礼仪规范	20				
	5	工作中的个人仪容	衣帽、发饰、仪态干净、整洁、卫生	20				
	6	运用知识能力	能应用接待礼仪基本规范接待各种类型的客户	10				
	7	完成时间	是否按时完成各项任务	10				

注:按学生自评占20%,学生互评占30%,教师评价占50%计算总分。

思考与训练

1. 写下最适合的表达语言：

（1）习惯用语：问题是那个产品都卖完了。
专业表达：_____

（2）习惯用语：您怎么对我们公司的产品老是有问题。
专业表达：_____

（3）习惯用语：我不能给您他的手机号码！
专业表达：_____

（4）习惯用语：注意，您必须今天做好！
专业表达：_____

（5）习惯用语：您没有必要担心这次修后又会坏。
专业表达：_____

2. 模拟场景，分组训练学生与客户沟通的能力。

任务三　客户接待技巧认知

任务目标

1. 掌握交谈技巧和原则；
2. 学会倾听；
3. 掌握如何接待预约与非预约的客户；
4. 掌握赢得客户信任的方法。

任务描述

客户通常有许多事情要告诉我们，比如他要解释自己的需求或者抱怨。但是，如果这时候你充耳不闻，毫无反应，敏感的客户马上就会知道你没有兴趣听他诉说。组织学生到维修企业品牌4S店，观察、了解维修业务接待人员与各位到店修车车主的沟通、交谈过程，以了解接待技巧。

相关知识

维修企业为了不断地提高客户满意度，越来越注重从维修服务接待工作开始抓起抓好，这就要求维修业务接待员（服务顾问）在与顾客的第一次接洽中就能让顾客体会到他足够的专业素养和真诚态度，而掌握客户接待的技巧和做好接待前的准备工作对接待员（服务顾问）来说就显得十分重要。

汽车维修业务接待实务

一、接待前的准备工作

如果第二天上午9点客户要来进行车辆的维修或保养，那么，在当天下班以前，就应该进行相关的准备工作。

（1）写出欢迎牌　可以调出客户的档案、车辆的维修记录以及客户的信息单，根据维修预约的记录，准备好对客户的欢迎牌。

> 提示：
> 　　欢迎牌上写客户姓名、车牌号、车的品牌等。

（2）通知备件部门　要通知备件部门准备好第二天所需要的备件，要提前把这些备件摆在待领区。这样，车来到以后，技工、维修工不需要等待就可以直接到待领区把零件拿出来，开始工作。

（3）及时与客户取得联系　在下班前给预约的客户打电话，提醒他不要忘了第二天上午的预约。对没有如期赴约的客户，必须打电话给他，询问他能否赶到。如果不能，是不是需要重新安排预约。这一切都属于接待前的准备工作。

二、与客户沟通的技巧

1. 交谈技巧

（1）交谈内容要"就地取材"、"随机应变"　刚开始与顾客接触时，一般要先寒暄几句，如果开门见山、单刀直入，会给人唐突的感觉。一般可以以天气为题，说几句今天天气如何；但若不论时间、地点一味谈天气就太单调了。如何避免这一情况呢？你不妨结合所处的环境，就地取材引出适当的话题。恰当的开场白主要是使气氛融洽。要多用称赞的口气和语言，而少用或不用挑剔的口吻。还可以根据情况的变化转换话题，使交谈自然融洽地进行下去。

（2）谈话要看顾客定内容　顾客上门，多数是遇到了麻烦。与顾客交谈时，应以顾客的说话内容为中心，而不是一味地表达你自己的想法或见闻，多听顾客的诉求，围绕顾客的谈话而展开。交谈是双向交流，交谈时应看对象，因人而异。各种年龄、各种职业、各种地位的人都有各自不同的兴趣、特点及习惯等。因此，在交谈中选择什么样的话题，用什么样的语言与口吻应当有所不同，如不要和艺术家大谈金钱，不要和失恋的人大谈你和恋人的甜蜜感情等，否则别人是没兴趣听的。

（3）多谈顾客感兴趣的话题　在与顾客交谈的时候，可以试着从顾客的话语中找到他的兴趣所在，让他对自己有兴趣的话题发表看法等。一般地说，一个人感兴趣的话题，多是他知识储备中的精华部分，如能就此进行交谈，不仅可以谈得很有兴趣，而且谈话内容也会比较丰富。

2. 交谈原则

（1）充分、认真聆听　充分、认真聆听既是对顾客的一种尊重和起码的礼貌，也是互动交流的基础。只有充分、认真地聆听，才能够清楚顾客讲话的内容，把握讲话者的重点。这样才可以有根据地进行回应，才会激发起顾客的兴趣。

(2) 言语适度 在交流过程中,还应注意言语适度。这种适度主要包括三方面,即适时、适量和适当。

(3) 避讳隐私 由于风俗习惯、政治信仰等的不同背景,有些话题在交谈中非常敏感,很容易引起反感,因此要回避这些谈话内容。同时,现代很多人初次见面时不愿透露过多的个人信息,所以在交谈时也应避免询问过多。一般地,这些方面应予以避免:家庭、婚姻等情况;女性的年龄、体重等有关个人生理状况的问题;男性的工资收入、职务职衔等;宗教和政治问题;就餐时谈动物内脏问题;谈疾病、死亡等。

(4) 保持正确的礼仪距离 每个人在潜意识中都有自己的一个私人空间领地。保持一个适当的距离,是对他人的尊重,同时让人有安全感。这个距离约为1m左右。

(5) 使用基本礼貌用语 人与人之间的交往过程,在很大程度上也是情感的交流。充分尊重他人,也是顺利实现交际交流的重要条件,而礼貌用语最能体现这种对人格、情感的尊重和关怀。基本礼貌用语要常挂嘴边,例如"您好"、"欢迎光临"、"请"、"谢谢"、"对不起"、"再见"等。

3. 倾听技巧

良好的倾听技巧可以帮助维修业务接待人员发现与顾客沟通过程中的许多实际问题。可以这样说,在一个成功的服务过程中,有效倾听所发挥的作用绝不亚于陈述,在倾听时应做到:

1) 不随意打断顾客。

2) 适时复述,帮助准确理解。

3) 肯定对方谈话的价值。在谈话时,一定要用心去找顾客谈话的价值,并给予积极的评价和肯定,顾客的内心也会很高兴,同时会对肯定他的人产生好感。这是获得对方好感的诀窍。

4. 提问的技巧

提问是帮助发现和收集顾客需求信息一个非常非常重要的技巧。它可使我们更准确、更有效地把握顾客的意图,为顾客更好地服务。几种提问方式介绍如下:

(1) 描述性问题式 运用描述性的问题其目的是要让客户讲话。

客户如果说"车跑起来整个车身都抖动"的话,你就要用描述性的问题问他。不要说:"你的车辆车身抖动,是不是轮胎不行了?"应该问他:"当时是在什么情况下发生的?是什么车速?"这时候就要了解一些汽车行驶的条件,还有路面的条件,提出一些描述性的问题。

(2) 是否问题式 当你需要客户尽快做决定的时候,或者你不能够肯定你所听到的是不是客户本意的时候,就要提出一些是否的问题,这是一种检查你对客户所说问题的理解程度的好方法。

(3) 总结陈述式 通过总结客户的主要观点,有助于将精力集中在谈话上。例如:你问客户:"是不是当车速达到60公里时速以上时,毛病才能觉察出来?"这就是总结陈述式的问题。

三、如何给客户留下良好的第一印象

有人说:永远不可能有第二次机会给人留下一个好的印象,除非很走运。因此,如果第一印象好的话,就会有一个良好的开端,双方就很有可能建立起长期的良好关系。

1. 在客户到来的时候,立即和客户打招呼

当客户进入接待大厅的时候,不管你正在忙于什么工作,只要看见客户进来,就必须在一分钟内跟他打招呼,表示已经知道他的到来。在5min以内必须开始接待程序,也就是填写委托书。如果真的没有办法马上接待的话,要向客户解释并请他稍等片刻。

2. 使用恰当的问候语

问候客户的时候要以其姓氏相称,在外国,会称呼客户的名字;在中国,只称呼其姓氏。如果他有职务的话,还可以用职务称呼他,比如王经理或者李总之类。

问候必须是有礼貌的、友好的,要体现出真诚为客户服务的真情,要有提供帮助的一种愿望。要让客户感受到这一点:对客户遵守预约到经销店进行维修,我们要表示感谢。

3. 让客户讲清楚他的问题

不管有多忙,都不要打断客户,让客户把话讲完。这些都是一些细节问题,而细节往往会影响到客户的满意度。

4. 接待员的外表

接待员每天上班的时候,都必须着职业装,要干净整齐,这样可以激发自信心,同时使你看起来很专业,会增加你的建议的分量。领带不要打得太短或太长,衬衫必须是干净的,领口、袖口不能脏。

5. 对待同事与其他客户的方式

这一点也要注意,因为客户认为,你会以对待其他同事的方式对待他。所以,在等候和你交谈的时候,他会注意你对其他人以及同事的一言一行,从而形成对你的看法。

6. 整洁干净的接待区

这一点是应当重点考虑的问题。每一件物品都要安排得井井有条。对许多客户来说,整洁就意味着效率与专业化,这样才能让他们相信,你是非常注重自己的工作的,因此也会同样重视客户和客户的车辆。

四、合理运用肢体语言

肢体语言是人的情感表达方式之一。人在交谈过程中,往往会情不自禁地挥臂、伸手、伸出手指和拳头等来辅助、增强和渲染语言表达的效果。肢体语言的个体性比较明显,共性较差。肢体语言因不同社会背景、不同年龄层的人有不同的肢体表达方式,甚至同一种肢体语言在不同的区域、文化和个体之间有不同的含义。

1. 目光交流

眼睛被人们称为"心灵的窗口",正因为眼神往往会不知不觉地流露出内心的秘密,才使目光交流成为最有效力的身体语言之一。目光交流不仅可以让我们听到客户所说的话,还可以了解他的感受。

(1)"五秒钟的目光交流" 在外国,有一种说法叫"五秒钟的目光交流"。因为当我们兴高采烈的时候,或者我们与对方很熟悉的时候,往往说话时就会跟他对视,目光会差不多停留在5~10s。

当然,如果是互相不熟悉的话,可能是2~5s之间。美国人通常是2s,在2s对视以后,他会把目光移开,然后再回来。

（2）要真诚稳定地看着对方　在所有的情况下，都应该尽量争取做到和客户进行正常的5s目光交流，因为这个时间是客户觉得最舒服的一种目光交流的时间。我们有充分信心去满足他们的期望，所以，就要做到真诚稳定地看着对方。

（3）目光游移使紧张情绪暴露无遗　对于大多数人来说，紧张的时候，就会目光游移。如果像受惊的兔子一样到处乱看，会使你的紧张情绪暴露无遗，从而降低客户对你的信任度。

在谈话时，任何不直视对方的举动都会加重对客户的负面影响，使客户觉得非常不舒服。

（4）闭眼睛的时间不宜过久　如果说话的时候，闭眼睛的时间太长的话，不管是客户还是接待员，都在传达给对方一个信息：就是不想待在这里继续谈下去。

2. 微笑

在接待客户的时候，必须面带笑容。在把目光焦点柔和地落在客户的脸上，做到目光交流的同时，还要有一个微笑。

1）微笑是处理好人际关系的一种有效手段。

2）微笑是调节融洽的交往气氛的一种手段。

3）微笑也是化解矛盾的一种手段。

读读这个案例：

在二战的时候，一名法国军官被逮捕了。一天晚上，他想抽支烟，就跟狱警说："能给我支烟吗？"狱警给了他一支烟，在为他点火的时候，狱警从打火机的火光中看到了这个军官有一种很特别的微笑，一种很自然、很真诚的微笑。这个微笑给了狱警很深的印象，后来，就在法国军官要赴刑场之前的那个晚上，狱警把他放走了。可见，微笑是很有感染力的一种身体语言。

注意：

◆避免表达过度

当然，如果微笑表达过度的话，就会使人觉得生硬、虚伪、笑不由衷。甚至在对方痛苦的时候，如果你还在笑，他就会觉得你是在幸灾乐祸。

◆微笑表达了欢迎的态度

如果微笑表达不充分的话，比方说客户走近时，你连看也不看他，笑也不笑，这时候客户就会觉得你并不欢迎他。

3. 手势

手势在人际交往中有着重要的作用，它可以加重语气，增强感染力。大方恰当的手势给人一种肯定明确的印象和优雅的美感。

通常来说，接待员指引客户，都会四指并拢，拇指伸开。如果这种动作只是靠着身体的话，感染力不是那么强烈；但是如果我们指引客户的时候张开手臂的话，通常客户都会接受，都会按照指引的方向而去。

（1）不礼貌的手势　如果你只伸出一个食指指着客户的话，这是一种非常不礼貌的手势。

（2）关于表达过度　如果手势幅度太大，在亚洲人看来，就会觉得是一种表达过度，他们不喜欢过度表达；但在西方国家，即使幅度再大，别人看来也不会显得过分。

汽车维修业务接待实务

(3) 关于表达不充分　如果你讲话的时候一点手势也没有，或是贴得太近做一些手势的话，会使人觉得你很紧张，没有什么自信，或者说已经被对方所说的话吓坏了，这也是表达不充分的一种表现。

> 提示：
> 　　与男士握手时可以稍重一些，与女士应稍轻柔一点。

4. 握手

握手通常是表示欢迎、欢送。见面的时候、相会的时候或者告辞的时候，一般都要握手。这种握手是对人表示祝贺、感谢、慰问或者表示友好合作等等。

（1）用右手握手　在握手时，一定要伸出右手和人家握手。

（2）握手的时间　握手的时间通常是3~5s为适当，当然，关系亲近的握手时间可以适当长一些。

（3）力度要适当　握手的时候，力度要适当。不要太重，不要把对方给握痛了，或者强行跟人家握手，或者拉住对方不放，这些都是无礼的行为。当然也不要太轻，比如人家同你握手，如果你仅仅轻轻碰一下就把手抽回去，或者犹豫不决，都会让对方感到敷衍、冷淡。

（4）握手时要除掉手套　如果戴着手套，必须先把手套脱掉，然后再和人握手。

（5）与女士握手的注意事项　一般来说，男女之间握手，应该是由女士先伸出手，男士再伸手。如果女士没有握手的意思，男方就改用点头来表示。

（6）宾主之间的握手　在宾主之间，不管是男是女，作为主人，都必须主动先跟人家握手。如果一个人面对很多人不可能一一握手的话，就要行注目礼，就是用点头或者用招手来代替。

5. 点头

不需要用言语的另一种身体动作就是点头。当人们讲话的时候，你若表示同意就可以点头，对方就会觉得他跟你讲的话，引起了你的反应。

比方说，一个客户不停地投诉某件事情的时候，你不能插话，但是又希望让他知道你在倾听，你就可以用点头来表示，这时候点头就特别有效。

6. 身体的动作

在和客户交谈的过程中，为了表示诚意，人们常常会轻轻地向前倾身，从而让客户了解他说的话使你很感兴趣。

当客户在表达强烈情感的时候，你一定要向前倾身。这时，你传达的意思就是："我确实非常乐意听您讲话"或者"我对您非常理解"。

7. 私人空间

（1）一米左右的距离会使客户比较舒服　当客户进到接待大厅，接待员迎上去的时候，不应该离客户太近。通常是保持在1m左右的接待距离，这样会使客户感觉比较舒服。

（2）私人空间的侵犯会使客户不高兴　有时候，客户会看似无端地发起脾气来，其实那是因为他的私人空间受到了侵犯，但是他又解释不出来，只是在心里感到不舒服。比方说，客户坐在接待台面对着你时，而你却把一大堆文件推到他面前去，这时候他的私人空间已经受到侵犯，因此他就会不高兴。

（3）私人空间因环境而异　当然，个人空间也要因当时的环境而定。有些情况下，就算是距离很近，也不应该认为别人是在侵犯自己的个人空间。

五、如何接待预约与非预约的客户

1. 同样欢迎

对事先预约的客户和事先没有预约的客户，在接待时都要表示欢迎，不要使非预约客户觉得受到了歧视。

2. 向非预约客户解释预约的好处

对于非预约的客户，在接待时除了热情接待以外，还要向他解释预约系统、预约方式以及预约的好处。

比如，你可以告诉客户，如果他采用预约方式的话，就不用像现在这样等待，如果预约两点钟，他两点钟准时一到，马上就可以有特别安排出来的15分钟接待他。

3. 鼓励客户使用预约

鼓励客户使用预约系统有很多做法，比如：

1）打折。

2）优惠或者送纪念品。

3）连续预约五次，就给予较低的折扣。

> 提示：
> 对迟到的、未经预约的客户安排在15min的空档内。

六、客户的心理状态与一般的担忧

1. 客户的心理状态

通常来说，新客户到维修中心来，他的心理状态体现在以下几个方面：

（1）不高兴，因为他的车不得不进厂修理　客户会不高兴，因为他的车辆无法正常运转，而且可能就是在上班路上出了问题。如果这辆车又是刚从经销商那里买的，这辆新车却在上班或者游玩的路上出现了故障，他们会更加恼火，这一点应该将心比心，给予理解。

（2）本来这个时候他应该到别的地方去而不是到维修厂　车辆发生意外故障完全是出乎客户的意料之外的，他也许正准备到别的地方去，但是现在却不得不到维修厂来。

（3）烦躁，因为他不知道故障的原因所在　现代化的汽车结构复杂，绝大多数车主不清楚问题的所在。这一点会使很多车主感到恼火，特别是那些男性车主，他们自认为精通汽车，但是现在却找不到故障原因，因而会感到非常烦躁。

（4）疑虑，因为他以前从来都没有到过维修厂　客户还会显得不安，因为他根本不了解维修厂和你们的员工，所以，他不知道维修厂是不是诚实的，会不会"宰"他，会不会把他的车修坏了，这些都是他在疑虑的问题。

2. 客户的一般担忧

客户来到维修厂，一般会担忧以下问题：

（1）担心要价过高　第一，他担心支付过高的维修费用。第二，他怀疑维修厂可能会增加一些不必要的维修项目，而且要求他支付这些项目相应的费用。第三，他担心服务收费比其他的地方要高。

这些都是担心要价过高的客户心里存在的疑虑。

（2）担心车辆不能得到正确的维修　客户最怕的就是修完后还得把车开回来进行返修，如果没有一次性把车修好，而他还不得不为第二次的维修支付额外的费用，这是他更为担心的事情。

（3）担心车辆无法按时修好　"担心车辆无法按时修好"通常是那些急用车辆的人最普遍关心的问题。

七、如何赢得客户的信任

1. 要向客户说明维修部门的运作方式

维修部门的说明包括：

1）说明营业时间。就是什么时候开始营业，什么时候结束营业，每天的上下班时间等信息都要传递给客户。

2）说明可以为客户提供方便的服务，比如说代用车辆等。

3）说明客户在紧急情况下可以拨打的电话号码。如果车辆抛锚了，或者其他需要帮助的时候，应该拨打哪个电话号码，这些都要告诉客户。

4）说明可以接受的付费方式。要询问客户接不接受你的付款方式，比如，除了现金以外接受刷卡吗？接受支票吗？这些也要告诉客户。

2. 要向客户说明维修服务的流程

关于流程方面有以下几点要解释：

1）预约服务可以保证客户不需要等待。要把这一点告诉客户，鼓励客户要到厂来维修车辆或者保养车辆时，尽量提前预约。

2）对已经商定的维修，告诉客户可以获得确定的报价，告诉客户不会随意增加费用，不会修完车以后又把费用提高，让客户放心。

3）告诉客户：他的车进来维修以前，维修厂会对他的车进行一次全面而专业的免费预检，还会给他指出哪一些应该修，哪一些可以推后修，哪一些必须现在修。

4）维修厂会提供针对车辆的保养以及其他方面的建议。告诉客户，在维修服务流程中，这些工作是包括的。

5）维修厂会就拟订进行的工作事先征得客户的同意。任何维修工作，在客户没有同意以前，我们都不要去做，只有在获得客户的同意与遵守授权之后，才去进行车辆的维修。

6）遵守双方商定的交车时间。交车的时间不是维修厂单方面确定的，而是同客户商定一个适合的时间交车。

7）维修服务流程有一个质量控制系统，能够确保出色地完成维修工作。

3. 其他可赢得客户信任的方法

1）对客户的需要表现出真诚的关注。客户需要什么，要很真诚地去了解。

2）在全部交易过程中，让客户掌握主动。对于一项维修，要为客户提供多种维修方法，让客户自己做出选择。比方说，发动机的整个连杆都断了，把里面的缸体也搞坏了，这时候需要更换里面的零件。你可以告诉客户，如果一一更换的话，需要多少钱。如果更换整个总程的时候，又需要多少钱。然后告诉客户这两个方案的优缺点，让客户去选择，而不是强迫客户采用哪种方法来维修。

3）认真倾听客户的意见。倾听客户意见的时候，不要心不在焉，让客户觉得在敷衍他。应该关注客户，至少在倾听的时候，要拿一张纸、一支笔，记录客户说的话，这样就使客户觉得你是真正在和他沟通。

4）提供专业水准的维修服务。为了得到客户信任，你所提供的服务必须是有专业水准的。不能在客户询问的时候一问三不知，如果你对产品一点也不了解，对维修一点也不了解，是不会使客户满意的。

5）帮助客户设定现实的期望值。比如，如果客户的车是经济型的小车，就要告诉他这种车的动力有多强，它的最高时速能达到多少，不可能是他要求的300km/h等等，这些都要跟客户讲清楚。

6）提供对客户比较合适的建议。比如，你可以告诉客户，他的车已经修了很多次，用了很久，已经走了几十万公里了，如果继续修的话，将会再花多少钱。如果把它卖掉再买新车，会有什么好处，这些都是一些合适的建议。还可以跟客户提出来，让客户到展销厅去看清。

7）最后，要尊敬客户，礼貌地对待他们。

八、处理紧急情况

有时需要接听那些车辆出现故障的客户打来的紧急求助电话，这时服务顾问（接待员）应该做好以下工作。

1. 应当了解的信息

接到紧急求助电话，应当了解：故障车辆所在的位置，客户所需要的服务等。了解该车是否能够开到公司来，是否需要派拖车把它拖过来修理，或者派维修工先做个检查或者先做个小修。这种情况下的工作程序，各经销商不尽相同，应遵守所在维修店的规定。

2. 通知客户维修中心

了解了客户的需要后，要通知客户维修中心将要采取的行动以及所需的时间。比方说，是派拖车去还是派维修工去，都要让客户知道。

3. 建议客户应该采取的行动

要告诉客户，如果能够开动的话，先转移到一个安全的地方，然后打开紧急警告灯，叫客户不要离开车辆。特别是在高速公路上，车辆行驶的速度都很快，客户离开车子是很危险的。

> **提示：**
> 客户在打紧急求救电话时他的心情一定很着急、担心。

汽车维修业务接待实务

任务实施

一、打电话进行跟踪回访

客户前天来更换了一个水泵，因为当时车上的水泵漏水，还发响。修完后，在打电话进行回访时，应不应该问客户："水泵换了以后，还发响吗？还漏水吗？"

有人认为，不应该问具体的维修。因为进行电话回访的往往是信息员，他不太了解技术，只是做一个访问而已，所以如果他问到技术问题，客户会觉得你好像对维修没什么信心。然后，他可能会觉得好像还有点声响，如果问他："有没有漏水呢？"他可能还说："是，有漏水。"甚至哪一天他没什么事做的时候，他就会说："这样吧，下午我再把车开回去，让你看一看。"

这时候，如果是不太懂技术的人听到这些回答，就会气急败坏地跑到车间主任那去，说："坏了！现在客户的车又漏水了。"如果是懂技术的人去问的话，他就会问客户："漏的水是透明的颜色呢，还是有其他颜色？"如果客户说是透明的，那他就会说："你放心，那是空调水，你打开空调，往往会有空调的水漏出来。"如果客户说是绿色的，他就会知道是散热器漏水。

所以有的人觉得，在跟踪回访的时候，应该问一个车辆的大体情况："那天您到我们这换了个水泵，还有什么别的问题吗？"之所以问他"还有什么别的问题"就表明你对所做的维修工作有信心。这两种意见都有一定道理。如果要采用第一种意见的话，打电话这个人一定要懂得技术，要不然客户反问回来的时候，就会比较难处理。

二、说出不同情境下的文明用语（学生分组讨论后，派代表发言）

写下每种情境下最适合的表达方式，并用清楚、有精神的声音说出。

（1）当您早上进公司时
_____

（2）当您向顾客问候时
_____

（3）在表达感谢时
_____

（4）当上级主管、年长同事叫您时
_____

（5）在工作中称呼某人时
_____

（6）当有上级主管教导您时
_____

（7）当您外出时
_____

模块二 汽车维修业务接待人员职业认知

（8）当您回来时
___

（9）当上级主管、年长同事外出时
___

（10）当上级主管、年长同事回来时
___

（11）当您手上没工作时
___

（12）当您犯错时
___

（13）下班了，当您要离开办公室时
___

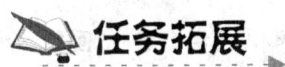

表达的技巧——选择积极的用词与方式

在保持一个积极的态度时，沟通用语也应当尽量选择体现正面意思的词。比如说，如果一个顾客就车辆的品质问题几次求救于您，您想表达您为顾客真正解决问题的期望，于是您说："我不会再让您的车重蹈覆辙"。干吗要提醒这个倒霉的"覆辙"呢？您不妨这样表达："我这次有信心，这个问题不会再发生"，是不是更顺耳些？又比如，您想给顾客以信心，于是说"这并不比上次那个问题差"，按照我们上面的思路，您应当换一种说法："这次比上次的情况好"，即使是顾客这次真的有些麻烦，您也不必说"您的问题确实严重"，换一种说法不更好吗："这种情况有点不同往常"。您现在可以体会出其中的差别了吗？

习惯用语：你叫什么名字？
专业表达：请问，我可以知道您的名字吗？

习惯用语：我必须……
专业表达：我们要为您那样做，这是我们需要的。

习惯用语：你错了，不是那样的！
专业表达：对不起我没说清楚，但我想它运转的方式有些不同。

习惯用语：如果你需要我的帮助，你必须……
专业表达：我愿意帮助您，但首先我需要……

习惯用语：你做的不正确……
专业表达：我得到了不同的结果。让我们一起来看到底怎么回事。

习惯用语：你没有弄明白，这次听好了。
专业表达：也许我说的不够清楚，请允许我再解释一遍。

习惯用语：我不能……
专业表达：看看我们能够帮您做什么。

习惯用语：我不会做。
专业表达：我们能为您做的是……

习惯用语：这不是我应该做的！

57

专业表达：我能做……

【案例讨论1】

多种形式的服务沟通方式

在一家维修企业的业务大厅有3名业务接待人员：小刘、小陈和小李。

小刘每次与顾客沟通时，都会面带微笑，主动问长问短，一会儿与顾客寒暄天气，一会儿聊聊车辆的状况，总之聊的大多是一些顾客非常感兴趣的话题。小刘的这种服务方式可以称之为"礼貌待客"方式。

小陈时常会向顾客提出一些简明扼要的问题。例如，我能帮您什么忙吗？您要维修车辆的什么部位？我们最近有优惠活动，您想了解一下吗？您想参加这次活动吗？小陈采用的是"技巧推广"方式。

小李由于业务经验丰富，他与顾客谈论的都是关于车辆日常保养和科学驾驶方面的经验，例如，什么样的车辆使用哪种性能的润滑油比较好，车辆维修之后如何鉴别维修的质量，何种零配件的性价比最好，雨雪天气如何防止制动时出现侧滑，等等。无论顾客使用的是什么品牌哪种型号的车辆，也不管顾客的车辆是旧还是新，小李总会给顾客提出一些非常中肯而有效的建议。在这里，小李所采用的就是"个性服务"方式。

议一议：

在与顾客的交流过程中，以上的服务沟通方式并不一定是分开来使用的，可以根据不同的交流情景交替应用几种沟通方式，即使是在与一位客户交流时。不管是采用一种还是两种沟通方式，或是多种沟通方式，只要完成了与顾客的沟通，实现良好的服务就行。

【案例讨论2】

汽车维修前台接待

1. 案例场景

×公司（汽车特约维修服务企业）的一个顾客打进电话，抱怨说昨天到×公司进行汽车保养时丢了一个精致的车模。×公司根据公司目前的解决方式只能通过寻找，并通过维修业务接待人员了解情况，没有其他办法。×公司对打进电话的顾客特征描述：情绪激动，脾气暴躁，急于找回。打进电话时语气急速、生硬，不友好；在问题解释过程中，顾客没有耐心。

2. 完整电话解答脚本

想象一下这样的一个场景：在一个忙碌的顾客服务中心，电话声此起彼伏，一位坐席人员（以下简称坐席）接起一个电话。顾客服务就从这个时候开始。

坐席："这里是×公司顾客服务中心，请问您有什么问题？"

顾客："我昨天在你们那里做保养时丢了一个非常精致的车模，它对我来说很有意义，肯定是你们的维修工人见到后起了贪心拿走了。"

坐席："这位先生，请问您贵姓？"（在开始语中，注意不要急于询问顾客的问题及提供解决方案，而是问清顾客的姓氏，便于在以后的谈话中注意使用，也体现了对顾客的尊重。）

顾客："我姓黄。"

模块二　汽车维修业务接待人员职业认知

坐席："黄先生，请问您在维修业务接待人员处登记您的车上物品时，车模有没有登记在内？"（通过封闭性问题，逐步锁定顾客问题产生的根源。注意：封闭性问题应避免连续多次使用，一般连续不超过3次，问题的询问要目的明确，适时引导顾客，避免漫无目的且避免在顾客激动的时候询问不恰当的问题而激化矛盾。）

顾客："没有。我的车之前在你们那里做过很多次保养了，都没有出现过问题，所以就很放心地没有作登记。"

坐席："其实您是应该登记的，这样有助于保护您的物品。"（重申问题的根源。注意语气要委婉。）

顾客："你的意思就是我找不回车模了？"（注：此设计为一难缠顾客，正常情况下很好解决，在这里不作正常情况设计。）

坐席："黄先生，我很理解您此时的心情，如果我遇到您这种情况，我也会像您一样着急。我们这么做的目的也是为了保护顾客的利益。"（与顾客情绪同步，理解他目前所遇到的困境，注意说话的语气，要真诚、充满感情。注意：一定要把握好说话时的语气和态度，要从内心由衷地发出。）

顾客："保护我的利益就要帮我找回呀！我都收藏一年多了，都有很深的感情了，我就这样认了吗？"

坐席："黄先生，和您的谈话中可以看出您一定是汽车爱好者，也很感谢您对我们公司的信任，其实我们会尽最大的努力保护顾客物品的，希望您能理解。"（运用赞美和移情平息顾客的情绪，注意：语言交流中保持一定的幽默与风趣，对待顾客就像对待你的朋友，和顾客建立良好的关系，最后让顾客理解您的难处。）

（保持沉默3s，适时沉默，倾听顾客的声音，其作用相当于一个封闭性的问题。）

顾客："那好吧！"

坐席："您可以好好地再想一想，看一下会不会把它收藏到其他什么地方了？"（注意：在准备结束电话时，多使用可以封闭的回答或问题，并且在回答后保持适当沉默时间，让顾客回答，若顾客没有反应，可以询问：还有其他问题吗？）

顾客："还有没有其他的办法？"

坐席："我很希望能够给您更多的帮助，如果我们这边找到了，我会第一时间通知您，请您多多包涵。"（回答的原则：避免正面的直接否定，以免造成顾客的不满情绪升级。）

顾客："谢谢！"（结束电话）

小贴士：

1）在我们提供给顾客最终解决方案后，若顾客依然不能满意（前提是公司不能提供更多的支持以帮助解决），则要在其后的交谈中，抓住一个原则：在感情上理解，同时体现自己尽力帮助顾客的心情。不要使问题升级，最终使顾客能够较满意。

2）对于难处理的问题，在客观上部分由于公司内部的原因，我们的解决方案不可能按照顾客的意愿进行，注意将企业最终能够提供的解决方案细化成逐步深入的小的解决方案。若一次把公司的底线呈现给顾客，如果顾客还不满意，坐席人员在回答时就没有后路。据统计，通过细化解决方案的方式解决难处理的问题，可提高20%~30%的解答率。

汽车维修业务接待实务

任务评价

任务编号		7	学时：4学时		学生姓名：			总分：	
类别	序号	评价项目	评价内容及要求	配分	学生自评	学生互评	教师评价	得分	
职业素质评价	1	文明守纪	讲文明、懂安全、守纪律	10					
	2	个人礼仪	衣帽、发饰、仪容、仪态	20					
	3	团队合作	沟通交流、合作参与意识	10					
	4	任务执行	协作性、积极主动性；责任感、任务完成度	10					
岗位技能评价	5	业务接待	掌握接待员交谈原则，能接待预约客户并获得良好第一印象；会解释预约系统及好处	20					
	6	接待技巧娴熟	熟悉并会运用倾听、交谈技巧，懂得选择积极的用词与沟通方式；能够应对、处理客户故障紧急求助	20					
	7	运用知识完成任务能力	是否能够运用所学知识理解案例问题，并按要求完成各项任务	10					

注：按学生自评占20%，学生互评占30%，教师评价占50%计算总分。

思考与训练

1. 判断题

（1）业务接待员应协助相关人员进行故障诊断，制定诊修方案；告知估价、结算方法及维修工期，与客户签订维修合同。（　　）

（2）业务接待员只听取客户关于使用车况的陈述及要求，查看《机动车维修记录》。（　　）

（3）业务接待员应跟踪车辆维修情况，视需向客户反馈维修进度。（　　）

（4）做好交车准备（清理、清洁车辆，查看外观，清点随车物品），通知客户验收接车是价格结算员的工作职责。（　　）

（5）维修车辆竣工验收后，业务接待员应向客户告知车辆故障原因、今后行车注意事项和质量保证期等相关内容，引导客户办理结算手续。（　　）

（6）修理好的车辆出厂后，在一周内，经营者应回访客户，征询车辆维修服务反馈意见，并做好服务质量跟踪记录。（　　）

2. 简答题

业务接待员交谈的原则有哪些？

模块二 汽车维修业务接待人员职业认知

任务四　客户关系管理认知

 任务目标

1. 理解客户的含义及其分类方法；
2. 理解客户关系的含义及其类型；
3. 理解客户关系管理定义与内涵。

 任务描述

随着时代和行业的发展，客户在汽车维修的过程中，在注重维修技术、价格、质量的同时，更加注重接待员在态度、情感方面的做法，各维修店"客户关系管理"水平的高低和优劣，成了衡量实力差距尺度的新内容，如何做好客户管理，都有哪些对策呢？让我们通过维修企业市场调研，收集企业客户服务信息进行分析来了解汽车维修企业是如何对客户进行管理的。

 相关知识

一、认识客户及信息收集

客户是我们公司最重要的人；是最终为我们付工资的人；是我们不应当与之争论并且让我们学会忍让的人；是我们应当小心不冒犯的人；是使我们成功同时也能使我们失败的人。

1. 信息收集

1）客户的姓名、手机、身份证号、职业、家庭住址、兴趣爱好。

2）底盘号、车型、车牌号、发动机号、变速器号、车身颜色、购车日期；首次保养日期及里程。

3）派工单编号、维修日期、维修内容、更换配件名称、各种费用等。

4）客户学历、收入、单位及其地址、感兴趣的服务、来站间隔时间、付款方式等。

2. 了解客户关系管理

客户关系管理最早来源于美国，初期在 1980 年有"接触管理"的说法，就是专门收集客户与公司之间信息联系的主要渠道和方法。客户关系管理是一个不断加强与顾客交流，不断了解顾客需求，并不断对产品及服务进行改进和提高以满足顾客需求的持续的过程。其内涵是以客户为核心的企业营销的技术实现和管理实现。

客户关系管理注重的是与客户的交流，以客户为中心，而不是传统的以产品或以市场为中心。为方便与客户的沟通，客户关系管理可以为客户提供多种交流的渠道。

3. 明确客户维系方法

根据标准细分，客户大体可以分为三类：一是潜在客户；二是基盘客户；三是流失客

61

户。

1）对于潜在客户一般采用销售漏斗的形式进行客户关系维护。按汽车4S店标准流程进行用户信息的收集与整理工作，由专人进行一对一的跟踪回访，直到成交成为基盘用户，否则转化为流失客户。

2）对于基盘用户采用客户经理制的形式进行客户关系维护。根据公司的要求与标准对客户进行细分，然后分配给每个客户经理，由客户经理对客户进行一对一的跟踪服务，主要针对汽车的保修养护事项，同时解答客户和汽车有关的一系列问题并为之服务。

3）对于流失客户，进入4S店的客户档案管理，针对客户的具体需求，分享和汽车生活有关的资源与信息，同时在其他的共享平台上资源共享，寻求合作。

二、实施客户关系管理的必要性和重要性

1. 客户关系管理是汽车客户差异化需求的拉动

随着我国经济的发展和汽车技术的变迁，消费者面临着越来越多的选择，同时客户对企业的要求也日益提高，这些都使企业面临着越来越大的竞争压力，如何提高客户的满意度与忠诚度，并最终提高企业竞争力，已经成为摆在企业管理者面前的一个重要问题。客户关系管理正是基于这种需求而产生的。

2. 企业在市场竞争中生存的需要

如今市场竞争的焦点已经从产品的竞争转向品牌的竞争、服务的竞争和客户的竞争，企业之间为留住客户而展开竞争，如果不能有效实施客户关系管理，就将面对客户资源的丧失、盈利能力的萎缩等难题。

3. 实施客户关系管理可以为汽车维修企业增加很多优势

一是降低经营成本，增加收入；二是改善服务，保留客户，提高客户忠诚度；三是提高业务运作效率；四是口碑效应，挖掘客户的潜在价值。每一个维修企业都有一定数量的客户群，如果能对客户的深层次需求进行研究，则可带来更多的商业机会。

三、实施客户管理的现状和存在的问题

1. 没有树立以客户为中心的理念

没有满足客户的基本需要，思维大多还留存在"以产品导向为中心"的时代，没有意识到现代企业竞争已经更趋向于服务的竞争，提高客户的满意度和忠诚度才是企业发展的长远之计。

2. 缺乏相应的企业客户关系

管理体系管理制度不完善，虽然已设立了专职部门来进行客户关系管理，但是对整体组织结构、管理机制的调整没能做到协调一致。同时，还存在企业的总体目标与分步目标关系处理得不到位，工作重点不突出，程序也不够规范等问题。

3. 缺乏必备的技术支持

客户关系管理信息化落后。汽车维修企业在开展信息化的工作中遇到信息化观念薄弱、资金紧张、竞争环境激烈、利润少等问题，较少考虑利用信息系统促进企业长期、健康、持续发展。维修企业对客户的分类不清，对客户重要性的认识不够，对客户研究不够，分类管理的概念没有得到高度的重视，仅处于起步阶段，仅仅是客户档案的管理。

四、客户关系管理战略对策

1. 树立"客户第一"的观念,强化服务意识

思想决定行动,确立"以客户为中心"的观念在实施客户关系管理中尤为重要。汽车维修企业的最高决策层首先要有"以客户为中心"的理念,才能让员工在工作中贯彻实施。对员工进行培训,灌输"客户第一"的思想。员工应充分了解并掌握客户关系管理的理念,并明确客户关系管理战略为企业和个人带来的利益,使企业上下做到真正意义上的"以客户为中心"的经营模式的转变。

2. 开展客户关系管理,提高个性化服务

汽车维修企业可以建立系统的客户档案,进行科学的客户分类,实施有效的客户管理。针对不同层次客户的不同需求,要秉承"以客户为中心,管理寓于服务之中"的管理理念,对客户进行管理,层层负责,加大控制力度。

3. 构建技术平台实现对客户的管理,开展服务创新,提升服务水平

要在技术基础设施上保持足够的投资力度,以保证客户关系管理涉及的呼叫中心、数据仓库、MIS 和商业智能、EDI 等系统建设的完善,以企业的信息化带动客户关系管理的实施,比如可以利用呼叫中心的客户信息,采用数据挖掘,可以发现潜在客户,通过关系营销把其转化为现实客户并实现其忠诚等。

4. 新车关怀

以短信方式告诉客户今后他的爱车将由我们服务站进行跟进服务,告知其我们的预约电话、救援电话及具体地址;短信中提醒客户其爱车的首次保养时间,并告知我们会提前电话联系他。如生日短信提醒、维修预约、保养预约提醒、保险到期提醒等。

五、处理异议的技巧

1. 让客户回答自己提出的反对理由

让客户回答自己提出的反对理由

➤ 要让客户回答自己提出的反对理由就得让客户继续说下去。因为有时候他认为没有人在意他,希望有人能听听他的意见。

➤ 一旦他回答了自己提出的反对意见,他的情绪通常就会平静下来。

---

(1) 让客户继续说下去 比方说,客户在抱怨维修部门所做的事情,或者在你建议他做某一种维修或者保养的时候,他反对。这时候,你可以让他继续说下去,倾听他说话,而不要打断他。

(2) 当客户回答了自己的问题后,通常就会平静下来 比如,客户说自己的车没有朋友的那么好,事实上他的车和朋友的相比,本来在动力上就没有朋友的车动力强,却要求他要和动力强的车有一样的性能。这时候,就让他继续说下去,说到最后,就会发现,他在言语当中有自相矛盾的情况。而当他意识到这一点的时候,他的情绪通常也就会平静下来了。

2. 提供资料

处理异议的第二种方法,就是提供资料来解答客户反对的理由。就是说,你要掌握一些资料,而这些资料都是一些有力的证据,这样才能够使客户信服,才能够使客户相信你所提供的产品或者服务是值得信赖的。

> **以提供资料的方法解答客户反对的理由**
> ➤ 用事实根据让客户明白你所说的话不是凭空捏造的,这样才能使客户更相信你以及你的产品。资料是指关于产品说明的文件及一切和产品相关的客观事实。
> ➤ 有时候,客户的反对只是想要你为他提供更多的资料。

这些资料一般是指和产品相关的一些说明或者客观事实。比如经销店的维修手册、车主使用手册等,都是一些说明性的资料。

【举例】

有一次,在一家4S店里,一个客户买了一种新车。那种新车有个特点:当踩制动的时候,它总是柔软的,而且感觉好像比正常的车要低一些。当然,车的制动一点也没问题,表现性能很好,可是这个客户就是不喜欢。所以他就跑到4S店,说:"这车有问题,制动太柔软,而且制动踏板踩下去很低。"

维修接待员告诉他:"这是正常的,因为设计就是这样,而且它的表现性能一点也不差。"可是客户不断地说他以前开的车不是这样。

最后,接待员就拿出维修手册的维修标准给他看,在踏板上放一个压力计,当踩到80lb(1lb=0.4536kg)的时候,用一个尺子量从踏板到方向盘的距离,发现在规定范围内。这就是一个正常的现象。

就是说,接待员要提供一些说明性的资料让客户信服,因为车辆是设计人员设计的,接待员只能按照设计标准与产品相关的客观事实进行说明。

3. 把反对的理由变成购买的理由

你还可以运用自己的专业知识,把客户原本拒绝购买的产品或者服务的理由变成他们购买的理由。

【举例】

一个客户的车在三个月前到4S店里做了保养,换了机油,根据客户档案资料,接待员发现这个车的保养已经过了三个月,所以就打电话去跟客户预约,要他回来再做第二次保养。

这时候客户表示反对,说:"自从那天做了保养以后,我就把车停在家里没用。因为我到别处去了,所以我觉得没有必要再去做保养。"这时候作为接待员你怎么用专业知识把他反对的理由变成再做保养的理由呢?

他反对的理由是说这三个月来一直在外面,他没用过车,所以不需要再做保养。这时候,你必须跟他说清楚机油的性质,就是说机油存放三个月的话就会变质,会吸收空气中的一些湿气,会被氧化。如果不更换的话,会对它的机件造成很大的影响和有很多的坏处。这些往往会变成他购买机油、再做保养的理由。

4. 让客户在肯定的答复中回复满意

在很多情况下,特别是在客户持异议的初期,他对自己所持异议的态度是很坚定的,这时你可以用一种比较高级的艺术,那就是让客户说"是"。提出一些问题,让客户以"是"来回答。

【举例】

一个维修业务接待人员,他提议客户更换后面的倒车防撞装置,客户说他不会在这买,原因是4S店卖得太贵。

这时候，这个维修业务接待人员就问他现在用的是花多少钱买的？他说他买的是300多元的。

这个维修业务接待人员接着就问他："你使用的是不是只有单个传感器？并不像人家的车旁边还有传感器的那种防撞装置？"他说是的。

"那么，你在倒车时，有没有发现你的车所撞到的地方都是在后面的角落上？"接待员又问。客户说是。

"那好，你是否听过有一种三个传感器的装置，其中有两个是在后面的角落，它能够侦测到将要撞到的距离？"客户说是的。

接待员就说："好，如果是这样的话，它对你的车的保护是不是更好？"客户依然说是的。"因此，它会稍微贵一点对吗？"

在说服客户的当中，这个接待员提出的问题都是让客户说"是"，最后，客户就在他那儿购买了产品。

5. 反驳客户提出的反对理由

> **反驳客户提出的反对理由**
> 指根据较明显的事实和理由直接否定客户异议的一种处理策略。
> ➤ 以真实的信息去反驳不实的信息。
> ➤ 以科学的信息去反驳无知。
> ➤ 以新信息去反驳过时的信息。
> ➤ 在反驳中仍然要传递信息，因为你是在做生意。

当然，通常用反驳客户提出的反对理由来处理异议是不得已才采取的，但是如果做得好，也会取得很好的效果，这是根据比较明显的事实和理由直接否定客户异议的一种处理策略。

1）以真实的信息去反驳不实的信息。

【举例】

在一个4S店里，老是有客户跑来投诉，说："你们的原制造商在网上公布的零件价钱比你们这儿还要便宜，你们为什么会这样做？"这个维修业务接待人员就向他解释，因为网上公布的是在某一促销活动期间的价格，当过了这个时期时，就恢复了原来的价钱。这就是以真实的信息反驳不真实的信息。

2）以科学的信息去反驳无知。

有些人认为，他的车随便糊弄一下就可以了，这时你必须以科学的信息告诉他，这样做对于现代的车来说是不行的。

3）以新的信息去反驳过时的信息。

【举例】

很多人以前开的车都是化油器式的车，开电喷车后还按原来的驾驶习惯：踩几下加速踏板，然后放开，起动。

这时，我们必须告诉他："现在是电喷车，你不要踩着加速踏板起动。也不要踏几下加速踏板。因为这样并不会导致有油喷出来。电喷车不是化油器车，无论是在冷车状态或者热车状态，你都必须把脚从加速踏板移开来起动。"

4）在反驳中仍然要传递信息，因为你是在做生意，比如你可以提供资料给客户。

六、处理愤怒客户的技巧

1. 保持积极的态度

首先，对于愤怒的客户来说，当他走进你的接待厅，或者在电话里听起来非常愤怒的时候，你要保持积极的态度。

保持积极的态度

➤ 对客户要表示欢迎/问候，不管他是否在生气。
➤ 询问客户你能为他做什么。
➤ 注意自己的身体语言。
➤ 与客户进行适当的目光交流。

2. 要让客户讲出他的问题

让客户充分讲出他的问题

➤ 不要打断客户的话。
➤ 当客户不满时，他只想做两件事：
1）表达他的感情，发泄他的不满。
2）想使他的问题得到解决。
➤ 倾听客户的讲话，分析、判断客户所讲述的内容并记录要点。
➤ 真诚地道歉，让客户知道你已经了解他的问题并愿意帮他解决。

【举例】

有一篇新闻报道说：××女士在家里为丈夫准备喜欢吃的晚餐的时候，突然接到电话：她的丈夫在路上为了闪避一只小猫，开车撞到了树上。

新闻的第二个报道是说：××先生为了赶回去吃他太太做的可口晚餐，在下班回家的路上出了事故，撞到了一棵树上。

第三个报道是说：××先生开车，为了闪避小猫，撞到了一棵树上，警察在调查事故的原因。

我们可以看到，这三个不同的报道虽然都在讲同一起事故，但是，第二个没有说小猫那回事，第三个没有提到他太太，第一个并没有提到她丈夫是为了赶回来而出了事故。

因此，我们在问客户需求的时候，他可能不会很清楚地表达他的车是坏了些什么，或者车在运行当中有些什么情况，他可能会说些无关紧要的东西。所以，为了掌握要点，我们必须有意识地提问，把"小猫"调出来，把他的"太太"等额外的信息调出来。

3. 给客户以尊重的三句话

当客户发泄他的不满时，应使用下面的三个句子可以给予客户尊重：
1. 我同意您所说的内容。
2. 我明白，这些令您非常不方便。
3. 请再告诉我更多的内容。

模块二　汽车维修业务接待人员职业认知

4. 以平和、专业化的方式与客户谈话

> **以平和、专业化的方式与客户谈话**
> ➤ 在现场失控的情况下，将客户请到僻静的地方。
> ➤ 在客户发泄不满过后，努力使他平静下来。
> ➤ 询问具体的情况以便获得你所需的信息。
> ➤ 汇总你所了解到的情况，提出双方都能接受的解决方案并立即按照方案去做。
> ➤ 如果客户仍不满意，问问他的意见。
> ➤ 必要时，给予补偿性的关照。

【举例】
　　美国有一家公司，以前每一年在解决客户问题的时候，都要花掉十万美金。后来，他们改变了策略。当客户投诉的时候，他们听完以后，马上就问客户想怎么做。结果，这样的方式使他们在一年里解决问题的花费从十万美元降到了五万。

5. 将"不满意的客户变成满意的客户"作为工作目的

　　问题解决以后，要感谢客户对你的信任；进行跟踪服务、询问解决方案是不是有用；如果没有用的话，再找其他的解决方案。

任务实施

　　客户的性格、车况、服务需求以及他们的经济能力是多种多样的，所以要做到轻松驾驭各个类型与不同需求的客户，业务接待员的确是比较难做到的。业务接待员要不断加强与培养在业务接待过程中的风险意识，即在与客户沟通的障碍发生之前，就应有所警觉并实施巧妙的规避，以避免引起客户的不满与双方的尴尬。

　　通过上网搜索（或参观）2~3个维修企业，了解它们是如何进行客户关系管理的？比较它们在客户管理上优缺点，分组讨论后对各企业在客户管理的特点予以归纳、阐述。

任务拓展

　　多数客户希望通过多次交往后与业务接待员能够成为真正的朋友，以免除他们在养车与用车方面的后顾之忧。而我们的业务接待员却经常不能把握住机会，不能主动地创造各种机会，让客户更全面地了解自己。为此，在业务接待的过程中，老客户应尽量由原业务接待员负责接待，以增进他们之间的熟悉程度与相互之间的了解。如果客户愿意重新选择业务接待员为其服务，企业也应顺从他们的选择。

　　有一天，美国通用汽车公司旗下的庞蒂亚克（Pontiac）公司收到一封抱怨信，上面写道："这是我为了同一件事第二次写信给你，我不会怪你们为什么没有回信给我，因为我也觉得这样别人会认为我疯了，但这的确是一个事实。我们家有一个传统的习惯，就是我们每天在吃完晚餐后，都会以冰淇淋来当我们的饭后甜点。由于冰淇淋的口味很多，所以我们家每天在饭后才投票决定要吃哪一种口味，等大家决定后我就会开车去买。但自从最近我买了一部新的庞蒂亚克后，在我去买冰淇淋的这段路程就发生了问题。你知道吗？每当我买的冰

67

淇淋是香草口味时,我从店里出来车子就发不动。但如果我买的是其他的口味,车子发动就顺得很。我要让你知道,我对这件事情是非常认真的,尽管这个问题听起来很不合理。为什么这部庞蒂亚克当我买了香草冰淇淋它就发不动,而我不管什么时候买其他口味的冰淇淋,它发动就顺得很?为什么?为什么?"

事实上庞蒂亚克的总经理对这封信所讲的事情心存怀疑,但他还是派了一位工程师去查看究竟。当工程师去找这位仁兄时,很惊讶地发现这封信是出之于一位事业成功、乐观、且受了高等教育的人。工程师安排与这位仁兄的见面时间刚好是在用完晚餐的时间,两人一同上车,往冰淇淋店开去。那个晚上投票结果是香草口味,当买好香草冰淇淋回到车上后,车子又发不动了。这位工程师之后又依约来了三个晚上。第一晚,巧克力冰淇淋,车子没事。第二晚,草莓冰淇淋,车子也没事。第三晚,香草冰淇淋,车子发不动。这位思考有逻辑的工程师,到目前还是死不相信这位仁兄的车子对香草过敏。因此,他仍然不放弃继续安排相同的行程,希望能够将这个问题解决。工程师开始记下从头到现在所发生的种种详细资料,如时间、车子使用油的种类、车子开出及开回的时间等,根据资料显示他有了一个结论,这位仁兄买香草冰淇淋所花时间比其他口味的要少。

为什么呢?原因是出在这家冰淇淋店的内部设置的问题。因为,香草冰淇淋是所有冰淇淋口味中最畅销的口味,店家为了让顾客每次都能很快的取拿,将香草口味特别分开陈列在单独的冰柜,并将冰柜放置在店的前端;至于其他口味则放置在距离收银台较远的后端。现在,工程师所要知道的疑问是,为什么这部车会因为从熄火到重新点火的时间较短时就会发不动?原因很清楚,绝对不是因为香草冰淇淋的关系,工程师很快地由心中浮现出,答案应该是"蒸气锁"。因为当这位仁兄买其他口味时,由于时间较久,发动机有足够的时间散热,重新发动时就没有太大的问题。但是买香草口味时,由于花的时间较短,发动机太热以至于还无法让"蒸气锁"有足够的散热时间。

在这个故事中,购买香草冰淇淋有错吗?但购买香草冰淇淋确实和汽车故障存在着逻辑关系。问题的症结点在一个小小的"蒸气锁"上,这是一个很小的细节,而且这个细节被细心的工程师所发现。这里有一正一反两方面的教训,一方面,厂家在"蒸气锁"这个细节上没有注意,导致了产品出现这种奇怪的故障;另一方面,庞蒂亚克的工程师同样因为注重细节,谨慎小心分析,最后终于造出找出了故障的原因。现代商业的成败,在很大程度上已经由细节决定了。大笔的金钱投入下去,往往只为了赚取百分之几的利润,而任何一个细节的失误,就可能将这些利润完全吞噬掉。其实在现实中,细节同样以各种方式影响着我们的工作生活。对于工作的细节和生活的小节,我们没有理由不去重视。

【案例讨论】

美国有一家维修中心,经营汽车维修已经很多年了,做得很成功。有一次,一位客户在飞机场旁边把车钥匙锁到了车门里面,进不了车子,就打电话给他们。维修中心马上派了一个工程车和一个技工过去,车上面有制作钥匙的设备。因为现在的车都是有代码的,只要顾客把密码告诉技术人员,就可以按照密码制作出钥匙。所以,技工当场就重新制作了钥匙,为客户打开了车门。同时,技工还跟客户说:"服务是免费的,我们谢谢你在遇到困难的时候想到我们。"

问题解决以后,老板的朋友表示不理解,他说:"这样做太蠢了,你知道免费的服务要

模块二 汽车维修业务接待人员职业认知

花掉多少钱吗？"老板回答说："是的，我计算过了，这次要用掉了25美金。但是你别忘了，繁忙时段在收音机做广告，一分钟是700美金。这一分钟过后，没有什么人能够认识我，可是如果我把700除以25的话，至少会有28个客户认识我。"

维修厂或经销店经常会在报纸上做广告。一小段的广告一天可能要好几千元，而且往往没人注意去看。这个案例告诉我们：有时候我们要对客户做一些额外的工作。当然，如果是维修发电机、更换电池，都要收一些费用。但是如果是客户上班时发现车轮胎瘪了，你过去帮忙换个轮胎，这时如果能够做一些免费的工作，就会给客户留下非常深刻的印象。

请同学们分组讨论老板的高明之处，可结合生活中看到、遇到的事例来谈谈体会。

 任务评价

类别	序号	评价项目	评价内容及要求	配分	学生自评	学生互评	教师评价	得分
任务编号	8		学时：2学时		学生姓名：		总分：	
职业素质评价	1	文明守纪	遵守文明规范、守纪律	10				
	2	个人礼仪	衣帽、发饰、走姿、站姿	10				
	3	团队合作	沟通交流、合作参与意识小组讨论、发言踊跃	10				
	4	任务执行	协作性、积极主动性；责任感、任务完成度	10				
岗位技能评价	5	服务观念接待要求	"客户至上"、"优质服务"会应用体态语言完成接待活动	20				
	6	处理客户异议	掌握处理异议的技巧并能应用与客户沟通	15				
	7	客户信息收集	是否会收集、分析信息资料	15				
	8	运用知识能力	是否能够运用所学知识处理紧急情况（紧急求助电话）	10				

注：按学生自评占20%，学生互评占30%，教师评价占50%计算总分。

 思考与训练

1. 简答题

（1）客户接待技巧有哪些？

（2）简述企业实施客户关系管理的必要性和重要性。

2. 实训题

（1）实地找一家汽车销售企业，根据其客户特点，制定一个潜在客户的开发方案。

（2）试填写一张客户资料卡，并说明每项信息对客户维护和开发的作用。

汽车维修业务接待实务

学 后 小 结

在汽车维修行业中，谁能提供消费者满意的服务，谁就会赢得稳固的消费群体，占有市场份额，这就要求汽车维修业务接待员有良好的职业道德和专业素质，在业务接待的过程中，能够不断揣摩与适应不同性格客户的接待方法，以及沟通技巧；具有良好职业道德修养的维修接待员，须有较好的气质、风度和仪表，能给客户良好的第一印象；并根据客户档案记录，结合当前车况，给予客户一些阶段性车况预测与善意的提示，给客户留下深刻的印象。

在每天的工作中严格按照职业礼仪的要求规范自己的行为，最终成为深受客户信赖的服务顾问。

模块三

汽车维修技工职业认知

学习目标

◆ 知识目标
(1) 了解汽车维修制度的原则和分类；
(2) 掌握汽车维护的具体内容；
(3) 掌握汽车修理制度的分类及内容范围；
(4) 了解汽车维修工的工种及其岗位责任；
(5) 掌握汽车故障诊断、维修的程序；
(6) 了解汽车维修的常用工具设备。

◆ 能力目标
(1) 具有"客户至上"的服务观念和接待客户的能力；
(2) 具备良好的人际关系、沟通能力和团队协作能力；
(3) 具有独立判断或团队会诊汽车故障的能力；
(4) 具有汽车维修问题的综合分析解决能力；
(5) 培养信息收集及处理能力。

◆ 情感与价值观目标
(1) 培养严谨的工作态度和爱岗敬业的精神；
(2) 培养热情、诚信、服务顾客的态度；
(3) 培养踏实、团结协作的工作作风。

任务一 汽车维修制度认知

 任务目标

1. 熟悉国家有关汽车的维护等级、作业范围等制度；
2. 了解汽车修理的类别及内容；
3. 懂得汽车维修技术员工作的十大原则。

汽车维修业务接待实务

任务描述

参观汽车维修企业维修车间，咨询维修技工应具备的素质，向维修技术人员了解汽车维修制度中汽车维护与汽车修理的主要内容，掌握一级与二级维护的相同与区别。

相关知识

一、汽车维修制度的原则

《汽车运输业车辆技术管理规定》中规定以汽车可靠性理论和零件磨损理论为依据，在总结经验的基础上不断吸收国外先进的维修管理理念，强调车辆技术管理坚持以预防为主和技术与经济相结合的原则，对汽车的维修制度推行"定期检测，强制维护，视情修理"的方针。

（1）定期检测　定期检测是指汽车必须按技术文件规定的运行间隔，在指定的专业检测站（点），对汽车、总成、零部件的技术状况进行检测，以确定汽车的技术状况或工作能力，并为汽车维护附加修理作业项目的确定提供依据。

（2）强制维护　强制维护是指汽车行驶到交通运输主管部门规定的维护周期（行驶里程或间隔里程）时，必须进行维护，不得拖延，用不准上路等强制手段保证维修制度的贯彻执行。

（3）视情修理　视情修理是通过检测诊断手段和技术鉴定的结果，视情安排不同作业范围和深度的修理作业，这样，既可防止拖延修理造成的恶化，又避免了提前修理造成的浪费。

二、汽车维修制度的分类

汽车维修制度是为实施汽车维修工作所采取技术组织措施的规定。它包括维护的分级、周期、作业项目、技术规范和修理的分类、标志、作业内容及相应的技术标准。

汽车维修制度包括汽车维护与汽车修理两部分内容。

（1）汽车维护　汽车维护是定期地对汽车的各部分进行检查、清洁、润滑、紧固、调整或更换某些零件所进行的一些日常工作，目的在于保持车容整洁和消除故障隐患，防止车辆早期损坏。

（2）汽车修理　汽车修理是指为恢复汽车各部分规定的技术状况和工作能力所进行的活动的总称。修理是汽车有形损耗的补偿，它包括故障诊断、拆卸、鉴定、更换、修复、装配、磨合、试验等作业。

三、汽车维护制度内容

1. 汽车维护制度分级及汽车维护周期

（1）汽车维护的目的　汽车维护的目的在于保持车容整洁，及时发现和消除故障隐患，防止车辆早期损坏，从而达到下列要求：

1) 车辆处于良好的技术状况，随时可以出车；
2) 在合理使用条件下，不会因机件损坏而影响行车安全；
3) 在运行过程中，降低燃料、润滑油及配件和轮胎的消耗；
4) 减少车辆噪声和排放污染物对环境的污染；
5) 各总成的技术状况尽量保持均衡，以延长汽车大修间隔里程。

（2）汽车维护制度分级　汽车维护必须贯彻"定期检测，强制维护"的原则，我国目前执行的汽车维护制度划分为日常维护、一级维护和二级维护的三级汽车维护制度，并在二级维护前强制进行检测诊断和技术评定，根据诊断评定结果视情维修，确定附加作业或小修项目。

强制维护是一种计划预防制度，就是在汽车行驶到规定的维护周期时，必须按期强制进行维护。汽车维护作业必须保证维护质量，但维护作业时是不准对汽车主要总成进行大拆大卸的，只有在发生故障需要解体时，才允许解体。

日常维护是以清洁、补给和安全检视为作业中心内容，由驾驶员负责执行的维护作业。

一级维护除日常维护作业外，以清洁、润滑、紧固为作业中心内容，并检查有关制动、操纵等安全部件，由维修企业负责执行的车辆维护作业。

二级维护除一级维护作业外，以检查、调整转向节、转向摇臂、制动蹄片、悬架等经过一定时间的使用容易磨损或变形的安全部件为主，并拆卸轮胎，进行轮胎换位；检查调整发动机工作状况和排气污染控制装置等，是由维修企业负责执行的车辆维护作业。

（3）汽车维护周期　汽车维护周期是指汽车进行同级维护之间的间隔期（行驶里程或时间）。汽车维护周期和作业项目的确定，主要根据车辆结构性能、使用条件、故障规律、配件质量及经济效果等综合因素考虑。

《汽车维护、检测、诊断技术规范》（GB/T18344）中关于汽车维护周期的规定是：日常维护的周期为出车前、行驶中和收车后。汽车一、二级维护周期的确定，应以汽车的行驶里程为基本依据：一级维护周期一般为2000～3000km或按车辆使用说明书的有关规定进行；二级维护周期一般为10000～18000km或按车辆使用说明书的有关规定进行。对于不便使用行驶里程统计、考核的汽车，用行驶时间间隔确定一、二级维护周期。其时间（天）间隔可依据汽车使用强度和条件，参照汽车一、二级维护里程周期确定。

2. 汽车维护的作业范围

（1）日常维护　汽车日常维护是日常性作业，每日由驾驶员负责执行。作业的中心内容是清洁、润滑、补给和安全检查。日常维护包括出车前、行驶中和收车后的维护，具体作业项目如下：

1) 对汽车外观、发动机外表进行清洁，保持车容整洁。
2) 各部分润滑油、燃油、冷却液、制动液、各种工作介质、轮胎气压进行检视补给。
3) 对汽车制动、转向、传动、悬架、灯光、信号等安全部位，以及发动机运转状态进行检视、校紧，确保行车安全。

（2）一级维护　一级维护指除日常维护作业外，以清洁、润滑、紧固为作业中心内容，并检查有关制动、操纵等安全部件，由维修企业负责执行的车辆维护作业。

从上述定义可以看到，一级维护作业的中心内容是在日常维护的基础上增加了润滑、紧固和安全部件检查的要求，并明确指出汽车一级维护的执行应由维修企业负责，即应进厂维护。

在汽车使用过程中，随着行驶里程的增加，有些零部件可能会出现松脱，润滑部位出现缺油和漏油等不良现象，影响汽车的操纵安全性。因此，定期对汽车进行一级维护是必要的。由于一级维护作业中零部件紧固、润滑油添加（或更换）和安全部件技术状况的检查等属专业性维护作业，必须由专业技术工人利用相关设施（举升设备或地沟）和专用设备，按技术标准进行。因此，汽车一级维护的执行应由维修企业负责。

（3）二级维护　二级维护指除完成一级维护作业外，以检查、调整转向节、转向摇臂和悬架等经一定时间使用容易磨损或变形的安全部件为主，并拆检轮胎，进行轮胎换位，检查调整发动机工况和排气污染控制装置等，由维修企业负责执行的车辆维护作业。从作业深度上看，二级维护要求在维护前进行不解体检测诊断以确定附加作业项目，并强调对安全部件检查或拆检、调整的要求，尤其强调了二级维护"检查调整发动机工况和排气污染控制装置"的要求。这不仅充分体现了汽车二级维护是全面实施汽车维护作业，对汽车技术性能定期检测，对有关部件视情修理的原则，而且体现了汽车技术和汽车检测维修技术的发展，以及对大气环境污染治理方面日益强化的要求，也体现了汽车维护技术水平的提高。

> **知识卡**
>
> ### 技术员更佳工作十大原则
>
> 1. 职业化的形象　　　　6. 快速可靠地工作
> 2. 爱护车辆　　　　　　7. 按时完成工作
> 3. 整洁有序　　　　　　8. 工作完成后要检查
> 4. 安全生产　　　　　　9. 保存旧零件
> 5. 计划和准备　　　　　10. 后续工作

汽车二级维护作业的技术性和专业性要求更高，必须严格按要求到维修企业进行。在技术人员的指导下由专业汽车维护技工来完成。因此对汽车维修技工的专业技能、工作素质提出了更高的要求。技术员在汽车维修过程中应努力遵循更佳工作的十大原则。

汽车二级维护时首先要进行检测，汽车进厂后，根据汽车技术档案的记录资料和驾驶员反映的车辆使用技术状况（包括汽车动力性、转向性、制动性及燃、润料消耗等）确定所需检测项目。然后依据检测结果及车辆实际技术状况进行故障诊断，从而确定附加项目。附加项目后，再与基本项目一并进行二级维护作业。

二级维护过程中要进行过程检验。过程检验项目的技术要求应满足有关的技术标准或规范。二级维护作业完成后，应经维修企业进行竣工检验，合格后由维修企业填写《汽车维护竣工出厂合格证》后，方可出厂。

汽车二级维护检测项目的技术要求，应参照国家有关技术标准或原厂要求。汽车二级维护检测包括如下项目：

1）发动机功率、气缸压力；汽车排气污染物，三元催化转换装置的检测。

2）电控燃油喷射系统：柴油机供油提前角，供油间隙角和喷油泵供油压力。

3）制动性能，检查制动力；转向轮定位，主要检查前轮定位角和方向盘自由转动量；车轮动平衡；前照灯。

4）操纵稳定性；有无跑偏、发抖、摆头；变速器有无泄漏、异响、松脱、裂纹等现象，换挡是否轻便灵活；离合器有无打滑、发抖现象，是否分离彻底、接合平稳。

5）传动轴有无泄漏、异响、松脱、裂纹等现象；后桥主减速器有无泄漏、异响、松脱、裂纹等现象。

(4) 汽车维护的技术要求

1）清洁：汽车在维护前应清洗干净。清洗后，发动机、底盘、车身各部位应无油污、泥污，车厢内不积水，有条件时应进行烘干。零部件清洗后，应无积炭、结胶、锈斑、油垢和污迹，油、水管道应畅通无阻。

2）润滑：维护汽车时，应按润滑图表和规定的周期，选用规定牌号规格的润滑油，各油嘴、油杯通气塞必须配齐，并保持通畅。发动机、变速器、分动器、驱动桥、转向器、轮毂等应按规定补给、更换润滑油。

3）紧固：维护中对各部螺栓、螺母和锁紧装置应按规定规格、质量和顺序装配并拧紧，不得短缺、松动和损坏。有规定转矩的螺栓、螺母应按规定拧紧。

4）调整试验：维护中，应按规定对总成各部件和电气设备等进行调整和必要的试验，其性能符合要求。汽车在维护竣工后，应按技术条件认真做好竣工检验，以保证维护质量。

四、汽车修理制度

汽车修理是指修理或更换零件或总成的方法。为恢复车辆完好的技术状况、工作能力或寿命而进行的作业。汽车修理应贯彻"视情修理"的原则。汽车修理一般按作业范围来进行分类。

1. 汽车修理分类

汽车修理按作业范围及技术状况恢复程度的不同，可分为汽车大修、总成大修、汽车小修和零件修理 4 类。

(1) 汽车大修　它是新车或经过大修后的汽车，在行驶一定里程或一定时间后，经过检验、诊断和技术鉴定，用修理或更换汽车任何零部件的方法，恢复汽车完好的技术状况和工作能力，完全或接近完全恢复汽车寿命的恢复性修理。其目的在于恢复车辆的动力性、经济性和可靠性，配齐原有装备，使车辆的技术状况和使用性能达到规定的技术条件。

(2) 总成大修　它是汽车的总成经过一定使用里程或一定时间后，用修理或更换总成任何零部件包括基础件的方法，恢复其完好技术状况和寿命的恢复性修理。

(3) 汽车小修　它是用修理或更换个别零件的方法，保证或恢复汽车的工作性能的运行性修理。其目的主要是消除在运行过程或维护作业过程中发生或发现的故障或隐患。

(4) 零件修理　它是对因磨损、变形、腐蚀等而不能继续使用的零件进行修理，是恢复零件性能和寿命的恢复性修理。目前，主要还是采用"换件修理"方式。

2. 汽车和总成的大修标志

在确定汽车及其总成是否需要大修时，除必须经过检测诊断和技术鉴定外，还必须掌握汽车和总成大修的送修标志。

（1）汽车大修送修标志　客车以车厢为主，结合发动机总成的送修标志；货车以发动机总成为主，结合车架总成或其他两个总成的送修标志。

（2）挂车大修送修标志　挂车车架和货箱符合大修条件；定车牵引的挂车（即牵引车和挂车不摘挂）和衔接式大客车，按照汽车大修的标志与牵引车同时进厂大修。

（3）总成大修送修标志

1）发动机总成：气缸磨损圆柱度误差达到 $\phi 0.175 \sim \phi 0.25$ mm 或圆度误差已达到 $\phi 0.05 \sim \phi 0.06$ mm（以其中磨损量最大的一个气缸为准）；最大功率或气缸压力较标准降低 25% 以上；燃料和润滑油消耗量显著增加。

2）车架总成：车架断裂、锈蚀、弯曲、扭曲变形逾限、大部分铆钉松动或铆钉孔磨损，必须拆卸其他总成后才能校正、修理或重铆修复车架时。

3）变速器（分动器）总成：壳体变形、轴承承孔磨损逾限、变速轴及齿轮恶性磨损、损坏，需要彻底修复。

4）后桥（驱动桥、中桥）总成：桥壳破裂、变形，半轴套管承孔磨损逾限，主减速器齿轮恶性磨损，需要校正或彻底修复。

5）前桥总成：前轴裂纹、变形，主销承孔磨损逾限，需要校正或彻底修复。

6）客车车身总成：车厢骨架断裂、锈蚀、变形严重，蒙皮破损面积较大，需要彻底修复。

7）货车车身总成：驾驶室锈蚀、变形严重、破裂，或者货箱纵、横梁腐朽，底板、栏板破损面积较大，需要彻底修复。

3. 汽车和总成的送修规定

1）在汽车和总成送修时，承修单位与送修单位应签订合同，商定送修要求、修理车辆和质量保证等有关问题。合同一经签订，必须严格执行。

2）车辆送修时，应具备行驶功能，装备齐全，不得拆换。

3）总成送修时，应装配完整，附件、零件均不得拆损和短缺。

4）肇事车辆和因特殊原因不能行驶或短缺零部件的车辆，在签订合同时，应做出相应的规定和必要说明。

5）车辆和总成送修时，应将车辆和总成的有关技术档案一起送承修单位。

4. 修竣汽车和总成的出厂规定

送修汽车和总成修竣后，按国家有关技术标准进行检验，合格后承修单位应签发出厂合格证，并将技术档案、修理技术资料和合格证移交送修单位。

送修汽车和总成修竣出厂时，不论送修时的部件状况如何，均应按照有关部门的规定配备齐全。发动机应装限速装置。接车人员应根据合同规定，进行车辆或总成的技术状况和装备情况的验收，如发现不符合竣工要求时，承修单位应立即查明，及时处理。

送修单位必须严格执行车辆走合期的规定，在保证期内因修理质量发生故障或提前损坏时，承修单位应优先安排，及时排除，免费修理。如发生纠纷，由维修管理部门组织技术分析，进行仲裁。

模块三　汽车维修技工职业认知

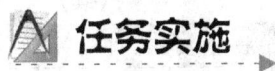

参观汽车维修企业或汽车4S店售后服务部，结合所学的相关知识，针对汽车维护项目内容，详见表3-1，分组讨论，归类出表中一级维护与二级维护的相同与区别。

表3-1　汽车维护项目

分类	维护项目	作业内容	技术要求
一级维护	点火系	检查、调整	工作正常
	发动机空气滤清器、空压机空气滤清器、曲轴箱通风系空气滤清器、机油滤清器和燃油滤清器	清洁或更换	各滤芯应清洁无破损，上下衬垫无残缺，密封良好；滤清器应清洁，安装牢固
	曲轴箱油面、洗涤液油面、冷却液液面、制动液液面高度	检查	符合规定
	曲轴箱通风装置、三效催化转化装置	外观检查	齐全、无损坏
	散热器、油底壳、发动机前后支垫、水泵、空压机、进排气歧管、化油器、输油泵、喷油泵连接螺栓	检查校紧	各连接部位螺栓、螺母应紧固，锁销、垫圈及胶垫应完好有效
	空压机、发电机、空调机"皮带、正时皮带"	检查皮带磨损、老化程度，调整皮带松紧度	符合规定
	转向器	检查转向器液面及密封状况，润滑万向节十字轴、横直拉杆、球头销、转向节等部位	符合规定
	离合器	检查调整离合器	操纵机构应灵敏可靠；踏板自由行程应符合规定
	变速器、差速器	检查变速器、差速器液面及密封状况，润滑传动轴万向节十字轴、中间轴承，校紧各部连接螺栓，清洁各通气塞	符合规定
	制动系	检查紧固各制动管路，检查调整制动踏板自由行程	制动管路接头应不漏气，支架螺栓紧固可靠，制动联动机构应灵敏可靠，储气筒无积水，制动踏板自由行程符合规定
	车架、车身及各附件	检查、紧固	各部螺栓及拖钩、挂钩应紧固可靠，无裂损，无窜动，齐全有效
	轮胎	检查轮辋及压条挡圈；检查轮胎气压（包括备胎），并视情况补气；检查轮毂轴承间隙	轮辋及压条挡圈应无裂损、变形；轮胎气压应符合规定，气门嘴帽齐全；轮毂轴承间隙无明显松旷
	悬架机构	检查	无损坏，连接可靠

77

(续)

分类	维护项目	作业内容	技术要求
一级维护	蓄电池	检查	电解液液面高度应符合规定,通气孔畅通,电桩夹头清洁、牢固
	灯光、仪表、信号装置	检查	齐全有效,安装牢固
	全车润滑点	润滑	各润滑嘴安装正确,齐全有效
	全车	检查	全车不漏油、不漏水、不漏气、不漏电、不漏尘,各种防尘罩齐全有效
二级维护	发动机润滑油、机油滤清器	1) 更换润滑油 2) 视情更换机油滤清器	1) 润滑油规格性能指标符合规定 2) 液面高度符合规定 3) 机油滤清器密封良好,无堵塞,完好有效
	检查润滑油油面高度	检查转向器、变速器、主减速器等润滑油规格和液面高度,不足时按要求补给	符合出厂规定
	空气滤清器	清洁空气滤清器	空气滤清器清洁有效,安装可靠,恒温进气装置真空软管安装可靠,进气转换阀工作灵敏、准确
	1) 燃油箱及油管 2) 燃油滤清器 3) 燃油泵	1) 检查接头及密封情况 2) 清洁燃油滤清器,并视情更换 3) 检查燃油泵,必要时更换	1) 接头无破损、渗漏,紧固可靠 2) 燃油滤清器工作正常 3) 燃油泵工作正常,油压符合规定
	燃油蒸发控制装置	检查清洁,必要时更换	工作正常
	曲轴箱通风装置	检查、清洁	清洁畅通,连接可靠,不漏气,各阀门无堵塞、卡滞现象,灵敏有效,符合规定
	散热器、膨胀箱、百叶窗、水泵、节温器、传动皮带	1) 检查密封情况、箱盖压力阀、液面高度、水泵 2) 检视皮带外观,调整皮带松紧度	1) 散热器及软管无变形、破损及渗漏;箱盖接合表面良好,胶垫不老化、箱盖压力阀开启压力符合要求;水泵不漏水,无异响;节温器工作性能符合规定 2) 皮带应无裂痕和过量磨损,表面无油污,皮带松紧度符合规定
	1) 进、排气歧管、消声器、排气管 2) 气缸盖	1) 检查、紧固,视情补焊或更换 2) 按规定次序和扭紧力矩校紧气缸盖	1) 无裂纹、漏气,消声器性能良好 2) 扭紧力矩符合规定
	增压器、中冷器	检查、清洁	符合规定
	发动机支架	检查、紧固	连接牢固,无变形和裂纹
	化油器及联动机构	清洁、检查、紧固	清洁,联动机构运动灵活,连接牢固,无漏油、气现象,工作系统和附加装置工作正常

模块三 汽车维修技工职业认知

（续）

分类	维护项目	作业内容	技术要求
二级维护	喷油器、喷油泵	检查喷油器和喷油泵的作用，必要时检测喷油压力和喷油状况，视情调整供油提前角	1）喷油器雾化良好，无滴油、漏油现象，喷油压力符合规定 2）供油提前角符合规定
	分电器、高压线	清洁、检查	分电器无油污，调整触点间隙在规定范围内，无松旷、漏电现象，高压线性能符合规定
	火花塞	清洁、检查或更换火花塞，调整电极间隙	电极表面清洁，间隙符合规定
	气门间隙	检查调整	符合规定
	电控燃油喷射系统供油管路	检查密封状况	密封良好，作用正常
	三效催化转化装置	检查三效催化转化装置的作用，必要时更换	作用正常
	离合器	检查调整离合器踏板自由行程	离合器踏板自由行程符合规定
	前轮制动	1）检查前轮制动器调整臂的作用	作用正常
		2）拆卸前轮毂总成、制动蹄、支承销；清洗转向节、轴承、支承销，清洁制动底板等零件	清洁，无油污
		3）检查制动盘、制动凸轮轴，校紧装置螺栓	1）制动底板不变形，按规定力矩扭紧装置螺栓 2）凸轮轴转动灵活，无卡滞，转向间隙符合规定
		4）检查转向节及螺母、保险片及油封、转向节臂，校紧装置螺栓	1）转向节无裂纹，螺纹完好，与螺母配合应无径向松旷，保险片作用良好，油封完好不漏油 2）转向节轴径与轴承的配合间隙符合要求，转向节臂装置螺栓扭紧力矩符合规定
		5）检查内外轴承	滚柱保持架无断裂，滚柱不脱落，无裂损和烧蚀，轴承内圈无裂损和烧蚀
		6）检查制动蹄及支承销	1）制动蹄无裂纹及明显变形，摩擦片不破裂，铆接可靠，摩擦片厚度符合规定 2）支承销无过量磨损，支承销与制动蹄承孔衬套配合间隙符合规定
		7）检查制动蹄复位弹簧	复位弹簧应无明显变形，自由长度、拉力符合规定

79

（续）

分类	维护项目	作业内容	技术要求
二级维护	前轮制动	8）检查前轮毂、制动鼓及轴承外座圈，校紧轮胎螺栓内螺母	1）轮毂无裂损 2）轴承外座圈无裂纹，无麻点，无烧蚀 3）制动鼓无裂纹，外边缘不得高出工作表面，检视孔完整，内径尺寸、圆度误差、左右内径差符合规定 4）轮胎螺栓齐全完好，规格一致，按规定力矩扭紧
		9）装复前轮毂、调整前轮轴承松紧度及制动间隙	1）装置支承销，制动蹄支承销孔均应涂润滑脂，开口销或卡簧齐全有效 2）润滑轴承 3）制动鼓、制动片表面清洁，无油污 4）制动片与制动鼓的间隙应符合规定，转动无碰擦现象或声响，检视孔挡板齐全 5）轮毂转动灵活，用拉力计测量时可转动，且无轴向间隙 6）锁紧螺母按规定力矩扭紧 7）保险可靠，防尘罩、衬垫完好，螺栓垫圈齐全紧固（螺栓规格一致）
	后轮制动	1）拆半轴、轮毂总成、制动蹄、支承销，清洗各零件及制动底板、半轴套管	1）轮毂通气孔畅通 2）各零件及制动盘、后桥套管清洁无油污
		2）检查制动底板、制动凸轮轴，校紧连接螺栓	1）制动底板不变形，连接螺栓按规定力矩紧固 2）凸轮轴转动灵活，无卡滞，轴向间隙和径向间隙符合规定
		3）检查后桥半轴套管、螺母及油封	1）套管无裂纹及明显松动，与螺母配合无径向松旷 2）油封完好，无损坏，无漏油 3）套管颈与轴承配合间隙符合规定
		4）检查内外轴承	1）轴承保持架无断裂，滚柱不脱落，无裂损和烧损 2）轴承内座圈无裂纹、烧蚀

模块三 汽车维修技工职业认知

(续)

分类	维护项目	作业内容	技术要求
二级维护	后轮制动	5）检查制动蹄及支承销	1）制动蹄无裂纹及变形，摩擦片不破裂，铆接可靠，摩擦片厚度符合规定 2）支承销与制动蹄承孔衬套配合间隙符合规定 3）支承销无过量磨损
	轮胎（包括备胎）	检查紧固，补气，进行轮胎换位，磨损严重时更换轮胎	气压符合规定，清洁，无裂损、老化、变形、气门嘴完好，轮胎螺栓紧固，轮胎的装用符合规定
	发电机、发电机调节器、起动机	清洁，润滑	符合规定
	蓄电池	检查，清洁，补给	清洁，安装牢固，电解液液面符合规定
	后轮制动	6）检查制动蹄复位弹簧	复位弹簧无变形，自由长度符合规定，拉力良好
		7）检查后轮毂、制动鼓及轴承外座圈，检查扭紧半轴螺栓，检查轮胎螺栓，校紧内螺母	1）轮毂无裂损 2）轴承外座圈不松动，无损坏 3）制动鼓无裂纹，内径、圆度误差、左右内径差符合规定，外边缘不得高出工作表面，制动鼓检视孔完整 4）半轴螺栓齐全有效
		8）检查半轴	半轴无明显弯曲，不磨套管，无裂纹，花键无过量磨损或扭曲变形
		9）装复后轮毂，调整制动间隙	1）装复支承销、制动蹄片时，承孔均应涂润滑脂，开口销或卡簧齐全可靠 2）润滑轴承 3）套管轴颈表面应涂机油后再装上轴承 4）制动蹄片、制动鼓面应清洁，无油污 5）制动蹄片与制动鼓的间隙应符合规定，转动无碰擦现象或声响，检视孔挡板齐全紧固 6）轮毂转动灵活，拉力符合规定 7）锁紧螺母按规定力矩扭紧

81

（续）

分类	维护项目	作业内容	技术要求
二级维护	转向器、转向传动机构	1) 检查转向器传动机构的工作状况和密封性，校紧各部螺栓 2) 检查调整转向盘自由转动量	转向盘自由转动量符合规定，转向轻便、灵活，无卡滞和漏油现象，垂臂及转向节臂无弯曲及裂损，各部螺栓连接可靠
	前束及转向角	调整	符合规定
	变速器、差速器	检查密封状况和操纵机构，清洁通气孔	密封良好，通气孔畅通，操纵机构作用正常，无异响、跳动、乱档现象
	传动轴、传动轴承支架、中间轴承	1) 检查防尘罩 2) 检查传动轴万向节工作状态 3) 检查传动轴承支架 4) 检查中间轴承间隙	1) 防尘罩不得有裂纹、损坏，卡箍可靠，支架无松动 2) 万向节不松旷，无卡滞，无异响 3) 传动轴承支架无松动 4) 中间轴承间隙符合规定
	空气压缩机、贮气筒、安全阀	清洁，校紧	清洁、连接可靠，无漏气，安全阀工作正常
	制动阀、制动管路、制动踏板	1) 检查制动踏板自由行程 2) 检查紧固制动阀和管路接头 3) 液压制动检查制动管路内是否有气	1) 制动踏板自由行程符合规定 2) 制动阀和管路接头连接可靠，无漏气 3) 液压制动管路内无气
	驻车制动	检查驻车制动性能，检查驻车制动器自由行程	符合规定，作用正常
	悬架	检查、紧固，视情补焊、校正	不松动，无裂纹，无断片，按规定扭紧力矩紧固螺栓
	前照灯、仪表、喇叭、刮水器、全车电器线路	检查、调整，必要时修理或更换	1) 前照灯、喇叭、各仪表及信号装置功能齐全、有效，符合规定 2) 刮水器电机运转无异响，连动杆连接可靠 3) 全车线路整齐，连接可靠，绝缘良好
	车身、车架、安全带	检查、紧固	性能可靠，工作良好 无变形、断裂、脱焊，连接螺栓、铆钉紧固
	内装饰	检查、紧固	设备完好，无松动

（续）

分类	维护项目	作业内容	技术要求
二级维护	空调装置	检查空调系统工作状况、密封状况	1）制动系统密封，制冷效果良好 2）暖气装置工作正常
	润滑	全车加注润滑脂的部位全部润滑	润滑脂嘴齐全有效，润滑良好

案例阅读

爱护顾客的车辆

对每一辆到修理厂养护、维修的车辆，都要特别爱护，以提高客户的满意度。

- 要使用座垫布、翼子板布、前罩、方向盘罩和地板布。
- 小心驾驶客户车辆。
- 在客户车内不许吸烟。
- 切勿使用客户音响设备或车内电话。
- 拿走留在车上的垃圾和零件箱。

①地板垫
②座椅罩
③翼子板布
④前罩
⑤方向盘罩
⑥车轮挡块

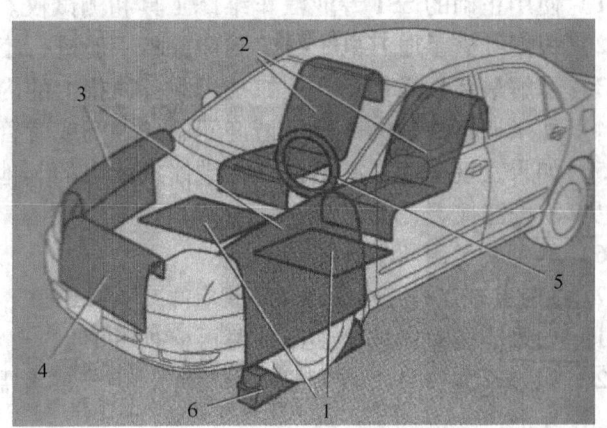

任务拓展

维修技术员工作中遵循的十大原则

维修技术员在工作中应遵循的十大原则具体如下：

1. 职业化的形象

在维修现场穿干净的制服；一直穿防护鞋。

2. 爱护车辆

保持车辆洁净、无污垢，用三件套盖好汽车座位、地板、转向盘等处。

3. 整洁有序

1）保持车间（地面、工具架、工作台、仪表、测试仪等）的整洁有序，保持零部件和材料整齐有序。

2）汽车停车后方可维修。

4. 安全生产

1）正确地使用工具和其他设备（汽车举升器、千斤顶、研磨机等）。

2）小心着火，工作时切勿吸烟。

3）按规定操作方法搬运重的物件。

5. 计划和准备

1）确认主要项目（客户进行维修的主要原因）。

2）确认、了解客户的要求及服务顾问的指示。若出现返工的情况，要特别注意沟通。

3）如果除了规定的工作外还有其他工作，请报告给服务顾问。只有在得到客户的同意后方可进行。

4）为工作做好计划（工作程序和准备）。

5）确认库内是否有所需的零部件。

6）根据维修单工作，避免出错。

6. 快速可靠地工作

1）使用正确的SST专业汽车维修工具和测试仪。

2）根据维修手册、电子线路图和诊断手册进行工作，以避免主观猜测。

3）了解最新技术信息，例如技术服务简报上的内容。

4）如果遇不清楚的事情，请询问服务顾问或者管理人员/领班。

5）如果发现车辆还有不包括在维修条款内的其他地方需要维修，请向服务顾问或者管理人员/领班汇报。

6）尽可能运用所学技能。

7. 按时完成工作

1）如果能按时完成该工作，请再检查一下。

2）如果不能按时（或者提前）完成任务，或者需要做其他工作，请通知服务顾问或管理人员/领班。

8. 工作完成后要检查

1）确认主要项目已完成。

2）确认已完成所有其他需要做的工作。

3）确认车辆至少和刚接手时是同样清洁的。

4）将驾驶座、转向盘和后视镜返回到最初位置。

5）如果钟表、收音机等的存储被删除，请重新设置。

9. 保存旧零件

1）将旧的零件放在塑料袋或者空零件袋中。

2）将旧零件放在预定的地方，例如，放在前乘客座椅前面的地板上。

10. 后续工作

1）完成维修单和维修报告，例如，记录故障原因、更换的零件、更换原因和工时等。

2）未列在维修单上的任何其他信息，必须通知管理人员/领班或者服务顾问。

3）在工作中发现任何异常情况，请告知服务顾问或管理人员/领班。

任务评价

类别	序号	评价项目	评价内容及要求	配分	学生自评	学生互评	教师评价	得分
	任务编号	9	学时：2学时		学生姓名：		总分：	
职业素质评价	1	安全、文明意识	遵守实训室文明生产规章和设备安全操作规程；纪律良好	15				
	2	个人礼仪	衣帽、发饰；体态语言；注重职业化形象	15				
	3	团队合作	沟通交流、合作参与意识	10				
	4	任务执行	协作性、积极主动性；责任感、任务完成度	10				
知识掌握及岗位技能评价	5	了解汽车维护	是否了解汽车维护的作业内容；能否流利地向顾客介绍保养车辆的作用	20				
	6	懂得汽车修理分类	是否能根据汽车修理分类情况接待客户、回答客户修车的相关咨询	10				
	7	掌握知识与运用知识能力	是否能够运用所学知识完成思考与训练；充分了解维修技术员工作的十大原则	10				
	8	完成时间	能否顺利完成向顾客推介维护保养项目等任务	10				

注：按学生自评占20%，学生互评占30%，教师评价占50%计算总分。

思考与训练

1. 填空题

（1）一级维护周期一般为_____至_____或按车辆使用说明书的有关规定进行。

（2）二级维护周期一般为_____至_____或按车辆使用说明书的有关规定进行。

（3）汽车修理按作业范围不同，可分为_____、_____、_____和_____。

2. 简答题

（1）汽车的日常维护主要包括哪些内容？

（2）什么是汽车小修？

（3）简述维修技术人员应如何坚持努力工作的十大原则。

任务二　汽车维修工种认知

任务目标

1. 掌握汽车维护、修理工的工种；
2. 了解汽车维修工种的岗位责任。

任务描述

针对一外形损坏了的小客车，分析讨论损坏情况后，调度安排相应工种的维修工人对事

汽车维修业务接待实务

故车辆进行维修（可在校内汽车检修实训中心进行）。

相关知识

汽车维修主要工种有汽车机械维修工（汽车发动机维修工、汽车底盘维修工）、汽车维修电工、汽车维修钣金工、汽车维修涂装工。

一、汽车机械维修工

汽车机械维修工是从事汽车发动机、底盘系统的维护、修理和调试工作的工种，其工作内容包括了汽车维护、修理的最重要的工作，并对汽车主要的技术状况和安全性提供保障，具有极其重要的作用。

汽车机械维修工应当熟悉汽车发动机、底盘的构造和工作原理及其修理标准和工艺规程，能正确使用常用维修设备、机具、仪表，独立完成汽车维护作业和总成修理作业，排除汽车故障。

随着汽车新技术的快速发展，以及电控装置的广泛使用，在汽车某些系统如电子控制燃油喷射系统、自动变速器中，机械装置和电子装置相互交融、相互作用，使得汽车机械维修工与汽车维修电工的界限越来越模糊。因此，尽快掌握现代汽车维修技术，是我国汽车维修工的一项艰巨而紧迫的任务。

二、汽车维修电工

电气设备是汽车的四大组成部分之一，主要包括蓄电池、点火系、灯光信号线路、辅助电器等。辅助电器最早只有电喇叭，目前汽车上已具备电子仪表、电动刮水器、电热除霜器、电洗窗机、电动门窗玻璃升降机、点烟器、电动门锁、暖风机、电风扇和车用空气调节器、带预选电台的收音机和带调频波段的立体声收放机、电动伸缩天线和电动调节后视镜等设备，有的还装有车用电子屏幕、高级 CD 机和 DVD 机等。

随着汽车技术的高速发展，以及计算机技术在汽车上的应用，越来越多的轿车装备了汽油机电子喷射系统（EFI）、制动防抱死系统（ABS）、安全气囊系统（SRS）、自动变速器控制系统（ECT）和巡航系统等。

汽车维修电工主要从事汽车电气设备的维护、修理和调试工作。一个熟练的汽车维修电工，必须具备汽车电气理论和电子知识，掌握汽车电气装置的结构原理，具有进行汽车电气、线路故障的判断和修理的能力。此外，计算机等高新技术在现代轿车上的应用对汽车维修电工提出了新的更高的要求。

三、汽车维修钣金工

汽车在使用过程中，由于交通事故、磨损、撞击或使用维护不当，往往会造成部分金属构件，如散热器罩、翼子板、驾驶室、排气管、客车车身、发动机罩、脚踏板、挡泥板和消声器等歪扭、断裂、锈蚀等损伤。钣金工的任务就是通过修补、整形和更新，恢复这些部分的尺寸、形状和使用性能。

汽车驾驶室、客车车身的修理作业，不仅工作量大，而且质量要求高，其修理质量将在一定程度上影响汽车使用寿命和性能,将关系到驾驶员的劳动条件和安全生产,关系到汽车的外观质量。为此,要求钣金工应当具有较高的操作技能以满足汽车修理工作的需要。很多制件的加工往往钣金工序不能独立完成,还须经过机械加工、热处理等工序。因此,作为一名合格的钣金工,不仅应能熟练地掌握本工种的技术理论和操作技能,还必须对相关工种如冲压工、铆工、焊工的作业范围、工作内容和操作特点有所了解。目前,在现代轿车的修理中使用了先进的自动化车身修复整形设备,这又对钣金工的素质提出了更高的要求。

熟练的钣金工还需要对汽车各金属构件的特点、性能及工作条件有足够的了解。汽车各金属构件按其不同的用途具有不同的要求,如汽车覆盖件为满足密封的要求,其外形轮廓尺寸要求较严格,为能使其外形精致美观,还应力求做到表面光滑平整。因此,只有了解各金属构件的不同作用和要求,才能选择合理的工艺手段,从而保质保量地完成修理任务。

四、汽车维修涂装工

汽车维修涂装工是从事汽车车身、车架、总成件涂漆工作的工种。

制造汽车的大部分材料是钢铁,其耐蚀性能较差,容易被氧化或被其他介质所腐蚀。而且,由于受日晒雨淋、风沙、冰雪、严寒、酷暑这些多变环境条件的影响,更容易使车身锈蚀。为了保护汽车基体不受腐蚀,通常使用相应的涂料使其与外界的腐蚀介质隔开,从而延长材料的使用寿命。

在保护汽车不受腐蚀的基础上,需要对汽车表面进行装饰美化。目前,汽车车容装饰美观已经被当做车辆年检中的技术要求项目之一。为了满足各种汽车的装饰要求,汽车的装饰涂装必须具有品种齐全、颜色丰富、色彩鲜艳的特点。可用光泽度计检测汽车涂装的光泽度。汽车高级装饰性的涂装,要求涂膜外观光滑平整、花纹清晰、光亮如镜;中级装饰性的涂装,要求涂装外观光滑平整、花纹清晰,允许有轻微"橘皮",根据汽车的类型和涂装部位的不同,汽车涂装的要求也是各不相同的,如轿车车身对涂料的装饰性、耐久性、保护性、保光性要求很高;而载重汽车车身对涂漆的装饰性、耐久性、保护性的考虑就比较全面;汽车底盘的涂装,主要要求耐久性、耐化学腐蚀性及缓蚀性;油箱内壁的涂装,要求箱体要经受汽油的长期浸泡,涂料的耐汽油腐蚀性是主要的考虑因素。

因施工对象的差异,对涂装工艺要求也会有所不同。对要求不高的漆工作业,如载货汽车车厢小面积补漆,可采用刷涂法;对要求较高或施工面积较大的漆工作业,通常采用喷涂法。喷涂工艺一般需要经过清理表面、涂刷防锈漆、刮涂泥子、打磨泥子、喷底漆、喷漆前准备、喷面漆、最后清理等工序。中高档汽车的喷漆作业,还需要在烤漆房中进行烤漆。

任务实施

一辆外形损坏的事故车,经接车初诊,需进行几个方面的修复,见表3-2 损坏车辆维修项目工种安排。分组讨论后,对每一具体项目拟安排相应的维修工进行维修。

表 3-2　损坏车辆维修项目工种安排

序　号	项目内容	拟定维修工种
1	散热器破裂修复或更换	
2	驾驶室严重变形后的修复	
3	车辆左侧前照灯破损修复	
4	车辆外观的修复	

【案例讨论】

● 汽车燃油表不准

我的车子购买了一段时间，现在有一个小问题，虽不影响使用，但是也让我很不方便。这个问题就出在我的燃油表上，它的准确度绝对令人怀疑。在前 1/2 的时候，指针下降得很慢，而过了一半之后，感觉发动机就像是在喝油一般，指针刷刷地往下掉。每次我都会在指针到达最后一条白线的时候去加油，可是有时候 100 元的油加进去了，指针上升到的位置却不相同。甚至有一次加满了油，指针却不能到顶，这是怎么回事？

讨论意见：关于燃油表指针的下降速度率不相同这一现象，有可能是设计上的问题，有些车型的油表本身就不是依照线性方式设计的，前半程慢、后半程快这一现象应该是比较正常的。燃油表指针不稳定，可能是燃油表的油位传感器有问题。如果确认加满了油以后，燃油表指针没有到顶，应该是燃油表的显示有问题。这些问题到修理厂检修一下就可以解决了。

● 汽车电动车窗突然自动下降

我的车 4 门电动车窗是标准装备，本来使用上是极其方便的，尤其是主驾驶侧的一键升降式设计，免除了通过一些收费站点的时候，要始终按住控制钮的麻烦。可是现在我的主驾侧电动车窗每当升到顶后，会突然自动下降一段，弄得我每次关窗的时候，还要小心翼翼地控制着它，省事变成了费事，会不会是控制系统出了问题呢？

讨论意见：一般高级轿车在电动车窗的设计上都会安装一个防夹手功能，可以避免由于意外操作造成的人员伤害。在车辆的使用过程中，如果车门顶框内部镶有部分物体，车窗升到此部位的时候，传感器会起动防夹功能，使车窗下降。另外，有时候在高速行驶过程中，由于电压的原因会使玻璃无法沿着轨道顺利上升，也会导致防夹手功能的起动。这种情况下，最好到特约维修站进行一下调节，检查一下是否有异物影响车窗升降，并进行调整。

丰田维修技术员的职业素养

与其他公司相比，作为丰田公司技术员至少在两个方面与众不同：

1. 丰田技术员在工作中始终把"客户第一"的理念付诸实践

1) 尽最大努力提供给客户第一流的售后服务，来提高他们对丰田车辆的满意度。

2）要经常想到能做什么来提高客户的满意度，然后将想法付诸实践。

3）应提供高效、高度可靠的服务。

4）认真地对待客户的车辆。

5）在维修服务中出现的任何问题，要提出专业的建议。

2. 需达到值得自豪和能承担起责任的专业标准

1）无论是何种工作，都能可靠并尽快地以最小的成本完成。

2）要理解技术员的职责。提供的售后服务能使客户的汽车一直保持在最佳状态，这样他们就能够充满信心地驾驶车辆。

3）为自己的工作自豪。汽车维修直接关系到人的生命，这是非常重要的工作。因此，要时刻清楚你有责任帮助丰田汽车维持其因高质量而享有的世界声誉。

4）尽自己最大的努力做好每一项工作。要为自己所做的工作负责，不管是什么工作。

5）要努力地在工作中得到提高。要有提高意识，始终研究比以往更有效、更准确、更舒适、成本更低的工作方法，然后，将每一项提高都运用到工作中。

6）努力提高自己的技能。丰田汽车不断地以新车型和新技术来提高质量，不断地提高技能和掌握新的技术，以便能维修这些汽车。

维修技术员良好的职业素养，有助于他们更快速而高质量地完成各项维修任务。

任务评价

类别	序号	评价项目	评价内容及要求	配分	学生自评	学生互评	教师评价	得分
任务编号 10			学时：2学时		学生姓名：		总分：	
职业素质评价	1	文明、安全意识	遵守实训中心文明规章，遵守设备安全操作规程。纪律良好	15				
	2	个人礼仪	衣帽、发饰、体态语言；注重职业化的形象	15				
	3	团队合作	沟通交流、合作参与意识	10				
	4	任务执行	协作性、积极主动性；责任感、任务完成度	10				
岗位技能评价	5	维修工种的分类	是否了解汽车修理工的工种分类，懂得各种维修工种的岗位责任	20				
	6	掌握知识与运用知识能力	是否能够运用所学知识完成思考与训练，并能就维修问题完成与顾客的交流	20				
	7	完成时间	能否按时保质完成任务	10				

注：按学生自评占20%、学生互评占30%、教师评价占50%计算总分。

思考与训练

1. 填空题

（1）汽车维修主要工种有_____、_____、_____和_____。

汽车维修业务接待实务

(2) 汽车维修电工主要从事_____、_____。

2. 问答题

(1) 汽车维修钣金工的主要工作任务是什么？

(2) 汽车涂装工的主要工作任务是什么？

任务三　汽车维修流程及维修设备认知

 任务目标

1. 掌握汽车维修的工艺程序；
2. 掌握汽车维修过程的质量控制；
3. 了解汽车维修的有关工具和设备。

 任务描述

在校外实训基地或校内汽车实习工厂，针对汽车维修作业的各项内容，认识各种维修设备，对不同的维修作业内容安排相应维修工并确定相应的检测设备。

 相关知识

一、汽车维修工艺流程

随着现代电子技术在汽车上的广泛应用，使机械技术、电子技术和信息处理技术融为一体，汽车的"机、电、液一体化"程度越来越高。现代汽车由于在总体结构、工作原理方面与传统汽车差别甚大，使汽车修理工艺也发生了根本性的变化，具体表现在以下几个方面。

第一，传统的汽车修理特别重视零件修复，不管什么零件，能修则修。现代汽车的修理，除一些价格昂贵的机械零件和汽车制造厂设计可修复的零件外，一般都采取"换件修理"。这样做的原因是现代汽车对零件力学性能要求高，常采用专用材料和特殊工艺制造，通常的零件修复方法不能满足设计的要求，若勉强修复，成本过高。

第二，传统的汽车修理以检验、修复为中心，检验使用通用、简单的量具和仪器设备，凭经验鉴定车辆技术状况，故障诊断方法遵循"观察现象＋检查分析＋凭经验判断"的套路。现代汽车修理则以检测、诊断为中心，使用先进的专用检测诊断设备，如制动检测台、发动机综合检测仪、四轮定位检测仪和废气分析仪等检测车辆技术状态。故障诊断方法是利用车上设置的电脑自诊断系统输出故障信息和运行数据，或者使用专用电脑诊断仪进行分析诊断。

第三，传统汽车修理从工种上划分有发动机修理工、底盘修理工、汽车钣金工、汽车电工、汽车空调工、检验工、喷漆工和轮胎工等。现代汽车修理由于以检测诊断为中心，汽的许多机构和装置共用一些数据信息，这些机构和装置能否正常工作不仅取决于本身的技术状况，也取决于相关的机构和装置的技术状况，所以现代汽车修理工种划分已打破传统工种的界限，逐步形成"机、电、液一体化"的局面。

汽车维修工艺是指利用生产工具按一定要求进行汽车维护和修理的方法，是在维修汽车过程中积累起来的，并经过总结的操作技术经验。汽车修理可分成许多工艺作业，按规定顺序完成这些作业的过程称为工艺过程。一般汽车修理作业工艺过程如图3-1所示。

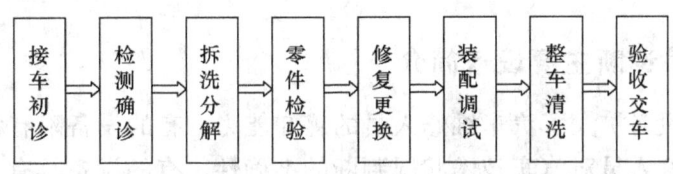

图3-1 一般汽车修理作业工艺过程

1. 接车初诊

承修的汽车进厂必须经过检验，以便了解车型、修理项目及其技术状况，同时也为估算修理工时和修理费用提供必要的依据。进厂检验由汽车修理厂的专业人员负责进行。检验时，通过对汽车使用情况的调查、外部检测、测试，来了解汽车的技术状况。另外，还应核对车辆的装备状况。

2. 检测确诊

根据车主所述故障情况。运用先进的专用检测诊断设备对故障进行分析、判断，以检测车辆的技术状态。

3. 拆卸分解

把汽车需要修理部位的总成、组件拆卸下来再分解成零件。拆卸分解是汽车修理施工的首道工序，具有一定的工艺和技术要求。拆卸分解不当会增加工作难度，贻误工期，损坏零件。

4. 零件检验

把拆下的零件集中，用适当的方法清洗除去零件上的污垢，包括旧漆、油污、积炭、水垢、磨损物和其他杂物，为保证零件的检验质量、修理质量和装配质量做准备。

对所有拆洗过的零件进行检验鉴定，根据它们的技术状况分为可用零件、需修复零件和报废零件3类。可用零件指零件符合使用标准，可以继续使用；需修零件指零件已不符合使用标准，通过修复才可以继续使用；报废零件指既不符合使用标准又无法修复或无修复价值的零件。

5. 修复、更换

对于需修零件进行修复或更换，目前一般采用更换零件的方法。

6. 装配调试

就是把可用零件、修复好的零件和更换的新零件再次清洗干净，按照规定的技术标准和工艺规程进行装配、调整和试验。

7. 整车清洗

进厂修理的汽车在施工前视情况需要进行外部清洗，以便于拆卸修复工作的顺利进行。汽车外部清洗一般采用以下3种方法：在固定的外部清洗台上清洗，用可移动的清洗机喷射高压水清洗，或者用自来水清洗。

8. 验收交车

最后由专职检验人员负责竣工验收。若发现有不合乎技术要求的地方由修理工负责返修。

二、汽车故障诊断主要设备简介

汽车故障诊断设备扩大了汽车维修人员的感知能力。有的设备附有常见车型的技术数据，有利于提高维修人员对汽车技术状况判断的准确性。有的设备具有一定的分析判断能力，为实现汽车故障的快速、准确、有效诊断提供了技术支持。汽车维修设备能有效地提高汽车维修的生产率和维修质量。

1. 气缸压力表

气缸压力表用于检测气缸压缩压力，根据测试结果可以判断气缸衬垫、气缸体与缸盖之间的密封状况、活塞环与缸壁配合状况，以及燃烧室内积炭是否过多等汽车有关的技术状况。

2. 气缸漏气量检测仪

气缸漏气量检测仪用于测量活塞处于压缩行程上止点位置时气缸内外传输压缩空气的压力变化值。从而判断汽车发动机的气缸和进、排气门的密封状况。在测量气缸漏气量的同时，进行人工察听辅助诊断，可对气缸、气缸垫和进、排气门的密封状况进行深入准确的诊断。

3. 曲轴箱窜气量检测仪

曲轴箱窜气量检测仪用于测量发动机曲轴箱窜气量，从而检验发动机的动态密封性，判断发动机气缸、活塞和活塞环的技术状况，监测发动机磨合质量。

4. 真空表

真空表用于检测汽油发动机进气歧管的真空度，通过测量进气歧管真空度及其变化状况，可以判断发动机密封性能、空燃比和点火性能，可以诊断气缸密封性、进气管或化油器衬垫的泄漏、配气机构密封性、排气消声器阻塞、混合气的稀或浓、点火时间和点火性能等诸多方面的故障。

5. 点火正时灯

点火正时一般用点火提前角表示。点火正时灯可检测汽油机点火提前角，有的还能测试转速、点火导通或闭合角和电压参量。

6. 发动机废气分析仪

发动机废气分析仪主要用于测量汽车发动机排气中的多种气体含量。这类仪器还可用于检查空燃比、检测催化转化器性能、检查燃油反馈系统、化油器及进、排气管泄漏等故障，帮助分析并排除发动机控制系统的故障，以及确保车辆污染排放指标的正常。根据检测气体种类的不同，发动机废气分析仪分为二气体、四气体和五气体分析仪。

7. 柴油机烟度计

柴油机烟度计用于检测柴油车的排气烟度，以便研究和分析柴油机的工作状况。烟度计可分为滤纸式烟度计、透光式烟度计和重量式烟度计等多种。我国使用滤纸式烟度计和透光式烟度计。

8. 发动机综合分析仪

发动机综合分析仪有汽油机综合分析仪、柴油机综合分析仪和汽、柴油两用发动机分析仪等形式，可适用的发动机类型很广，可对起动系统和充电系统、点火系统、燃油系统和点火正时等多种项目进行精确测试。

9. 底盘测功机

底盘测功机一般用于检测各类汽车的底盘输出功率、驱动力、车速、加速性能、滑行性能，以及车速表和里程表的准确性。若配以燃油流量计可检测油耗，配以排放分析仪可检测排放污染物成分含量，可综合评定汽车的动力性能、经济性以及环保指标；配以曲轴箱窜气量检测仪和离合器频闪仪，可进行发动机磨损检测和离合器打滑检测。现在的底盘测功机多采用电涡流测功器作为功率吸收装置，并用计算机作为控制中心。

10. 四轮定位仪

四轮定位仪用于测量车轮的各项定位参数，判断车轮定位的准确性，同时还可检验出车轮定位部件的故障。四轮定位仪中一般存储有大量流行车型的车轮定位参数的标准值和车轮定位调整方法指导，车轮定位技术状态判断方便，调整操作容易。为便于检测和调整，被检汽车需放在地沟或举升平台上，地沟或举升平台应处于水平状态，四轮定位仪则安装在地沟两旁或举升平台上。

11. 底盘间隙检测仪

底盘间隙检测仪用于检测转向系统各销轴、悬架系统及底盘其他部件因磨损产生的间隙，从而消除隐患，确保安全。

12. 制动试验台

制动试验台一般用于各种类型车辆的制动性能检测。测量参数包括所有车轮的制动力、制动力差、制动协调时间等。制动试验台有滚筒式和平板式两种。

13. 侧滑试验台

侧滑试验台用于检测汽车前轮的侧滑量，以判断车轮定位中车轮前束和车轮外倾的配合是否恰当。侧滑试验台有单板式和双板式两种，其中双板式应用普遍。

14. 汽车专用万用表

汽车专用万用表可检测充电、起动、燃油及空气、点火、电气、发动机管理、冷却等系统和各种传感器，检测参量包括电压、电流、电阻、电容、频率、脉宽、占空比、转速、温度和压力等，并可检测线路通断。

15. 汽车示波器

示波器可用于测试电池、传感器、ECM 信号的电压，测试火花塞线、传感器、继电器的电阻，测试熔丝、灯、导线、开关的线路通断。使用相应探头可测试温度和电流。

16. 通用故障检测仪

通用故障检测仪各有常见车系的软件，并配有各种专用检测接口电缆。使用时，只需将被测汽车的牌号和车辆识别码输入故障检测仪，就能从软件中调出相应的检测程序。按照故障检测仪屏幕上的提示,将相应的故障检测接口电缆一端的插头和汽车上的检测插座连接,就可以根据汽车微机自诊断电路的功能范围和检修要求,选择电喷发动机、电控自动变速器、制动防抱死装置等各控制系统,进行读取故障码、查阅故障码内容,测试执行工作情况,清除微机内存储故障码等检测工作。

17. 专用故障诊断仪

专用故障诊断仪是为各汽车厂家生产的专用测试设备。它除了具备读码、解码、数据扫描等功能外,还具有传感器输入信号和执行器输出信号的参数修正、计算机控制系统参数调整,以及系统匹配和标定、防盗密码设定等专业功能。

18. 发动机燃油系统免拆清洗机

该设备配合汽车的定期维护和特别除炭维修,不需拆卸发动机,只需将插头与发动机供油、回油管连接。机器内的专用清洗剂可溶解喷油器针阀和燃烧室各组件的积炭、油泥、胶质等污染物,经由汽车的排放系统排出,使汽车燃油供给系统得到彻底清洗。这类仪器一般可以清洗多种汽油机及柴油机的燃油系统,有的还可以检查燃油压力,确定系统是否堵塞。

19. 发动机润滑系统免拆清洗机

在汽车的定期维护中,不需拆卸发动机,只需用插头与发动机机油滤清器和油底壳螺孔相连,利用空气动力和专用清洗剂,在发动机静态时进行清洗。只要 12min 就可将发动机润滑系统油泥、积炭和杂质一并清除,恢复发动机效率,减少磨损和有害废气的排放。

20. 发动机冷却系统清洗机

发动机冷却系统清洗机利用轻微液压冲击原理,对发动机冷却系统进行冲击清洗、循环清洗、再循环清洗和更换冷却液。可清除发动机冷却系统的污垢,恢复发动机冷却系统的性能。

21. 自动变速器油更换机

目前最新的自动变速器油更换机为气动、可调压、可调流量机型。全新的自动变速器油更换机可以调节空气压力和进出油量、油压,能控制变速器内的需求油量,完全解决了手工更换变速器油不彻底(多数变速器内的油液不能手工更换)和油量不准确的问题。

22. 汽油机喷油器清洗机

汽油机喷油器清洗机适用于汽油发动机电子喷射喷油器的清洗,清除喷油器的积污,从而解决喷油器堵塞问题。这种设备一般都是利用超声波的作用来清洗喷油器,利用超声波的冲击和振荡来溶解和排除喷油器内的胶质物,并能清理喷油器的积污,而且能够反向清洗,使清洗更彻底,且操作方便,有的清洗机还具有喷油器测试功能,能模拟发动机运转过程,测试发动机转速、喷油器开启时间、脉冲数供给、喷油器电阻或喷油模式、喷油器电压和供油压力等。

23. 柴油机喷油泵试验台

柴油机喷油泵试验台用于检测调试各种类型的喷油泵。这种设备一般可检测各缸供油量及其不均匀度、出油阀的开启压力和喷油泵体的密封性及调速器的性能,并能检测喷油泵供油开始点及供油间隔角。

24. 轮胎平衡机

轮胎平衡机可用于汽车各类型车轮的平衡调试,可以获得动、静态下的精密测试和准确的平衡。此类设备一般都采用微机控制,具有较高的精确度,能自动测定出轮胎两个校正平面上的动平衡度。

25. 汽车清洗及打蜡机

汽车清洗及打蜡机主要用于中小型车辆的刷洗、打蜡和吹干等。这类设备能自动识别车头、车尾，能进行正、反转的反复刷洗，且都是微机全自动程序控制，操作方便。

26. 气门修磨机

气门修磨机用于汽车发动机气门锥面的磨削加工。操作简便，能保证气门研磨和支承点的准确性。

27. 镗缸机

气缸镗削的目的是恢复气缸原有的正确圆度、圆柱度和表面粗糙度，保证各缸中心线与主轴承孔中心线在一个平面内，并互相垂直。目前常用的镗缸设备有固定式镗缸机和移动式镗缸机两种。

28. 磨缸机

磨缸机用于镗缸后缸壁表面的最后一次磨削精加工，以消除气缸镗削加工时留下的刀痕，减小气缸壁的表面粗糙度值，达到气缸加工的最终要求，延长气缸和活塞的使用寿命。目前一些企业开始使用激光加工设备对气缸套进行激光加工处理，激光加工处理前后都要进行磨削加工。

29. 曲轴磨床

曲轴磨床用于汽车发动机曲轴的主轴颈和连杆轴颈的磨削加工，也可用于一般外圆磨削。

30. 激光加工系统

激光加工系统用于汽车发动机气缸孔、缸套内表面、曲轴、凸轮轴轴颈和凸轮工作面等零部件表面的激光加工处理。处理后的零件表面提高了硬度和耐磨性，同时也能更好地存油润滑，使用寿命大幅度延长。

31. 制动鼓镗床

制动鼓镗床是用于镗削汽车制动鼓和制动蹄片的设备。这类设备具有加工范围广，刚度高，加工精度高，操作简便的特点。

32. 车身、底盘矫修仪

车身及底盘矫修仪除可实现整形汽车快速多点定位固定、全方位牵引校正外，还配有测量基准定位系统、专用量具和专用测量触头，可实现车身上各测量点的三维坐标精确测量，并备有常见车型测量基点分布图及车身、底盘数据，为提高车身整形速度和质量提供了保证。

任务实施

接待一故障车，接车时，向车主询问维修记录并在的计算机系统中查询其维修记录（在校内汽车检修实训基地或修理厂进行）；业务接待人员和检验人员负责对送修车辆进行预检，按规范填写有关单据中的检验记录；车辆预检后，根据驾驶员的反映及该车技术档案和维修档案，通过检测、测试或检查，确定基本作业内容，并告知车主。

维修作业安排见表3-3，分组讨论后，针对维修作业内容安排相应维修工和相应的检测设备。

汽车维修业务接待实务

表 3-3 维修作业安排表

序 号	项目内容	拟定维修工种	相应检测设备
1	发动机打不上火		
2	汽车动力不足		
3	发动机异常抖动		
4	汽车跑偏		
5	汽车右前照灯不亮		
6	汽车冷却系统故障		

【案例分析】

汽车车灯密封不严

前段时间天气变化无常，只要一下完雨，我车的前照灯内就是一片水雾蒙蒙，你说这水雾在灯罩里面我也没法擦啊！想到汽车内现雾气的时候，可以利用暖风烘烤的方式去除，不知这种烘烤的做法是否也适用于车头灯呢？

讨论意见：由于车灯密封不严，在清洗和下雨的时候很容易造成进水，而当内外温差较大的时候就会形成雾气。这个时候最好不要进行高温烘烤，车灯的材料一般都是塑质，如果烘烤温度过高，很有可能会造成车灯外表软化变形，影响使用和美观。另外，现在的车灯一般都是整体式的，透明的灯罩之后，还会粘有一个保护灯体的背板，高温烘烤也会造成二者之间的粘合胶质熔化，增大车灯进水的可能性。一般来说，车灯内的水分在白天阳光的照射下就可以很快蒸发消失，如果你的车灯频繁出现进水现象，则应当到服务站检查一下灯体，看看是不是由于碰撞导致车灯损坏，致使频繁进水。

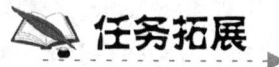 任务拓展

正确处理并维修被水浸泡的汽车

被水淹和浸泡了的汽车应该如何维修？驾驶人和修理厂该怎么做？如果不按标准的方法进行作业，会导致后续车辆损失扩大，保险公司拒不承认等诸多问题。以下一些处理、维修的方法，供参考、学习。

一、车辆被水浸泡，第一时间通知承保的保险公司

1）修理厂通知承保的保险公司我们称作为报案，要求承保保险公司工作人员或委托公估第三方现场查勘。但一般情况下，保险公司面对大量水淹车案件时，往往并不能及时赶到现场处理，可以要求保险公司，车主或被保险人用相机或手机对现场水浸情况拍照作为理赔证据。

2）施救拖车到来前，最好能第一时间断开车辆蓄电池电源，通常可拆卸蓄电池的负极接线桩，变速器档位选择空挡位置。以免造成拖车过程中的误操作起动，扩大对车辆的损失。

这一点非常关键，因为往往在拖车时，需要将车辆的方向盘用钥匙解开机械锁止机构，但在解开的同时，会接通电器的电源开关，给车辆电器通电。电器浸水通电后的造成的损失是不言而喻的。

模块三 汽车维修技工职业认知

3）叫拖车将车辆拖到维修站。车主可以要求保险公司予以拖车援助，很多保险公司都有免费救援的项目，因此广大车主朋友也省去了叫拖车公司的拖车费用。更重要的是在理赔方面，最起码作为车主做到了及时对车辆实施正确救援，避免车辆长时间在积水中"泡"。车辆如果因为长时间在积水中浸泡而导致电子元件受损，在理赔时车主可能会因施救不及时而被拒赔。

二、车主第一时间做好与维修站的交修事宜

1）车辆到达维修站后，第一时间确认电源是否断开。在维修工单上，确认车辆是没有起动车辆的，也提醒维修站的工作人员在检修时，不能尝试起动检查车辆存在的问题。

2）最好能找信得过的师傅按流程一步一步做好检修确认工作。

三、维修站接车后做好以下工作

1）在承接车辆时，应询问车主是否尝试起动过车辆。并将车主是否起动车辆的情况在制作维修工单上做好说明。

2）及时向车辆承保保险公司要求上门核定损失。并对水浸痕迹进行拍照留存。如果保险公司因工作人员不能及时上门服务，可以要求与保险公司协商，维修站先行拍照核定初步损失。及时对水浸车做拆检、清洗，避免因水浸时间太久扩大损失。

3）根据水浸程度，合理选择维修方案。

4）对座椅及地毯用高压水枪进行清洗，可以掺杂使用泡沫清洗剂进行彻底清洗。特别要强调，由于座椅内部有海绵物，需要分解座椅方能有效彻底清洗。

5）对电器的处理需要做到及时清洗，宜用酒精浸泡清洗，再用干净的压缩气体吹净，最后用电热风枪进行干燥处理，电热风温度不宜太高。

6）发动机的处置。需要将车辆全部火花塞拆卸，用工具摇转发动机两圈以上，以保证气缸内水被排出来。最后做缸压测试，通常汽油发动机的缸压 900~1100kPa 范围内。如果有缸压差值过大，发动机需要拆解进行检修了。可能存在的问题会是：①发动机连杆变形，导致活塞行程缩短，气体不能充分被压缩。②活塞环失去弹性或不密封，漏气。压缩气体串至曲轴箱中。③进排气门关闭时不密封，导致压缩气体泄漏到进气歧管与排气歧管中。

任务评价

任务编号		11	学时：	2学时		学生姓名：		总分：	
类别	序号	评价项目		评价内容及要求	配分	学生自评	学生互评	教师评价	得分
职业素质评价	1	安全生产		遵守汽车实训中心设备安全操作规程	10				
	2	文明生产		遵守实训室文明生产规章；纪律良好	10				
	3	个人礼仪		衣帽、发饰、体态语言	10				
	4	团队合作		沟通交流、合作参与意识	10				
	5	任务执行		协作性、积极主动性；责任感、任务完成度	10				

(续)

类别	序号	评价项目	评价内容及要求	配分	学生自评	学生互评	教师评价	得分
岗位技能评价	6	汽车维修作业流程	是否懂得汽车维修作业工艺过程；能向车主介绍检修及车辆维护流程	20				
	7	维修设备、车辆故障诊断	是否懂得选择维修设备以提高汽车维修效率和质量，及时向顾客解释送修车辆的故障诊断情况	20				
	8	掌握知识与运用知识能力	是否理解所学知识，是否能够运用所学知识按时完成各项任务及训练	10				

任务编号 11　学时：2 学时　学生姓名：　总分：

注：按学生自评占 20%，学生互评占 30%，教师评价占 50% 计算总分。

思考与训练

1. 填空题

（1）现代汽车的修理，除一些价格昂贵的机械零件外，一般都采取_____。

（2）故障诊断方法遵循_____加_____加_____的套路。

（3）汽车维修时，对拆洗过的零件进行检验鉴定，根据它们的技术状况分为_____、_____、_____等 3 类。

2. 问答题

（1）四轮定位仪的用途是什么？

（2）发动机综合分析仪的用途有哪些？

（3）轮胎平衡机的用途是什么？

（4）汽车示波器的用途有哪些？

学 后 小 结

　　本模块主要针对汽车维修制度、汽车维修工种、汽车维修工艺流程及汽车维修设备等内容进行了讲解。

◆汽车维护范围主要有日常维护、一级维护和二级维护。

◆通过任务实施了解、掌握汽车维修工种主要有汽车机械维修工（汽车发动机维修工、汽车底盘维修工）、汽车维修电工、汽车维修钣金工以及汽车维修涂装工。

◆掌握汽车维修工艺流程，了解主要的汽车维修设备。通过任务实施掌握主要汽车维修设备的使用范围。

◆懂得维修技术员更优质、更高效地进行维修工作应遵循的十大原则，明白汽车维修技工和服务接待人员一样都须具有较强的专业技能和个人素质以获得客户的满意。

模块四

汽车配件管理员职业认知

学习目标

◆ 知识目标

(1) 了解车辆识别代号的结构及含义，熟悉车辆识别代号作用；
(2) 了解汽车配件分类，尤其是汽车常见易损件的分类；
(3) 了解汽车构造的基础理论；
(4) 理解和识别汽车配件的编号规则；
(5) 鉴定配件质量；
(6) 了解配件管理基本流程、配件管理基础知识；
(7) 学会编制配件位置码、配件自编码；
(8) 熟悉库存配件的盘存、堆码与养护。

◆ 能力目标

(1) 能够准确判断和独立处理有关产品质量问题；
(2) 培养思维创新能力；
(3) 培养质量管理、安全管理意识；
(4) 培养条理化管理能力。

◆ 情感与价值观目标

(1) 培养严谨的工作作风和较强的工作责任心；
(2) 培养认真仔细和诚信做人的品德。

任务一　车 辆 识 别

 任务目标

1. 了解汽车构造的基础理论；
2. 了解车辆识别代号结构及含义；
3. 熟悉车辆识别代号作用。

汽车维修业务接待实务

任务描述

了解汽车构造是工作的基础，将来所从事的职业需要理解车辆识别代号对于一部汽车的意义。

相关知识

一、汽车构造的基础理论

了解汽车构造的基础理论，可以方便今后对配件类别归属的判断，这在安排货位号时很关键，也有助于判断配件的消耗使用频率，帮助制订配件计划。

1. 汽车总体构造

汽车通常由发动机、底盘、车身、电器设备四部分组成。

（1）发动机　发动机的作用是使供入其中的燃料燃烧而输出动力。大多数汽车都采用往复活塞式内燃机，它一般由曲柄连杆机构、配气机构、供给系、冷却系、润滑系、点火系（汽油机使用）、起动系等部分组成。

（2）底盘　底盘接受发动机的动力，使汽车产生运动，并保证汽车按照驾驶员的操纵正常行驶。底盘由下列部分组成：

1）传动系：传动系由离合器、变速器、万向传动装置、差速器等总成组成。它将发动机的动力传给驱动轮。

2）行驶系：行驶系由车架、前后桥、悬架等组成。车架把汽车各总成及部件连接成相互关联的整体。

3）转向系：转向系由转向器、转向传动装置等组成，用来保证汽车能按照驾驶员选择的方向行驶。

4）制动系：制动系由制动器、供能装置、控制装置和传动装置组成。它的功能是使汽车减速或停车，并保证驾驶员离去后汽车能可靠地停驻。

（3）车身　车身是驾驶员工作的场所，也是装载乘客和货物的场所。货车车身由驾驶室和货箱组成。

（4）电器设备　电器设备由电源组、发动机起动系和点火系、汽车照明和信号装置等组成。此外，在现代汽车上可能装有各种电子设备：微处理器、中央计算机系统及各种人工智能装置等，以提高汽车性能。

2. 现代汽车的布置形式

按发动机和各个总成相对位置不同，现代汽车的布置形式通常有如下几种，如图4-1所示。

（1）发动机前置后轮驱动（FR方式）　是一种传统的布置形式，国内外的大多数货车、部分轿车和部分客车都采用这种形式。

（2）发动机前置前轮驱动（FF方式）　轿车上逐渐盛行的布置形式，使车辆结构紧凑，并减小汽车的质量，降低底盘高度，改善汽车高速行驶时的操纵稳定性。

（3）发动机后置后轮驱动（RR方式） 目前大型、中型客车盛行的布置形式，具有能降低室内噪声，有利于车身内部布置等优点。

（4）全轮驱动（4WD方式） 越野汽车特有的形式，通常发动机前置，在变速器后装有分动器。

（5）发动机中置后轮驱动（MR方式） 发动机布置在驾驶员座椅之后与后桥之前，有利于获得最佳轴荷分配和提高汽车性能，是目前大多数运动型轿车和方程式赛车所采用的布置形式。

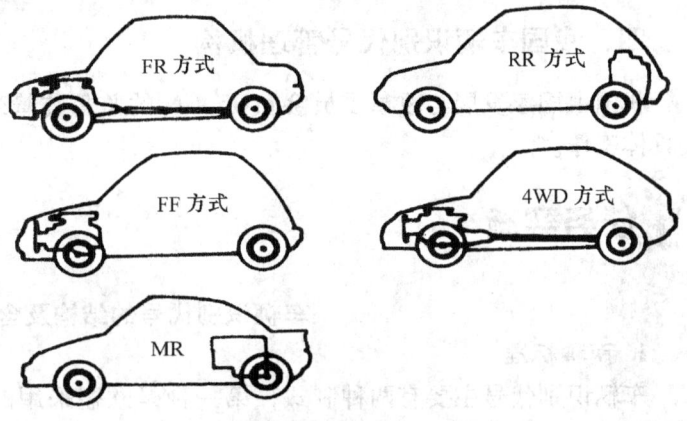

图4-1 发动机和驱动轮的布置

3. 国产汽车分类

（1）载货汽车 用于运载各种货物，在其驾驶室内还可容纳2~6个乘员。

（2）自卸汽车 一般用于砂石料、矿石和散装物料等的运输。

（3）牵引汽车和挂车 牵引汽车和挂车分类：半挂牵引汽车和全挂牵引汽车。

（4）越野汽车 主要是在坏路或无路的条件下行驶。

（5）客车 乘坐9个以上乘员。

（6）轿车 乘坐2~9个乘员（含驾驶员）。

（7）专用车 是指在汽车上安装各种特殊设备进行特种作业的车辆。

二、车辆识别代号

VIN是英文（Vehicle Identification Number）的缩写，译为车辆识别代号。VIN是表明车辆身份的代号，是制造厂为了识别而给一辆车指定的一组字码，具有在世界范围内对一辆车的唯一识别性，并保证三十年内不重复出现。因此又有人将其称为"汽车身份证"。车辆识别代号中含有车辆的制造厂家、生产年代、车型、车身形式、发动机以及其他装备的信息。

三、车辆识别代号的发展

国际标准化组织（International Organization for Standardization，ISO）于1977年将车辆识别方案推向世界，并制定了完善的车辆识别代号系列标准，即ISO3779，使世界各国的车辆识别代号建立在统一的理论基础上。目前，采用这套车辆识别系统的国家已超过30个。

1981年，美国交通运输部制定了一个统一的VIN系统，之后在美国制造的每辆轿车、货车或拖车都带有VIN。

我国由原机械工业局发布的第一个车辆管理规则《车辆识别代号（VIN）管理规则》于1997年1月1日生效，它在内容上采用国际标准，在管理方式上参照了美国机动车安全标准和联邦法规，其适用范围是在中华人民共和国境内生产的汽车、挂车、摩托车和轻便摩托车。1999年1月1日后，适用范围内的所有新生产车必须使用车辆识别代号。

2004年，国家发展和改革委员会发布《车辆识别代号管理办法（试行）》，并于2004年12月1日起施行。原国家机械工业局《车辆识别代号（VIN）管理规则》同时废止。

四、我国车辆识别代号管理机构

我国由国家发展与改革委员会负责VIN的监督与管理，中国汽车技术研究中心承办有关具体工作。

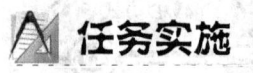

车辆识别代号的结构及含义

1. 两种标准

车辆识别代号主要有两种制式，第一种是欧盟采用的ISO 3779标准，第二种标准主要用于北美，比第一种更严谨，但两者仍能互相兼容。

2. 构成及含义

VIN由17位字符（包括英文字母和数字）组成，俗称十七位码，使用除字母I、O和Q之外的所有字母和数字。车辆识别代号中含有车辆的制造厂家、生产年代、车型、车身形式、发动机以及其他装备的信息。

车辆识别代号VIN由三部分组成，其结构如图4-2所示。

（1）□□□为第一部分WMI（世界制造厂识别代号）：WMI有三位字码，由制造厂以外的组织，国际标准化组织（ISO）的国际代理机构预先指定的，用来代表生产国、厂家、车辆类型。

```
□□□            □□□□□□            □□□□○○○○
WMI              VDS                    VIS
      □——代表字母或数字    ○——代表数字
```

图4-2 车辆识别代号的组成

第1位：表示地理区域，如非洲、亚洲、欧洲、大洋洲、北美洲和南美洲。

第2位：表示一个特定地区内的一个国家。美国汽车工程学会（SAE）负责分配国家代码。如日本为JA～JZ及J0～J9；美国为1A～1Z及10～19，4A～4Z及40～49，5A～5Z及50～59；中国为LA～LZ及L0～L9。

第3位：表示某个特定的制造厂，由各国的授权机构负责分配。如果某制造厂的年产量少于500辆，其识别代码的第三个字码就是9。

例：LFV为中国一汽大众、LFW为中国第一汽车集团公司、LSV为上海大众，LDC为神龙富康、LSG为上海通用、WDB为德国奔驰、WBA为德国宝马、KMH为韩国现代等。

中国汽车技术研究中心是SAE授权的负责我国境内的WMI分配和管理的机构。制造厂首先必须向其申请WMI。由于国际代理机构分配给我国的WMI代码容量只有33×33＝1089个，这对于目前我国已有的汽车制造企业来说，虽然够用但也没有多少富余。因此，每个企业每类产品或每个品牌都希望得到一个WMI是不大可能的，只有那些大型企业集团，才有这种可能，广大中小型企业极大可能是一个企业只获准得到一个WMI。

（2）□□□□□□为第二部分VDS（车辆说明部分）。由6位字码组成，用以说明和反映车辆的一般特征，如品牌、种类、系列、车身类型、底盘类型、发动机类型、约束系统、制动系统和额定总质量等。如果制造厂所用代码不足6位，应在剩余部分位置填入制造厂选定的字母或数字，以表示车辆的一般特征，其代码及顺序由制造厂决定。

其中，第 9 位是校验位，通过对 VIN 中的其他位进行一系列计算后即可获得正确的校验位。它是其他 16 位字码对应数值乘以其所占位置权数的和除以 11 所得的余数，当余数为 0~9 时，余数就是检验数字；当余数是 10 时，使用字母"X"作为检验数字。

例如，第一位的权重为 8。计算机将第 1 位数字乘以 8。这样将 VIN 中除校验位外的所有 16 个数字乘以相应的权重，将结果相加，并用结果除以 11，所得到的余数就是校验位。

借助校验位，计算机可以立即判断 VIN 中是否存在错误，这种错误在人们抄写 VIN 或将其输入计算机时会经常出现。

（3）□□□□○○○○为第三部分 VIS（车辆指示部分），是 VIN 的最后一部分，由 8 位字码组成。一般情况下，第一位（总第 10 位）字码指示年份，见表 4-1。每年都有一个代码字符，也叫车型年份，即厂家规定的型年（Model Year），不一定是实际生产的年份，但一般与实际生产的年份之差不超过 1 年；第 11 位：装配厂，表示车辆的组装工厂；12~17 位：生产顺序号，类似于序号，一般情况下，汽车召回都是针对某一顺序号范围内的车辆，即某一批次的车辆。不过有些年产量少于 500 辆车的小型制造商使用第 12、13 和 14 位与第一部分的 3 位字码一起来表示一个车辆制造厂，作为附加制造商标识代码。

表 4-1 车型年份表

年份	代码	年份	代码	年份	代码	年份	代码
2001	1	2011	B	2021	M	2031	1
2002	2	2012	C	2022	N	2032	2
2003	3	2013	D	2023	P	2033	3
2004	4	2014	E	2024	R	2034	4
2005	5	2015	F	2025	S	2035	5
2006	6	2016	G	2026	T	2036	6
2007	7	2017	H	2027	V	2037	7
2008	8	2018	J	2028	W	2038	8
2009	9	2019	K	2029	X	2039	9
2010	A	2020	L	2030	Y	2040	A

3. 车辆识别代号 VIN 举例

例 1 某辆雷克萨斯（LEXUS）轿车 VIN 识别代号为 JT8BD10U4Y0015678，说明其含义。

例 2 某上海大众桑塔纳 2000 型轿车，VIN 识别代号为 LSVHJ133022221761，简单说明其含义，如图 4-3 所示。

例 1 答案

第 1 位：生产国别代码（J 为日本）

第 2 位：生产厂家代码（T 为丰田汽车公司）

第 3 位：汽车类别代码（8 为乘用车）

第 4 位：车身类型代码（B 为四门乘用车）

第 5 位：发动机型号代码（D 为

图 4-3 上海大众桑塔纳 2000 型轿车 VIN 识别代号

2JZGE3.0V6）

第6位：汽车系列类型代码（1为RX300）

第7位：安全防护系列代码（0为双前部和侧安全气囊）

第8位：汽车型号代码（U为RX300）

第9位：检验代码（制造厂内部编号）

第10位：生产年份代码（Y为2030）

第11位：总装工厂代码（0为日本）

第12位~17位：生产顺序代码

例2 答案

该VIN识别代号的含义是2002年，上海大众汽车有限公司生产的桑塔纳2000型轿车，该车配备AYJ发动机，FNV（01N.A）自动变速器，出厂编号为221761。

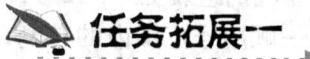
任务拓展一

识别代号（包含VIN）的位置

在大多数汽车上，您都可以在驾驶员侧的仪表盘上找到VIN，从车外透过风窗玻璃也可以看到此号码。此标记通常位于驾驶员侧车门内的不干胶或铭牌上，或位于车门的框基上。有时，VIN会印在杂物箱内。此外，它还经常出现在汽车产权证书和保险凭证上。

有两种位置标记识别代号：一种是在车辆主要部件上；另一种是标记在永久性地固定在车辆主要部件的一块标牌上。两者择其一或均采用亦可。通常，可将其打印在车架上，不仅能满足上述要求，还能满足《机动车运行安全技术条件》（GB 7258—2004）的要求，也可省略打印整车型号和出厂编号。

车辆识别代号的标记位置应尽量位于车辆的前半部分，易于看到且能防止磨损。《车辆识别代号（VIN）管理规则》对其车辆识别代号的位置规定得更为具体，即9人座或9人座以下的车辆和最大总质量小于或等于3.5t的载货汽车的车辆识别代号，应位于仪表板上，在白天日光照射下，观察者不需移动任意部件，即可从车外分辨出车辆识别代号。一般情况如下：

1）除挂车和摩托车外，标牌应固定在门铰链柱、门锁柱或与门锁柱接合的门边之一的柱子上，接近驾驶员座位的地方；如果没有这样的地方可利用，则固定在仪表板的左侧。如果那里也不能利用，则固定在车门内侧靠近驾驶员座位的地方。

2）标牌的位置应当是除了外面的车门外，不移动车辆的任何零件就可以容易读出的地方。

3）我国轿车的VIN大多可以在仪表板左侧、风窗玻璃下面找到，如图4-4所示。

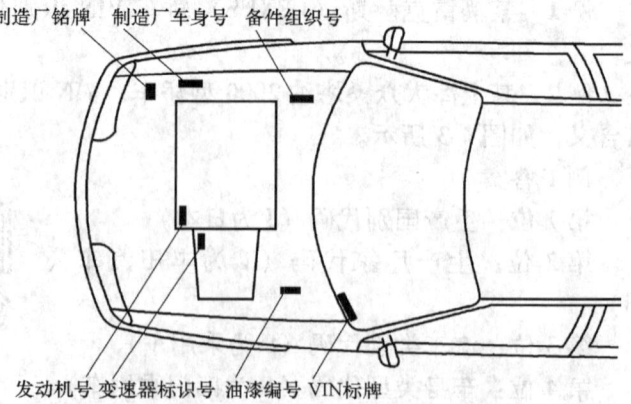

图4-4 汽车VIN、发动机号等在车上的标注位置

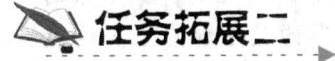

认识车辆识别代号作用

车辆识别代号（VIN）不仅是标记和标志车辆的方法。它还有多种其他用途。

1）车辆管理：登记注册、信息化管理。

2）车辆检测：年检和排放检测。

机动车辆驾驶记录数据库记录有 VIN 的相关信息，比如车辆的检查时间、所有权变更时间。

3）车辆防盗：识别车辆和零部件，盗抢数据库。

VIN 有助于防止车辆被盗，因为它们增加了倒卖被盗车辆的难度。人们只要检查 VIN 就会发现汽车是否为被盗车辆。

4）车辆维修：诊断、电脑匹配、配件订购、客户关系管理。

5）二手车交易：查询车辆历史信息。

大部分人在考虑购买二手车时都会使用 VIN。在支付一定费用后，您可以在多种商业服务中输入 VIN 并查看 MVR 数据库中关于该汽车的信息。通过这些记录可以了解以下情况：这辆车的车主数量，最后一次车检时间，是否曾被归类为"瑕疵"汽车，是否是被盗车辆，是否出过重大事故（如翻车或落水）。好的机修师也能确定其中的很多问题。检查 VIN 还能发现汽车的里程表是否曾经被人为回滚过，或者是否被人为调快（达到仪表的最大里程数然后归零）。

6）汽车召回：年代、车型、批次和数量。

7）车辆保险：保险登记、理赔，浮动费率的信息查询。

【案例讨论】

VIN 诈骗

车辆识别代号 VIN 有助于防止车辆被盗，因为它们增加了倒卖被盗车辆的难度。但在很多方面，尤其在盗窃并出售赃车方面，汽车窃贼采用了很多方法来处理 VIN，使汽车购买者真假难辨，进而上当受骗，蒙受损失。下面是汽车窃贼的惯用伎俩，我们进行讨论，找出应对办法，对于汽车防盗有一定的意义。

1）拆下汽车的所有零件，然后将汽车丢弃。保险公司将整车注销后，通过拍卖将该车卖掉。窃贼然后以很低的价格购买此车，并很快使用原来的零件重新组装，然后通过合法渠道注册该车（包括 VIN）。

有些窃贼从合法车辆盗取 VIN 铭牌。车主通常并不会注意到这一点，谁又会定期检查自己的 VIN 呢？之后，窃贼将偷到的 VIN 铭牌安装到被盗车辆上。

2）从报废场购买报废车辆，然后使用该车的 VIN 铭牌。在很多情况下，如果有人进行检查，就会发现 VIN 可能与车辆的类型和生产年份并不完全匹配，但窃贼通常都能够找到非常相近的 VIN。由于大部分买家并不会检查 VIN，因此在大家对车辆产生怀疑之前，窃贼早已经脱手并逃之夭夭了。

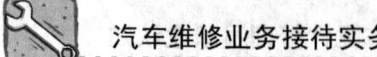

3）窃贼采用某种方式修改车辆识别代号 VIN。要修改 VIN 是非常困难的，VIN 蚀刻技术可提供进一步的保护。通过弱酸可将 VIN 蚀刻到风窗玻璃和汽车的其他窗户上。这就可以从多方面防盗。如果不更换风窗玻璃，窃贼将无法消除蚀刻的 VIN，而更换风窗玻璃非常贵，这会使得盗窃并倒卖变得无利可图。另外，窃贼还很难将蚀刻的 VIN 遮盖起来。这样，如果汽车失窃，警察只需查看车窗上蚀刻的 VIN 即可。有些汽车经销商和维修店也提供蚀刻服务，不过通常价格都较贵。

他们经常换掉 VIN，即用合法购买的另一辆车的 VIN 替换被盗车辆的 VIN。警察在查找赃车时使用 VIN 作为有效的身份证明，但窃贼通常会将仪表盘上的 VIN 遮住。如果没有搜查证，警察无法进入车内查看门槛上的 VIN 铭牌。

任务评价

任务编号		12	学时：	2 学时		学生姓名：		总分：	
类别	序号	评价项目	评价内容及要求		配分	学生自评	学生互评	教师评价	得分
职业素质评价	1	安全生产	遵守设备（含软件、教具）安全操作规程		10				
	2	文明生产	遵守实训室（教室）文明生产规则；纪律表现		10				
	3	个人礼仪	衣帽、发饰、仪态		10				
	4	团队合作	沟通交流、合作参与意识		10				
	5	任务执行	协作性、积极主动性；责任感、任务完成度		10				
岗位技能评价	6	车辆识别代号结构及含义	是否明确车辆识别代号结构及含义，完成任务实施情况如何		20				
	7	理解及运用知识能力	是否理解知识点，能运用知识点解决案例问题和思考训练		20				
	8	完成时间	是否按时完成各项任务		10				

注：按学生自评占 20%、学生互评占 30%、教师评价占 50% 计算总分。

思考与训练

1. 填空

（1）汽车通常由_____、_____、_____和_____四部分组成。

（2）车辆识别代号结构分为_____、_____和_____三部分，其简称用字母表示分别为_____、_____和_____。

（3）车辆识别代号的标记位置应尽量位于车辆的_____，易于看到且能防止_____。

2. 判断题

（1）车辆识别代号的第 10 位字码指示年份，每年都有一个代码字符，即车型年份，表示一定是实际生产的年份。（   ）

（2）车辆识别代号的第 3 位表示某个特定的制造厂，此号码由各制造厂自定。（   ）

（3）车辆识别代号 VIN 有助于防止车辆被盗。（   ）

3. 训练

某辆东风雪铁龙轿车 VIN 识别代号 LDC621L3880720413，上网查询该车的基本情况，请说出生产厂家、生产年份、出厂编号，并简述车辆识别代码的作用。

任务二 汽车配件认知

任务目标

1. 了解汽车配件分类，理解汽车配件编号；
2. 了解和掌握汽车常见易损件分类；
3. 掌握配件的鉴定方法。

任务描述

通过对汽车配件相关知识的学习讨论，对汽车配件的经营管理有着重要的作用，尤其对汽车配件的计划、采购、仓储具有十分重要的实际意义。

相关知识

关于汽车配件，有很多种不同的定义。通用的一种定义是在汽车服务企业中，把汽车的零部件和耗材统称为汽车配件。

一、汽车配件的特点

汽车配件作为商品，既具有普通商品的一般属性，也有一些独特的特点。

1. 品种繁多

只要是有一定规模的汽配商或汽修厂，其经营活动涉及的配件都很多，一般都有上万种，甚至几十万种。

2. 代用性复杂

很多配件可以在一定范围内代用，不同配件的代用性是不一样的。例如，轮胎、灯泡的代用性就很强，但是集成电路芯片、传感器等配件的代用性就不强。掌握汽车配件的代用性，也是管好汽车配件的首要条件。

3. 识别体系复杂

一般汽车配件都有原厂图号（或称原厂编号），而且通常经营者还会为其配件进行编号。

4. 价格变动快

由于整车的价格经常变动，所以汽车配件的价格变动就更加频繁。

二、汽车配件的标志

汽车配件的外包装包括分类标志、供货号、货号、品名规格、数量、重量、生产日期、有效期限、生产厂名、体积、收货地点和单位、发货地点和单位，以及运输号码等，这是为在物流过程中辨认货物而采用的必要标志，对管理收发货、入库及装车配船等环节起着特别重要的作用。

其中分类标志是表明汽车配件类别的特定符号，按照国家统计目录汽车配件分类，用几何图形和简单的文字来表明汽车配件的类别，作为收、发货之间据以识别的特定符号。汽车配件常用分类图示标志如图4-5所示。

　交电类标志　　　五金类标志　　　机械类标志　　　化工类标志

图4-5　汽车配件常用分类图示标志

三、汽车配件的分类

汽车配件分类的方法有很多，按标准化、用途、生产来源和实用性等方法分类。

1. 按标准化分类

汽车零部件总共分为发动机零部件、底盘零部件、车身及饰品零部件、电器电子产品和通用件共五大类。根据汽车的术语和定义，零部件包括总成、分总成、子总成、单元体和零件。

（1）总成　由数个零件、数个分总成或它们之间的任意组合而构成一定装配级别的并具有独立功能的汽车组合体。如发动机、变速器、转向器、前桥、后桥、车身、车架和驾驶室等，传动轴总成是由各种传动轴相关零件的组合体，能够实现动力传递。

（2）分总成　由两个或多个零件与子总成一起采用装配工序组合而成，对总成有隶属装配级别关系的部分就是分总成。

（3）子总成　由两个或多个零件经装配工序或组合加工而成，对分总成有隶属装配级别关系的部分就是子总成。

（4）单元体　由零部件之间的任意组合构成的具有某一功能特征的功能组合体，通常能在不同环境独立工作的部分就是单元体。

（5）零件　不采用装配工序制成的单一成品、单个制件，或由两个以上连在一起具有规定功能、通常不能再分解的（如含油轴承、电容器等外购小总成）制件就是零件。

2. 按用途分类

汽车配件按照用途可以分为：必装件、选装件、装饰件和消耗件四类。

（1）必装件　就是汽车正常行驶所必需的配件，如方向盘、发动机等。

（2）选装件　就是非汽车正常行驶必需的配件，但是可以由车主选择安装以提高汽车性能或功能的配件，如CD音响、氙气灯等。

（3）装饰件　又称精品件，是为了汽车的舒适和美观加配的配件，一般对汽车本身的行驶性能和功能影响不大，如香水、抱枕等。

（4）消耗件　是汽车使用过程中容易发生损耗、老旧，需要经常更换的配件，如润滑油、前风窗玻璃清洁剂、冷却液、制动液和刮水器等。

3. 按生产来源分类

汽车配件按照生产来源可以分为原厂件、副厂件与自制件三类。

（1）原厂件　是指与整车制造厂家配套的装配件，如纯牌零件是指通过汽车制造厂严格质量检验的零件，它们的性能和质量完全能够满足车辆要求。

（2）副厂件　指的是由专业配件厂家生产的，虽然不与整车制造厂配套安装在新车上，但是按照制造厂标准生产的，达到制造厂技术指标要求的配件。

（3）自制件　指的是配件厂家依据自己对汽车配件标准的理解，自行生产的配件，外观和使用效果与合格配件相似，但是其技术指标由配件制造厂自行保证，与整车制造厂无关。自制件是否合格，主要取决于配件厂家的生产技术水平和质量保障措施。

需要说明的是，不论副厂件，还是自制件都是必须达到指定标准水平的。这里说的原厂件、副厂件和自制件，都是合格的配件。那些不符合质量标准的所谓"副厂"配件，不属于上述范畴。

另外，汽车配件按照使用周期和库存要求可以分为常备件和非常备件，或者快流件、中流件和慢流件。

汽车配件按照材质可以分为金属配件、电子配件、塑料配件、橡胶配件和组合配件等。

汽车配件按照供销关系可以分为滞销配件、畅销配件和脱销配件等。

4. 按实用性分类

根据我国汽车配件市场供应的实用性原则，汽车零配件分为标准件、车身覆盖件、保安件与易损件四类。

（1）标准件　按国家标准设计与制造，对同一种零件统一其形状、尺寸、公差、技术要求，能通用在各种仪器、设备上，并具有互换性的零件称为标准件，例如螺栓、垫圈、键、销等。其中适用于汽车的标准件，称为汽车标准件。

（2）车身覆盖件　为使乘员及部分重要总成不受外界环境的干扰，并具有一定的空气动力学特性的、构成汽车表面的板件，如发动机罩、翼子板、散热器罩、车顶板、门板、行李箱盖等均属于车身覆盖件。

（3）保安件　汽车上不易损坏的零部件称为保安件，如曲轴起动爪、正时齿轮、扭转减振器、凸轮轴、汽油箱、汽油滤清器总成、调速器、机油滤清器总成、离合器压盘及盖总成、变速器壳体及上盖、操纵杆、转向节、转向摇臂和转向节臂等。

（4）易损件　在对汽车进行二级维护、总成大修和整车大修时，易损坏且消耗量大的零部件称为易损件。

汽车维修业务接待实务

任务实施

了解和掌握汽车常见易损配件,对汽车配件的经营管理有着重要的作用,尤其对汽车配件的计划、采购、仓储具有十分重要的实际意义。

请同学们到发动机、底盘等实训室,结合所学汽车专业知识,讨论常见的汽车易损件种类,了解并掌握汽车易损件的特点。

汽车常见易损件种类

1. 汽车发动机常见易损件

1)气缸体。
2)气缸套。
3)气缸盖。
4)气缸盖衬垫。消耗量较大,通常作为随车主要维修备用品。
5)气缸盖罩盖。易于变形翘曲。
6)活塞。常见故障大多为自然磨损。
7)活塞环。常见故障有因活塞拉缸被折断、自然磨损、弹性衰减等,造成漏气、漏油。
8)活塞销。
9)活塞销衬套。
10)曲轴。
11)连杆。
12)连杆轴承与曲轴轴承。
13)飞轮总成。
14)气门。
15)气门导管。
16)气门弹簧。
17)气门座圈。
18)气门挺杆。
19)气门推杆。
20)气门摇臂。
21)凸轮轴。
22)凸轮轴正时齿轮。
23)正时链条。
24)进、排气歧管总成。
25)排气管、消声器及衬垫都是易耗件。
26)机油泵。
27)机油集滤器。
28)机油滤清器。
29)机械式汽油泵。

30）汽油滤清器。

31）空气滤清器。

32）散热器。

33）节温器。

34）水泵。

35）风扇传动带。

2. 汽车底盘常见易损件

1）离合器总成。

2）离合器从动盘总成。

3）机械式离合器传动操纵机构中的易损零件有分离叉、踏板拉杆、分离轴承及轴承座、复位弹簧等。

4）液压传动式离合器传动操纵机构中的常见损坏为离合器主缸和轮缸的活塞、活塞皮碗、密封圈磨损及橡胶老化、双向阀损坏、缸筒磨损等。

5）变速器。

6）传动轴。

7）万向节。

8）主、从动锥齿轮。

9）半轴。

10）前轴。

11）转向节。

12）转向节主销和衬套易于磨损，损耗量较多。

13）轮毂。

14）轮毂螺栓及螺母。

15）钢板弹簧。

16）钢板弹簧衬套。

17）螺旋弹簧。

18）减振器和减振器胶套、缓冲胶垫。

19）方向盘。

20）动力转向装置。

21）纵拉杆与横拉杆的球销、球销座、弹簧座、弹簧、防尘罩等。

22）液压制动主缸和轮缸。

23）液压制动软管。

24）空气压缩机（气压制动系统）。

25）气压制动软管。

26）前、后制动片。

27）轿车前轮盘式制动器的摩擦片。

28）离合器拉索、节气门拉索。

29）油封。

30）滚动轴承。

31）汽车轮胎。

3. 车身常见易损件

1）纵梁常见故障和损坏现象为纵梁弯曲变形和裂缝，主要是汽车过载或受到强大的冲击负荷而损坏，以及在行年事故中的碰撞变形、损坏等。

2）驾驶室的常见故障和损坏现象为钣金蒙皮锈蚀、碰撞变形、车门碰撞变形、玻璃破碎、玻璃升降器损坏、门锁损坏等。

3）翼子板、托架及前后轮挡泥板的损坏现象为碰撞损坏、振动裂缝、泥水锈蚀等。

4）保险杠、牌照板、车外后视镜常因碰撞而损坏。

5）装饰条、车门槛嵌条、杂物盒、烟灰缸、杂物箱、立柱饰板均属易损件。

4. 汽车电器和仪表常见易损件

1）发电机。

2）起动机。

3）蓄电池。

4）点火线圈。

5）有触点分电器。

6）无触点分电器；磁感应式点火信号发生器；霍尔式点火信号发生器；光电式点火信号发生器。

7）火花塞。

8）电热塞为柴油发动机易损件。

9）低、高压线。

10）汽车灯具（前照灯、制动灯、转向灯、尾灯等）和灯泡。

11）灯光继电器、喇叭继电器、电动机继电器、空调继电器、组合继电器。

12）温度开关、倒车灯开关、转向组合开关等。

13）刮水器。

14）风扇传动带。

15）喇叭。

16）电流表、温度表、机油压力表、燃油表及其传感器。

除了上述分类方法外，每一个国际大型整车制造厂，也都有自己的零配件分类方法。总之，汽车配件的分类方法非常繁多，在此无法全部列举。

任务拓展

汽车配件的编号规则

理解和识别汽车配件的编号规则，对于做好汽车配件的检索、流通和供应，有着十分重要的意义。

1. 国产汽车配件的原厂编号

为便于对汽车配件的检索、流通和供应，我国汽车行业有《汽车零部件编号规则》（QC/T 265—2004）。它把汽车零部件分为 64 个大组，规定完整的汽车零部件编号表达式由企业名称代号、组号、分组号、源码、零部件顺序号和变更代号构成。汽车零部件的编号表达式如图 4-6 所示，根据其隶属关系可按下列 3 种方式进行选择，其中的代码使用规则如下：

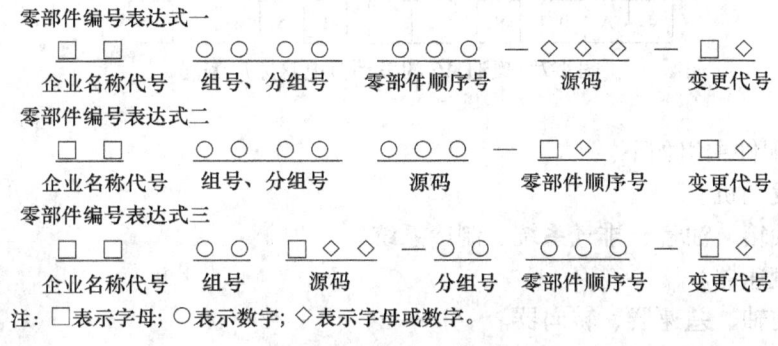

图 4-6 汽车零部件的编号表达式

（1）企业名称代号　由 2 位或 3 位汉语拼音字母表示。
（2）源码　用 3 位字母、数字或字母与数字混合表示，描述设计来源、车型系列和产品系列，由生产企业自定。
（3）组号　用两位数字表示汽车各功能系统分类代号，按顺序排列。
（4）分组号　用 4 位数字表示各功能系统内分系统的分类顺序代号，按顺序排列。
（5）零部件顺序号　用 3 位数字表示功能系统内总成、分总成、子总成、单元体零件等顺序代号。
（6）变更代号　由两位字母、数字或字母与数字混合组成，由生产企业自定。

通常，整车制造厂都会对制造汽车所用的配件进行统一编码，编码的规定各不相同，但都有相对固定的规则。这些固定的编码统称原厂编码，由英文字母和数字组成，每一个字符都有特定的含义。

2. 汽车零部件编号中组号和分组号的编制

汽车零部件编号共有 64 个组号，例如前 10 组的分组情况如下：
（1）组 10　发动机，分组：1000～1030。
（2）组 11　供给系，分组：1100～1156。
（3）组 12　排气系，分组：1200～1209。
（4）组 13　冷却系，分组：1300～1314。
（5）组 15　自动液力变速器，分组：1500～1508。
（6）组 16　离合器，分组：1600～1609。
（7）组 17　变速器，分组：1700～1722。
（8）组 18　分动器，分组：1800～1807。
（9）组 20　超速器，分组：2000～2004。
（10）组 21　电动汽车驱动系统，分组：2100～2151。

3. 国外几个常见车系的编码

（1）奥迪车系　奥迪车系的配件编码一般是一个 10 位的字符串，可以使用英文字母或阿拉伯数字，其分段规则是 3-1-2-3-1。例如，奥迪 A6 的一款发动机电脑原厂编码如图 4-7 所示。

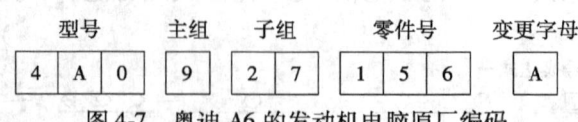

图 4-7 奥迪 A6 的发动机电脑原厂编码

奥迪汽车配件主组如下。

主组1：发动机。
主组2：油箱、油管、排气系统、制冷系统。
主组3：变速器。
主组4：前轴、差速器、转向器。
主组5：后桥。
主组6：车轮、制动系统。
主组7：手操纵系统、脚踏板系统。
主组8：车身。
主组9：电器。
主组0：附件。

（2）奔驰车系　奔驰车系的配件分为基本件、电器件、辅助件和装饰件。

1）基本件：由10位阿拉伯数字组成，分为4段，格式是3-3-2-2。例如，奔驰车的某种弹簧的原厂编码如图4-8所示。

2）电器件：由10位阿拉伯数字组成，分为4段，格式是3-3-2-2。其中，首位为"0"。例如，奔驰车的一种开关的原厂编码如图4-9所示。

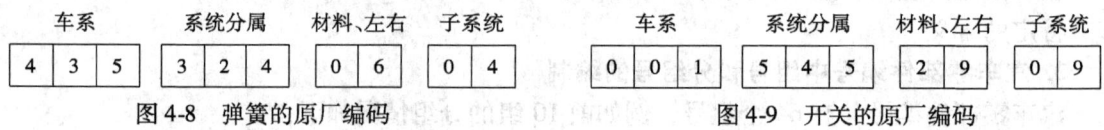

图 4-8　弹簧的原厂编码　　　　图 4-9　开关的原厂编码

3）辅助件：由12位阿拉伯数字组成，分为4段，格式是6-2-2-2。其中，前3位数字都为"0"，代表辅助件（包括螺钉等标准件）。例如，奔驰车的某种垫片的原厂编码如图4-10所示。

4）选装件：由9位字符组成，其中第一位是"B"，后8位为阿拉伯数字，如图4-11所示。

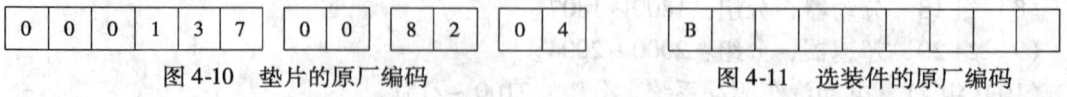

图 4-10　垫片的原厂编码　　　　图 4-11　选装件的原厂编码

（3）日产车系　日产车系的配件编码一般由10位字符组成，可以是英文字母或阿拉伯数字。格式是5-2-3，其中最前两位字符代表类别。例如，日产车 FS2 的某种前纵梁螺钉的原厂编码如图4-12所示。

（4）丰田车系　丰田车系的配件分为普通件、单一件、半总成件、组件、修理包和专用工具等几大类。

以普通件为例，它的编码有12位，分为3段，是5-5-2结构。其中第一段的5位字符是基本编号，表示配件的种类。第二段的5位字符是设计和变更编号，表示发动机类型和汽车型号。第三段的两位字符是附加编号，表示配件的颜色和其他属性。例如，丰田车的某种室内镜的原厂编码如图4-13所示。

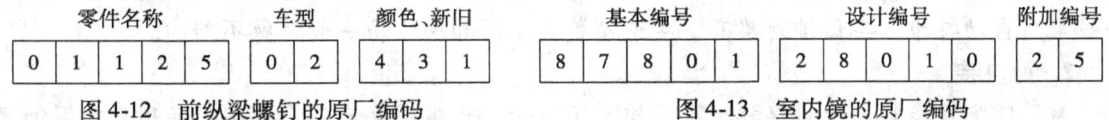

图4-12　前纵梁螺钉的原厂编码　　　　图4-13　室内镜的原厂编码

4. 汽车配件的自编号

大多数汽车配件确实有原厂编号，而且这个编码在一定程度上可以作为配件的识别符号，这个识别体系一般来说能够得到行业内人士的普遍认可。但是，由于配件可以分为原厂件、副厂件、自制件，也可以分为新配件、旧配件，就算两种配件原厂编码相同，性能、产地、价值也不见得相同，更不见得就是同一种商品，所以原厂编码并没有唯一性。在企业的经营管理中，必须为配件进行自编号工作。

在汽车服务企业经营的汽车配件中，原厂编码可以重复，但是自编号却不能重复。

下面介绍几种常见的配件自编号规则。

（1）分类顺序法　这种编号方法是在自然顺序法的编号规则上变通而来的，就是把配件分类，然后对每一类按照顺序进行编号。这样，配件编号就分为两段，前段表示配件的类别，后段表示配件的序号。

（2）原厂编码加注法　这种编号方法是在原厂编码的基础上发展而来的，就是在汽车配件原厂编码的基础上增加前缀或后缀（通常是后缀），用以表示不同的配件。这样，配件编号就分为两段，前一段是配件的原厂编码，后一段则被经营企业赋予特定的含义，如产地、新旧和批次等。

（3）车型分类加注法　这种分类方法是把经营的配件按照车系、车型分类，也可以进一步根据系统、子系统进一步细分，然后在分类的后面加上序号和注释内容。

（4）货位序号法　这种编号方法是基于库房管理的货位编号生成的，就是首先对仓库的货位进行分类编号，给每一种配件规定固定的放置位置，相似的配件往往放在相邻的位置，然后根据货位的不同，给不同配件赋予相应的编号。

【案例讨论】

汽车配件质量的鉴别

汽车配件涉及的车型多，品种规格复杂，仅一种车型的配件品种就不下数千种。汽车维修企业和配件经营企业一般没有完备的检测手段，但只要我们熟悉汽车结构以及制造工艺和材质等方面的知识，正确运用检验标准，凭借积累的经验和一些简单的检测方法，也能识别配件的优劣。

常用的识别方法,归纳为"五看"、"四法"。

一、五看

1. 看商标

要认真查看商标,上面的厂名、厂址、等级和防伪标记是否真实。因为对有短期行为的仿冒制假者来说,防伪标志的制作不是一件容易的事,需要一笔不小的支出。另外在商品制作上,正规的厂商在零配件表面有硬印和化学印记,注明了零件的编号、型号、出厂日期,一般采用自动打印,字母排列整齐,字迹清楚,小厂和小作坊一般是做不到的。

2. 看包装

为了使配件能较长时间存放、不变质、不锈蚀,正规的生产厂家,在产品出厂前用低度酸性油脂涂抹,包装盒的要求也十分严格,要求无酸性物质,不产生化学反应,有的采用硬型透明塑料抽真空包装。箱、盒大都采用防伪标记,常用的有激光、条码、暗印等。

3. 看文件资料

首先要查看汽车配件的产品说明书,一般来说,每个配件都应配一份产品说明书(有的厂家配用户须知)。如果交易量相当大,还必须查询技术鉴定资料,进口配件还要查询海关进口报关资料。国家规定,进口商品应配有中文说明,一些假冒进口配件一般没有中文说明,且包装上的外文,有的文法不通,甚至写错单词,一看便能分辨真伪。

4. 看表面处理

鉴别金属机械配件,可以查看表面处理。所谓表面处理,即电镀工艺、油漆工艺、电焊工艺、高频热处理工艺。国际和国内的名牌大厂在利用先进工艺上投入的资金是很大的,特别对后道工艺更为重视,投入资金少则几百万元,多则上千万元。一些制造假冒伪劣产品的小工厂和手工作坊有一个共同特点,就是采取低投入掠夺式的短期经营行为,很少在产品的后道工艺上投入技术和资金,而且也没有这样的资金投入能力。

5. 看非使用面的表面伤痕

从汽车配件非使用面的伤痕,也可以分辨是正规厂生产的产品,高质量的产品由很高的工艺装备系数作保障,所以高水平工厂的产品是不可能在中间工艺过程中互相碰撞的。以此推断,凡在产品不接触面留下伤痕的产品,肯定是小厂、小作坊生产的劣质品。

二、四法

1. 检视法

从以下八个方面检视:①表面硬度是否达标。②结合部位是否平整。③几何尺寸有无变形。④总成部件有无缺件。⑤转动部件是否灵活。⑥装配记号是否清晰。⑦接合零件有无松动。由两个或两个以上的零件组合成的配件,若松动应予以调换。⑧配合表面有无磨损。

2. 敲击法

判定零件是否有裂纹、松动或结合不良时,可用小锤轻轻敲击并听其声音。如发出清脆的金属声音,说明零件状况良好。浸油锤击是一种探测零件隐蔽裂纹最简便的方法。

3. 比较法

用标准零件与被检测零件做比较,从中鉴别被检测零件的技术状况。

4. 测量法

（1）检查结合平面的翘曲　检查时应按照纵向、横向、斜向等各方向测量。

（2）检查轴类零件

1）检查弯曲。用指示表测量。

2）测量曲轴轴颈尺寸的误差。一般用外径千分尺测量，除测量外径，还需测量其圆度和圆柱度。

（3）检验滚动轴承的轴向间隙和径向间隙　用指示表测量。如图 4-14 所示，将轴承外座圈放置在两垫块上，并使内座圈悬空，再在内座圈上放一块小平板，将指示表触针抵在平板的中央，然后上下推动内座圈，指示表指示的最大值与最小值之差，即是它的轴向间隙。轴向间隙的最大允许值为 0.20~0.25mm。

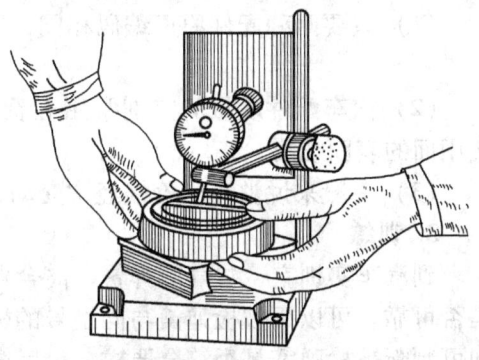

图 4-14　测量轴承轴向间隙

（4）检验螺旋弹簧　弹簧弹力的大小可用弹簧试验器检测，弹簧歪斜可用直角尺检查。

任务评价

类别	序号	评价项目	评价内容及要求	配分	学生自评	学生互评	教师评价	得分
任务编号	13	学时：2学时			学生姓名：		总分：	
职业素质评价	1	安全生产	遵守设备（含零件、教具等）安全操作规程	10				
	2	文明生产	遵守实训室（教室）文明生产规则；纪律表现	10				
	3	个人礼仪	衣帽、发饰、体态语音	10				
	4	团队合作	沟通交流、合作参与意识	10				
	5	任务执行	协作性、积极主动性；责任感、任务完成度	10				
岗位技能评价	6	常见的汽车易损件种类	是否认识汽车易损件的种类	20				
	7	运用知识能力	是否能够理解配件编号，分析案例问题，完成思考训练题	15				
	8	完成时间	是否按时完成各项任务	15				

注：按学生自评占20%、学生互评占30%、教师评价占50%计算总分。

思考与训练

1. 填空

（1）关于汽车配件的定义，一般把汽车的_____和_____统称为汽车配件。

 汽车维修业务接待实务

（2）汽车配件按照生产来源可以分为_____、_____与_____三类。

2. 判断题

（1）只要两种配件原厂编码相同，则其性能、产地、价值相同，是同一种商品。
（　　）

（2）汽车配件质量的鉴别常用五看：看商标、看包装、看文件资料、看表面处理和看使用面的表面伤痕。（　　）

（3）一般来说整车的价格经常变动，所以汽车配件的价格变动就更加频繁。（　　）

3. 训练

到汽车实训室，拿气门弹簧、离合器弹簧、制动主缸弹簧等，用比较法检查配件的质量是否可靠。可以用被检弹簧与同型号的标准弹簧（最好用纯正部品，即正厂件）比较长短，即可判断被检弹簧是否符合要求。最后简单说说汽车配件质量的常用鉴别方法。

任务三　汽车配件管理

 任务目标

1. 了解配件管理流程；
2. 学会编制配件位置码、配件自编码；
3. 熟悉库存配件的盘存、堆码与养护。

 任务描述

汽车维修管理人员必须认识到汽车配件管理有着非常重要的作用：提供维修服务所需要的配件是优质服务的基础，保持既满足维修需求而又不过高的库存量是提高企业运作效率的关键之一；将必要的配件在用户需要时以适宜的价格用可靠的质量提供给用户，使用户高高兴兴地购买，这是配件管理的最终目标。

车辆维修企业的零配件管理，可分为汽车配件的采购管理和仓库管理，其中仓库管理包括配件仓库的规划、货物存放定位、汽车配件的盘存、库存汽车配件数量的管理、库存分析、配件的发货管理和汽车配件养护等。

 相关知识

在车辆维修企业中常遇到关于配件的问题，如：

某些配件仓库有存货，但还是要出去购买；

仓库中总是没有需要的配件；

电脑里标示有存货的配件，在仓库里却找不到；

配件供货不及时，影响维修进度；

管理人员总在怀疑采购人员有违章行为；

……

如果经常发生这些情况，企业运作效率可想而知。通过提高客户满意度来提高营业收入只能成为空谈，因此，做好配件管理是非常重要的。

一、汽车配件管理流程

1. 汽车配件管理的一般流程

备料→审批→询价→比价→请款→采购→入库→存货→发货→盘点

2. 管理要点

（1）备料管理——准确迅速

1）维修人员要做到一次拆检到位，一次填写配件购买申请单，否则一台车多次拆检，多次采购，除了浪费人力物力外，维修周期变长，也增加了客户的不满。

2）业务人员素质要高，要精通配件的业务知识，配件申购单应填写准确无误——特别是车型、年款、车架号、发动机号等。若有零件编号最好能填写编号，对于有些车型分辨不清的车辆可以考虑用电子邮件或传真的方式将所需配件的图片发给供应商，以便对方辨认，达到一次采购成功的目的。

（2）采购环节的管理　配件采购管理的目标是配件采购有计划、高品质、高速度，高素质的采购员是实现目标的关键。

（3）零配件质量管理　零配件质量好坏关系到维修质量，企业的信誉。零配件质量管理要重点抓好三个环节：

1）采购环节——控制零配件来源。

2）入库检验环节——仓管人员检查。

3）装配检验环节——维修人员检查。

要杜绝假货、伪劣产品入库，就要提高采购人员、仓管人员、维修人员的工作责任感、诚信做人的品德、零配件业务素质。

（4）零配件的计划管理　零配件的计划管理关系到企业的资金周转效益和车辆的维修服务速度。零配件计划管理的关键是从企业实际出发制定出准确合理的仓库安全储备计划。

（5）零配件的进出库管理　仓库管理工作包括四个方面：零配件入库验收工作；零配件的定位存放工作；零配件的出库发料工作；仓库建账统计核算工作。

（6）相关单证的使用　单证的使用是完善管理的重要一环，它使得管理过程有据可查，是减少人为漏洞、增强工作人员责任心的有效办法；是零配件统计的第一手资料。所以应做好单证使用及收集整理工作。

二、汽车配件的采购管理

配件的采购管理包括选择与鉴别货源、确定进货点与进货量与汽车配件的验收入库等三方面的工作。

1. 选择与鉴别货源

假冒零件多是一些三无产品，有的是从旧车报废件上拆下来的，以次充好，进入市场销售。有的车灯是再生塑料制造的,灯卡子用手一掰就掉了;有的制动液含有大量水分;有的部件甚至是经过翻新处理的旧件。假冒不仅限于灯具、空气滤清器、机油滤清器和汽油滤清器、汽车装饰件等易损耗零件,一些对汽车性能与行车安全有重要影响的部件(如制动蹄片、离合器、转向拉杆等)也有假冒。假冒配件可靠性差,使用寿命短,安全系数低,危害很大。

知识卡

树立使用正厂配件的观念

1. 使用正厂配件的好处:

缩短维修工期;

保证维修质量;

售后三包保证;

减少客户投诉;

增加企业收益;

树立企业品牌形象。

2. 为保护企业利益,当用户自己强调要使用副厂配件时,若与安全无关,企业应在维修工单或结算单上注明某配件为副厂件,并请客户在相关单证上签字。

防止假冒除了看标志、中文说明、配件质量,即看包装上有无商标、厂址、等级、中文说明和防伪标志,是否真实,做工是否粗制滥造,偷工减料。最重要的是别贪图便宜,因假冒配件在材料生产、流通税收等方面成本较低,因而价格较正品便宜,有的悬殊巨大,制造者及经销者也正是以此手段来吸引顾客上钩。

2. 进货,确定进货点与进货量

目前汽车配件企业选择进货时间采用进货点法。控制进货量是汽车配件企业确定每次进货数量的业务活动。

1)确定进货点一般要考虑三个因素:①进货期时间。进货期时间是指从汽车配件采购到做好销售准备时的间隔时间;②平均销售量。平均销售量是指每天平均销售数量;③安全存量。安全存量是为了防止产、销情况变化而增加的额外储存天数。按照以上因素,企业可以根据不同情况确定不同的进货计算方法。

算一算

进货点计算方法

①在销售和进货期时间固定不变的情况下,进货点的计算公式如下:

进货点 = 日平均销售量 × 进货期时间

例:高骏汽车修理厂近两个月来,轴承的每天平均销量为50件,从向厂方订货到收到货物并做好销售准备,大约需要15天,则该修理厂的轴承进货点是多少?

进货点 = 50 × 15 = 750(件),即当汽车轴承库存下降到750件时就组织进货。

②在销售和进货期时间有变化的情况下,进货点的计算公式如下:

进货点 =(平均销售量 × 进货期)+ 安全存量

进货点可以根据库存量来控制,当库存汽车配件下降到进货点时就组织进货。

2)汽车配件企业进货不能单考虑节约哪一项费用,必须从经济角度考虑,综合分析,以销定进。进货量的控制方法有定性分析法和定量计算法两种,而定量计算法又有经济批量法和费用平衡法。

3. 采购管理应用：ABC 分类法

ABC 分类法用来指导对复杂的采购行为进行简单的规划和管理。这种方法在汽车配件的供应管理上,具有很强的实用性。

(1) 原理 以操作实例简单讲述 ABC 分类法的应用。按照配件的价格和数量,把常见的配件分为以下 3 类,如图 4-15 所示。

1)A 类配件：占配件种类的 10% 左右,金额占总金额的 65% 左右。

2)B 类配件：占配件种类的 25% 左右,金额占总金额的 25% 左右。

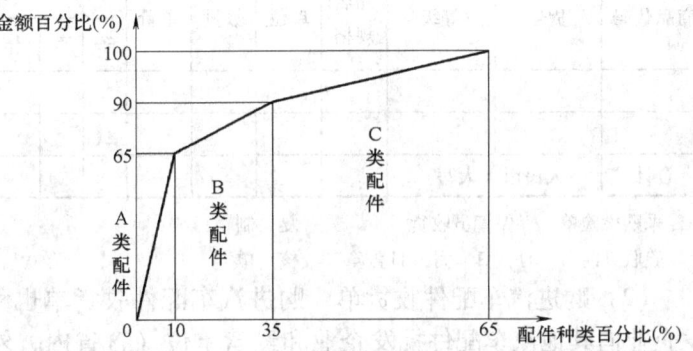

图 4-15　ABC 分类图示

3)C 类配件：占配件种类的 65% 左右,金额占总金额的 10% 左右。

显然,这 3 类配件具有如下特点。

1)A 类配件：种类少、金额高。

2)C 类配件：品种多、金额少。

3)B 类配件：介于 A 类与 C 类之间。

(2) 操作步骤

1)配件的资料统计。将每一种配件上一时间段的用量、单价和金额进行制表。

2)按照金额大小进行排序,计算每种配件占配件总金额的百分比。

3)按照金额大小顺序计算每一种配件的累计百分比。

4)根据累计百分比绘制 ABC 分析表。

5)进行 ABC 配件分类。

在制订采购计划时,应该从 C 类配件入手,如机油、三滤等,这类配件需求量大,容易找到消耗的数量规律。在完善 C 类配件的采购计划的基础上,逐步制订 B 类配件的采购计划,由于 B 类配件的数量规律往往波动较大,所以没有办法全部严格定量计划,但是我们可以制订一个大致的计划。对于 A 类配件,一般不制订采购计划,而是按照需要随时订货。需要补充强调的是,制订采购计划时,还需要考虑配件的到货时间和付款条件。

4. 填写与使用进货凭证

汽车配件的进货一般有向汽车配件生产企业进货和向其他批发企业进货两种,据此进货凭证也分为采购汽车配件收货单、购进汽车配件收货单两类。

(1) 采购汽车配件收货单 采购汽车配件收货单是汽车配件批发企业向汽车配件生产企业采购配件时,由企业采购人员按汽车配件生产企业开出的销货发票而填制的凭证,一式

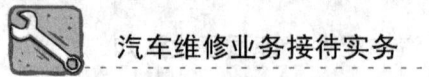

八联。凭证表格见表4-2。

表4-2 ××××批发企业采购汽车配件收货单

No：00000.1

厂名_____ 年 月 日 货位_____ ……区……排

单位代码								金　　额									包装件数	一存查联
商品代码	货号	等级	品名规格	单位	数量	单价	千	百	十	万	千	百	十	元	角	分		
合计	人民币（大写）																	

采购检验单　　保管员收货　　　复　制
验收日期　月　日　月　日盖章　　核　单

（2）购进汽车配件收货单　购进汽车配件收货单也称汽车配件调入单，是汽车配件批发企业向其他汽车配件批发企业和经营单位（含省内、外）购进汽车配件时填写的自制执行凭证。它是根据供货单位随货同行单或银行转来的托收货款的销货发票填制的。

购进汽车配件收货单的格式与联数都比采购汽车配件收货单简单，一般只有三、四联。格式见表4-3。

表4-3 ××××批发企业购进汽车配件收货单

发货单位_____　　　　　　　　　　　开单日期　年　月　日
收货仓库_____（　）季度合同号码_____　收货日期　年　月　日

购进单号码	货号	品名规格	单位	数量	单价	金　　额								当日当地批发牌价
						十	万	千	百	十	元	角	分	

制　单

件数	重量

货位……（　）……区……排……号

5. 汽车配件的验收入库

汽车配件入库的工作程序，可分为汽车配件入库前的准备工作和接收汽车配件入库工作两部分。

（1）汽车配件入库前的准备工作　汽车配件入库前的准备工作是保证汽车配件准确入库的重要条件，也是汽车配件及时入库的有效措施。要求保管员经常了解汽车配件进货情况，掌握汽车配件的到达时间、地点、品种和数量等，做到心中有数，合理安排汽车配件入库；根据入库汽车配件的性能，合理存放；做好接收、搬运、验收、堆码人员等组织安排工

模块四　汽车配件管理员职业认知

作；准备好收货用的装卸搬运机具、苫垫用品、检验工具、劳动防护用品等器具。

（2）汽车配件入库工作　通常按下列步骤进行：

1）核对凭证。汽车配件运到后，仓库的收货人员首先要检验汽车配件入库凭证，然后按照汽车配件入库凭证开列的收货单位、货物名称、规格数量等具体内容，与汽车配件各项标志进行核对。经复核无误后可进入下一步。

2）大数点收。大数点收是按照汽车配件的大件包装（即运输包装）进行数量清点。方法有两种：一种是逐件点数计总，一种是集中堆码点数。无论取哪种方法，都必须做到准确无误。

3）检查包装。在大数点收的同时，对每件汽车配件的包装和标志都要认真查看。检查包装是否完整，牢固，受潮、水渍、油污、有无破损等，确保汽车配件入库储存安全。

4）办理交接手续。入库汽车配件经上述三个步骤，就可以与送货人员办理交接手续。由仓库收货人员在送货单上签收，从而分清仓库与运输部门之间的责任。

5）汽车配件验收。汽车配件入库后，要根据有关业务部门的要求，及本库必抽验入库汽车配件的规定，进行开箱、拆包点验，汽车配件验收的内容包括两个方面，一是质量验收；二是数量品种验收。其验收的依据主要是进货发票。另外进货合同、运货单、装箱单等都可以作为汽车配件验收的参考依据。

6）办理汽车配件入库手续。汽车配件验收无误后，由汽车配件验收人员或保管员在汽车配件入库凭证上盖章签收，仓库留下汽车配件入库保管联单，并注明汽车配件存放的库房、货位，以便统计、记账。其余入库单各联退送业务部门，作为正式收货的凭证。

汽车配件入库手续办理完毕后，汽车配件计账员或保管员根据汽车配件入库单，将有关项目登入汽车配件保管账。仓库的保管账必须正确反映汽车配件进、出和结存数，在库汽车配件的货位编号应在账上注明，以便核对账货和发货时查考。

7）汽车配件入库中发生问题及处理。在汽车配件入库验收中发现的数量、质量或包装的问题，都应按规定如实做好记录，交接双方或有关人员签字负责，然后根据情况分别处理。

如果在接货时发现的质量问包括汽车配件异状、残损、变质等情况题，应会同交通运输部门清查点验，并由运方编制商务记录或出具证明书，以便按章索赔。如确认责任不在运输部门，也应作出普通记录，以便作为向供货单位联系处理的依据。

三、汽车配件的仓库管理

在社会化大生产和社会分工的条件下，物资在从生产领域向消费领域转移的过程中，一般都有储存阶段。仓库是用来储存和保管物资的场所，仓库管理就是对储存物资的合理保管和科学管理。

汽车配件的仓库管理一般包括：仓库的规划、货物存放定位、配件数量的管理、配件的盘存、库存分析、配件的发货管理与复核、配件养护等工作。

1. 汽车配件仓库管理的作用

配件仓库是汽车配件经营服务的物资基地，仓库管理也是企业管理的重要组成部分。仓库管理主要作用是：

（1）仓库管理是保证汽车配件使用价值的重要手段　汽车配件经营企业的仓库是服务于用户，为本企业创造经济效益的物资基地。仓库管理的好坏，是汽车配件能否保持使用价值的关键之一。如果严格地按照规定加强对配件的科学管理，就能保持其原有的使用价值，否则，就会造成配件的锈蚀、霉变或残损，使其部分甚至是全部失去使用价值。所以加强仓库的科学管理，提高保管质量，是保证所储存的汽车配件价值的重要手段。

（2）仓库管理是汽车配件经营企业为用户服务的一个重要内容　汽车配件经营企业在为用户服务的过程中，最后一道工序就是要通过仓库管理员，将用户所需各种类型的配件交给用户，满足用户的需求，以实现企业服务用户的宗旨。

2. 仓库管理的任务

仓库管理的基本任务，就是搞好汽车配件的进库、保管和出库，在具体工作中，要求做到保质、保量、及时、低耗、安全的完成仓库工作的各项任务，并节省保管费用。

（1）保质　保质就是要保持库存配件原有的使用价值，为此，必须加强仓库的科学管理。在配件入库和出库的过程中，要严格把关，凡是质量问题或其包装不合规定的，一律不准入库和出库；对库存配件，要进行定期检查和抽查，凡是需要进行保养的配件，一定要及时进行保养，以保证库存配件的质量随时都处于良好状态。

（2）保量　指仓库保管按照科学的储存原则，实现最大的库存量。在汽车配件保管过程中，变动因素较多，比如配件的型号、规格、品种繁多，批次不同，数量不一，长短不齐，包装有好有坏，进出频繁且不均衡，性能不同的配件的保管要求不一致等，这就要求仓库管理员进行科学合理的规划，充分利用有限的空间，提高仓库容量的利用率。

同时要加强对配件的动态管理，对库存配件一定要坚持"有动必对，日清月结"，定期盘存，认真查实，随时做到库存配件账、卡、物三相符。

（3）及时　在保证工作质量的前提下，汽车配件在入库和出库的各个环节中，都要体现一个"快"字。如入库验收过程中，要加快接货、验收、入库的速度。对一切繁琐的、可要可不要的手续要尽量简化，要千方百计压缩配件和单据在库的停留时间，加快资金周转，提高经济效益。

（4）低耗　指配件在保管期间的损耗降到最低限度。配件入库前，严格进行入库验收把关，剔除残次品，发现数量短缺，并做好验收记录，明确损耗或短缺责任，以便为降低保管期间的配件损耗或短缺创造条件。入库后，要采取有效措施，如装卸搬运作业时，要防止野蛮装卸，爱护包装，包装损坏了要尽量维修或者更换；正确堆码苫垫，合理选择垛型及堆码高度，防止压力不均倒垛或挤压坏产品及包装。对上架产品，要正确选择货架及货位。散失产品能回收尽量回收，以减少损失，千方百计降低库存损耗。同时要制定各种产品保管损耗定额，限制超定额损耗，把保管期间的损耗减低到最低限度。

（5）安全　指做好防火、防盗、防霉变残损以及防工伤事故，防自然灾害等工作，确保配件、设备和人身安全。

（6）节省费用　指节省配件的进库费、保管费、出库费等成本。为达到这些目的，必须加强仓库的科学管理，挖掘现有仓库和设备的潜力，提高劳动生产率，把仓库的一切费用成本降到最低水平。

3. 配件仓库的规划

（1）配件仓库规划的原则

1）有效利用有限的空间。

①根据库房大小及库存量，按大、中、小型及长型进行分类放置，以便于节省空间。

②用木箱或纸盒来保存中、小型配件。
③将不常用的配件放在一起保管。
④留出用于新车型配件的空间。
⑤无用的配件要及时报废。
2）防止出库时发生错误。
①将配件号完全相同的配件放在同一盒内。
②外观接近的不同配件最好分开存放，以免混淆。
③不要将配件放在过道上或货架的顶上。
3）保证配件的质量。
①保持清洁。
②避免高温、潮湿。
③避免阳光直射。
④禁止吸烟，仓库必须放置灭火器。

（2）汽车配件的分区分类　配件分区分类的确定，要贯彻"安全、方便、节约"的原则，在配件性质、养护措施、消防措施基本一致的前提下进行统一规划。

1）分区分类的方法。汽车配件分区分类，大体有以下两种情况：
①按品种系列分类，集中存放。例如存储发动机配件的叫发动机仓库（区）；存储通用汽车配件的叫通用件仓库（区）。
②按车型系列分库存放。例如国产汽车配件仓库（区）、进口汽车配件仓库（区）等。

2）分区分类应注意的事项。
①按汽车配件性质和仓库设备条件安排分区分类。
②性质相近和有消费连带关系的汽车配件，要尽量安排在一起存储。
③互有影响，不易混存的汽车配件，一定要隔离存放。
④出入库频繁的汽车配件，要放在靠近库门处；粗、重、长、大的汽车配件，不宜放在库房深处；易碎配件要注意存放处的安全。
⑤消防灭火方法不同的汽车配件不得一起存储。

（3）配件仓库的基本设施
1）配备专用的配件运输设施。
2）配备一定数量的货架、货筐。
3）配备必要的通风、照明，及防火设备器材。
4）最好采用可调式货架，便于调整和节约空间；货架颜色也应该统一。
5）大、中货架和专用货架必须采用钢质材料，小货架可以不限制制作材料，但必须保证安全耐用。

（4）汽车配件仓库规划的基本要求
1）仓库工作区应有明显的标牌，如："配件销售出货口"、"车间领料出货口"等。
2）发料室、备货区、危险品仓库等应有足够的进货、发货通道和配件周转区域。
3）货架的摆放要整齐划一，仓库的每一条过道要有明显的标志，货架应标有位置码，货位要有配件号和配件名称。
4）不宜将配件堆放在地上，为避免配件锈蚀及磕碰，必须保持完好的原包装。

5）易燃易爆物品应与其他配件严格分开管理，存放时要考虑防火、通风等问题。
6）库房内应有明显的防火标志和齐备的消防设施。
7）非仓库人员不得随便进入仓库内，仓库内不得摆放私人物品。
8）索赔件必须单独存放。

4. 零配件定位：位置码

熟悉仓库配件库存的分布，建立并完善货位号。编制配件位置码系统能很好地解决货物存放定位，并且能提高查找配件的速度，优化汽车配件仓库的管理。

（1）位置码的概念　位置码是标明配件存放位置的代码，是空间三维坐标形象的表现。对于空间三维坐标，任何一组数字都可以找到唯一的一点与它相对应，也就是一点确定一个位置，一个位置只能放置一种配件。

（2）位置码编制的方法

1）使配件的存放位置与使用都易于接近。
2）流动量频繁的配件应存放在前排，方便配件人员查找及获取。
3）流动量相对比较缓慢的配件应存放在后排货架。

5. 安全合理堆码

仓库里的配件堆码，必须贯彻"安全第一"的原则，不论在任何情况下，都要保证仓库、配件和人身的安全。同时还要做到文明生产，配件的陈列堆码，一定要讲究美观整齐。

汽车配件堆码指的是仓储汽车配件堆存的形式和方法，即堆放在一起，又称堆垛。汽车配件进入仓库存储，应按一定的要求存放，不准随意平摊或堆叠。汽车配件堆码必须根据汽车配件的性能、数量、包装、形状以及仓库的条件，按照季节变化的要求，采用适当的方式、方法，将汽车配件堆放稳固、整齐。必须做到安全、方便、节约。

（1）堆码具体要求

1）要保证人身、汽车配件与仓库的安全。堆码严禁超载，不许货垛重量超过仓库地面或货架的设计负重。货垛不宜过高，垛顶与库房梁、灯要保持安全距离。货垛与墙、柱和固定设备之间，以及货垛与货垛之间都应有一定的间隔距离，以适应汽车配件检查、操作和消防安全的需要。

2）要便于汽车配件出入库操作。为考虑汽车配件先进先出、快进快出的要求，货垛不可阻塞通道，或堆成死垛。货垛的位置应统筹安排，货垛之间，货垛与设备之间的距离以及走道的设置要合理。以切实保证收、发货和配件检查养护等作业的方便。

（2）常见的堆码方法

1）重叠法。按入库汽车配件批量，视地坪负荷能力与可利用高度，确定堆高层数，摆定底层汽车配件的件数，然后逐层重叠加高。上一层每件汽车配件直接置于下一层每件汽车配件之上并对齐。硬质整齐的汽车配件包装、长方形的包装和占用面积较大的钢板等采用此法，垛体整齐，稳固，操作比较容易。但不能堆太高，尤其是孤立货垛以单件为底，如直叠过高易倒垛。

2）压缝法。针对长方形汽车配件包装的长度与宽度成一定比例，汽车配件每层压缝堆码。即上一层汽车配件跨压下一层两件以上的汽车配件，下纵上横或上纵下横，货垛四边对齐，逐层堆高。用此法每层汽车配件互相压缝，堆身稳固，整齐美观，又可按小组出货，操作方便易于腾出整块可用空仓。每层和每小组等量，便于层批标量，易于核点数量。

3）牵制法。汽车配件包装不够平整，高低不一，堆码不整齐，可在上下层汽车配件间加垫，并加放木板条，使层层持平有牵引，防止倒垛。此法可与重叠法、压缝法配合使用。

4）通风法。为便于汽车配件通风散潮，有的汽车配件的件与件不能紧靠，要前后左右都留一点空隙，宜采用堆通风垛的方法。其堆码方法多种多样，常见的有井字形、非字形、示字形、旋涡形等。需要通风散热、散潮，必须防霉的汽车配件，常用此法，如图4-16所示。

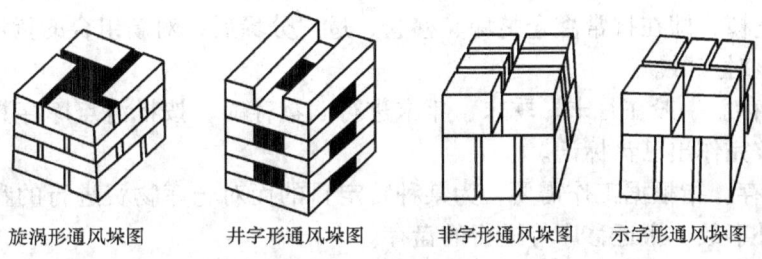

图4-16 通风堆垛法

桶装、听装的液体汽车配件，排列成前后两行，行与行、桶与桶间都留空隙；堆高上层对下层可压缝，即上一件跨压在下两件"肩"部，以便于检查后无渗漏。

5）行列法。零星小批量汽车配件，不能混进堆垛，就按行排列，不同汽车配件背靠背成两行，前后都面对走道，形成行列式堆码，可以避免堆"死垛"（堆放垛中无通道，存取不便）。

6）轮胎货架。为防止轮胎受压变形，也需要专门货架保管，这种货架有固定的，也有可以拆装的，如图4-17所示。

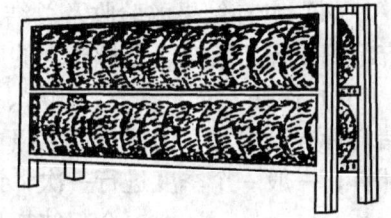

图4-17 轮胎货架图

6. 盘存汽车配件

汽车配件的盘存是指仓库定期对库存汽车配件的数量进行核对，清点实存数，查对账面数。不仅要清查库存账与实存数是否相符，有无溢缺或规格互串，还要查明在库汽车配件有无变质、失效、残损和销售呆滞等情况。通过盘存，彻底查清库存数量已有或隐蔽、潜在的差错事故，发现在库汽车配件的异状，及时抢救、减少和避免损失。

仓库保管员应定期或不定期盘查库存配件的库存状况，一般每月一次，盘查的内容主要是数量、质量、保质期等，并做好相应记录。

（1）盘存的目的 及时掌握库存配件的变化情况，避免配件的短缺丢失或超储积压，保证配件库存存货的位置和数量的正确性；及时了解库存的数量、品质，为采购计划的制订，评价内部管理水平以及了解工作人员责任心等提供充分的依据。

（2）盘存的内容

1）盘存数量。对计件汽车配件，应全部清点，对货垛层次不清的汽车配件，应进行必要的翻垛整理，逐批盘存。

2）盘存重量。对计重汽车配件，可会同业务部门据实逐批抽件过秤。

3）核对账与货。根据盘存汽车配件实数来核对汽车配件保管账所列结存数，逐笔核对。查明实际库存量与账、卡上的数字是否相符；检查收发有无差错；查明有无超储积压、损坏、变质等。

4）核对账与账。仓库汽车配件保管账应定期，或在必要时，与业务部门的汽车配件账核对。

（3）盘存的方法　盘存的方法主要分为日常盘存、定期盘存、重点盘存三种。

1）日常盘存。这种盘存不定期，是一种局部性的盘存。一是动态复核，即对每天出动的货垛，发货后随即查点结存数，这种核对花时少，发现差错快，可以有效地提高账货相符率。二是巡回复核，即在日常翻仓整垛、移仓、过户分垛后，对新组合的货垛，或零散的货垛，安排巡回核对点数。

2）定期盘存。一般在月末、季末、年末进行。盘存时，按批清点库存数量，以实存数对卡、对账，核完作出已盘标记。

3）重点盘存。指根据工作需要，为某种特定目的而对仓库物资进行的盘存和检查，如工作调动，意外事故，搬迁移库等进行的盘存。

定期盘存和重点盘存时均应有财务人员负责监盘，监督保管人员进行实物清点、确认，同时检查各财产物资堆放是否合理，库存是否适宜，有无过期、损坏情况存在，盘存情况登记于相应的《材料物资盘存明细表》上。盘存结束以后，编写《盘存报告》，填写处理意见并上报。

（4）盘存结果的验收及总结　对于盘存后出现的盈亏、损耗、规格串混、丢失等情况，应组织复查、落实、分析产生的原因，及时处理。

1）储耗。对易挥发、潮解、溶化、散失、风化等物资，允许有一定的储耗。凡在合理储耗标准以内的，由保管员填报"合理储耗单"，经批准后，即可转财务部门核销。储耗的计算，一般一个季度进行一次，计算公式如下：

$$合理储耗量 = 保管期平均库存量 \times 合理储耗率$$
$$实际储耗量 = 账存数量 - 实存数量$$
$$储耗率 = 保管期内实际储耗量 / 保管期内平均库存量 \times 100\%$$

实际储耗量超过合理储耗部分作盘亏处理，凡因人为的原因造成物资丢失或损坏，不得计入储耗内。

2）盈亏和调整。在盘存中发生盘盈或盘亏时，应反复落实，查明原因，明确责任。由保管员填制"库存物资盘盈盘亏报告单"，经仓库负责人审签后，按规定报经审批。

3）报废和削价。由于保管不善，造成霉烂、变质、锈蚀等配件；在收发、保管过程中已损坏并已失去部分或全部使用价值的；因技术淘汰需要报废的；经有关方面鉴定，确认不能使用的，由保管员填制"物资报废单"报经审批。

由于上述原因需要削价处理的，经技术鉴定，由保管员填制"物资削价报告单"，按规定报上级审批。

4）事故。由于被盗、火灾、水灾、地震等原因及仓库有关人员失职，使配件数量和质量受到损失的，应作事故向有关部门报告。

在盘存过程中，还应清查有无本企业多余或暂时不需用的配件，以便及时把这些配件调剂给其他需用单位。

7. 配件库存分析

所谓配件库存分析，就是通过对库存配件的存量和流量的数据分析，找到控制采购和库存的办法。

（1）初级配件库存分析　所谓初级的库存分析，就是观察哪些配件缺货，哪些配件库存过剩，或者有缺货与过剩的可能，以向采购部门提供采购计划的参考意见。库存分析最好是建立在计算机管理的基础之上，如果上述的工作内容要用人工来实现的话，工作量就非常巨大了。

首先，要为每一个汽车配件规定它的属性，除了规定它的名称、价格等参数外，还要规定它的库存参数。库存参数包括其存放时间、占地面积或体积、货位、数量等。初级库存分析涉及的主要是其数量参数。在不考虑库存体积和容积的情况下，最常用的数量参数有3个，即库存上限、库存下限和库存警戒线。

库存上限，在就是正常情况下，商品在仓库里允许存放的最大数量。也就意味着，超过上限的商品库存，就成为冗余了。库存下限，就是在正常情况下，库存中商品应该保持的最低数量。低于下限，就意味着商品库存严重不足，可能影响生产。库存警戒线，是为了保证商品库存不低于下限，当商品在使用过程中，数量减低到一定限度，就要进行补货采购，这个限度就是警戒线。因而，库存分析对采购也有监督的作用。

一般来说，仓库管理员每天上下班时，都要检查一下库存，以确定是否有库存过剩或不足的情况。

（2）进阶配件库存分析　进阶库存分析，就是不仅仅简单地查看直观的库存数据，而是要从这些直观数据之中，结合其他信息，进行计算和分析，找到维持合理库存的有效办法。例如，给采购部提供补货参考。

除了要知道库存数量这些数据之外，还需要掌握配件的存放时间、订货周期等，才能计算出合理的补货量。如果该参考建议要成为可行的计划，肯定还需要把可替代配件、采购金额等考虑进去，结合本企业的实际情况，才能给出可行的计划。

如果企业的商品流量很大，可能还会要求库存分析者提供特定的图表，供采购部门参考。

8. 配件的发货管理与复核

（1）发货管理　发货的工作步骤如下：

1）审核汽车配件出库凭证。仓库发货必须有正式的单据为凭，所以第一步就是审核汽车配件出库单据。主要审核业务单位开制的汽车配件调拨单或提货单，查对其付货仓库名称有无错误；必要的印鉴是否齐全、相符，汽车配件品名、规格、等级、牌号、数量等有无错填，单上填写字迹是否清楚，有无涂改痕迹，提货单据是否超过了规定的提货有效日期。手续不符，仓库有权拒绝付货。

2）凭单记账，核销存货。出库凭单经审核无误，仓库记账员即可根据凭单所列各项对照登入汽车配件保管账，并将汽车配件存放的货区库房、货位、排放号以及发货后应有的结存数量等批注在汽车配件出库凭证上，交保管员查对配货。

3）近号找位，据单配货。保管员根据出库凭证所列的项目内容核实并进行配货。

4）装箱。出库汽车配件有的可以直接装运出库，有的还需要经过包装待运环节。装箱单一式四联、一联存根、二联随货同行、三联放入包装内、四联粘贴在包装外。

5）待运。送货的汽车配件，不论整件或拼箱的，均须进行理货，集中待运。仓库应填制汽车配件启运单，并通知运输部门提货发运。

6）发货。运输部门人员持汽车配件启运单到仓库提货时，保管员应逐单一一核对，并点货交与运输人员，划清责任。

（2）发货的复核

1）配件的复核。仓库保管员凭证配货后，由待运汽车配件保管员进行逐单核对。复核汽车配件有无差错，箱号、件数是否相符；复核发往地点与运输路线有无错误，收货单位名称书写是否正确清楚。或对汽车配件的品名、规格、等级、牌号、数量等进行复核。未经复核或单货不符的汽车配件不得出库。

2）账、货、结存数的复核。保管员据单备货，从货垛、货架上取货以后，应立即核对汽车配件结存数；同时检查汽车配件的数量、规格等是否与记账员在出库凭证上批准的账面结存数相符。并且要核对汽车配件的货位号、货卡有无问题，以便做到账、货、卡三相符。

9. 用条形码管理汽车配件

条形代码由黑色条符和白色条符根据特定的规则组成的，如图4-18所示。黑白条符的不同排列方法构成不同的图案，从而代表不同的字母、数字和其他人们熟悉的各种符号。一个完整的条形码信息由多个条形代码组成。由于整条信息中的黑白条符交替整齐地排列成栅栏状，人的眼睛不易区别其中单一字符的条形代码，要利用电子技术来识别。

图4-18　条形码

货物入库时，首先由条码采集终端记录外包箱上的条码信息，选择对应的采购信息和仓库及货位信息，然后批量把数据传输到条码管理系统中，系统会自动增加相应的库存信息，并记录相应的产品名称、描述、生产和采购日期。

在零部件入库上架作业过程中，系统均与采集终端进行自动校对和传入，实现自动化作业流程控制，如自动生成拣货单并下载到终端，自动比对拣货数量，自动传送拣货信息到后台系统。自动化的作业流程可以极大地提高入库工作效率。

作为仓库管理重要的一步工作环节，每到一定时间都要进行盘库作业，以确保库存准确无误，防止资产流失。借助于条码管理系统，盘库作业将变得非常轻松。条码数据采集终端的一个主要功能就是进行盘点作业，所以又称"盘点机"。盘点管理时系统会产生盘点单，可以根据仓库规模的大小，选择是全仓盘点还是分仓位盘点。本方案的编码方式，不但可以准确地计算出理论库存和实际库存的差距，还可以精确定位到出现差错产品的条码，继而可以有效追踪到单品和相关责任单位。

销售的配件可通过配件上的条码进行追溯，确定某一个配件的具体信息，确定其是否是销售到该地区。如果发现有窜货行为，显示该配件最初是销售给哪个区域，并追溯到最初的经销商。

任务实施

熟悉维修企业货物存放定位系统，学生通过参观维修企业配件仓库，或学校汽车、物流实训基地仓库，分组讨论后进行位置码编制。

位置码编制

1. 位置码编制的具体步骤

位置码是4位码,根据"区、列、架、层"的原则进行安排,如图4-19所示。

1) 按区分类。位置码的第一位是在仓库中的分区,用A、B、C……表示。分区的实例见表4-4。

2) 按列编排。位置码第二位表示第几列货架,用1,2,3,…表示。

3) 按货架号编排。位置码的第3位表示每列货架的第几个货架,用A、B、C、…表示。

4) 按层编排。位置码的第4位表示是每个货架的第几层,用1,2,3,…表示。

5) 把所有配件的位置码在指定位置标注出来。

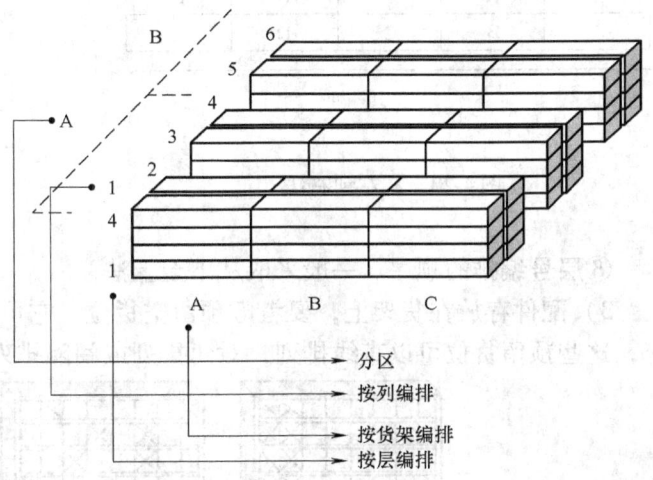

图4-19 位置码编排示意图

表4-4 仓库分区情况表

区	说明	区	说明
A	小件	D	车身部件
B	中型件	E	镶条、电缆
C	大型件	F	导管
G	车毂	J-W	预备料位
H	玻璃	X-Z	清理件料位
I	存放箱		

2. 位置码编制的说明

1) 位置码中的数字要通过英文字母分开书写,当26个英文字母不够用时,可将26个英文字母排列组合,以增加表示的范围,如:AA,AB,AC,…等;同一过道或同一货架,以下字母不要同时使用(Cc,Ii,Jj,Kk,Oo,Pp,Ss,Uu,Vv,Ww,Xx,Zz),否则容易发生混淆,例如:D与0不分、B与8不分、9与7不分、7与1不分。

2) 列号、货架号、层号一般按照下述方法进行排序:

①列号编排的顺序。以仓库的入门处为三维坐标的原点,位置码的列号依次增大,可以方便查找。

②货架号编排的顺序。

a. 从左到右法如图4-20所示。

b. 环形法如图4-21所示。

汽车维修业务接待实务

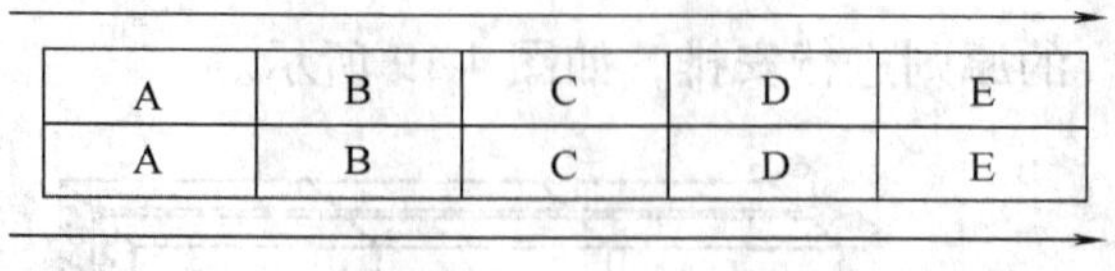

A	B	C	D	E
A	B	C	D	E

图 4-20　从左到右法

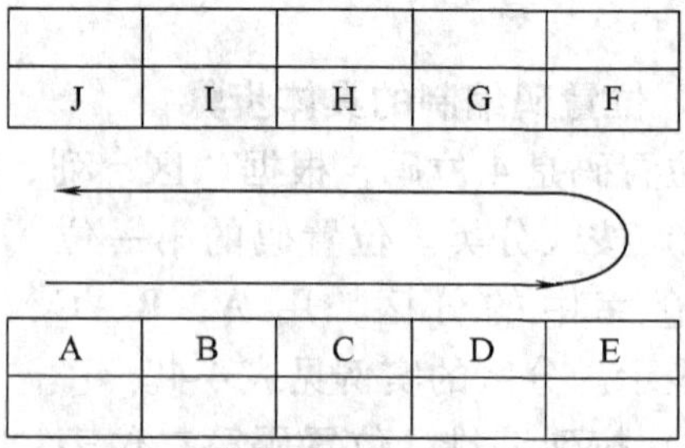

J	I	H	G	F

A	B	C	D	E

图 4-21　环形法

③层号编排的顺序。一般采取从下至上法。

3）配件存放在货架上，要考虑预留空货位，它可作为配件号的更改及品种增加时的补充，这些预留货位可以直线排列，对角排列或间隔排列，如图 4-22 所示。

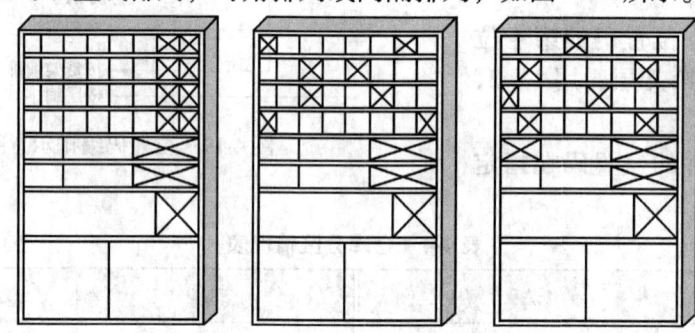

图 4-22　货架上预留货位排列图

3. 配件自编码

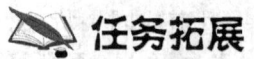

配件自编码

自编名称：零配件管理者根据个人习惯自行编制的一种的易于辨别、使用方便快捷的零配件名称。如常用的汉语拼音法：喷油器的自编名称为 PYQ。

例如：自编码 PYQ-A1B36-350-CD5 的意义是：本田 CD5 的喷油器存放位置在 A1B36，其销售价格为 350 元。

任务拓展

库存汽车配件数量的管理

对库存汽车配件进行记载统计，准确计算和按期清点，核实数量等一系列的工作，称为库存汽车配件数量管理。

1. 库存汽车配件实物标量

汽车配件堆放时要实行分批堆垛、层批清楚。货垛标量常见的有以下几种方法：

（1）分层标量法　对于垛型规则，层次清楚、各层件数相等的货垛，在完成堆码后，即可分层标量。这种标量法可以达到过目知数，分层出库后便于核对结存数，盘点对账，也非常方便。

(2) 分批标量法 在分层标量的基础上，为了使货垛标量适应出拆垛的需要，可采取大垛分小批的排码方法，分别以小批为单位进行标量，这就是分批标量法。

例如，有某汽车配件 210 件，堆 7 层高，需要打 30 个底，则可将 30 个底在同一个货位内分成 3 个小批垛，每批 10 个底，垛码好后，再行分批标量。这样就缩小了计数范围，清点也方便。在分批出库后不必调整标量数，盘点时，以未出库的小批垛为基数，再加上已出库的小批垛的余数，即得总件数。

(3) 托盘堆码标量法 托盘堆码应实行逐盘定额装载，标量时应以托盘为单位，从下到上、由里向外逐盘累加标量，边堆码边标量。

2. 汽车配件保管卡

(1) 汽车配件保管卡的种类 汽车配件保管卡是根据各仓库的业务需要而制定的。常见的有两种形式：

① 多栏式保管卡。这种保管卡适用于同一种汽车配件分别存放在好几个地方时使用的卡片，见表 4-5。

② 货垛卡片见表 4-6。

表 4-5 汽车配件保管卡片

每件	长　宽　高　m³	货号_____
每件容量	重量	品名_____
单位毛重	kg	规格_____

存货单位_____　　计租等级_____　　产地_____　　单位_____

年	凭证号码	摘要	收入数量	付出数量	结存数量	堆存地点					折合重量
		过次页									

货卡（　　）

表 4-6 货 垛 卡 片

货主单位_____　　　　　货位_____

货号			品名		规格		
细数			色别		生产厂		
年		单据号码	进仓	出仓	结存	总垛货位	分垛1货位	分垛2货位	分垛3货位
月	日								

(2) 汽车配件保管卡的管理 汽车配件保管卡的管理，有集中管理与分散管理两种。前一种的优点是：保管员能随时掌握汽车配件全面情况，做到心中有数，便于记账，节省时间；避免卡片丢失、漏记、错记。其缺点是汽车配件货架上缺乏标志，容易发生收发货差

错。后一种的优点是：发货时，单、卡、货核对方便，便于动碰复核和盘点。其缺点是：容易丢失，记卡不便，容易漏记、错记。

3. 汽车配件保管账

内容包括：品名、编号、规格、等级、出入库日期、数量、结存数、计量单位等。保管账设置有的以保管组，有的以仓间为单位建账，也设专人记账。记账时，严格以凭证为依据，按顺序记录库存汽车配件的进出存情况；按规定记账，坚持日账日清，注销提单，按日分户装订，分清账页，定期或按月分户排列，装订成册，汽车配件账册注意保密，非经正式手续，外来人员不准翻阅；各类单证销毁，需先报经批准，具体格式见表4-7。为保证账货相符，在管理中必须注意：一个仓库内，并垛数量不宜过大，分垛不宜太多；分垛汽车配件不宜跨仓跨场；汽车配件移仓，应及时记录，尤其是跨仓间的移仓汽车配件，应通知账务员办好转账手续，抽移账页。

表4-7 汽车配件保管账

汽车配件体积： m³														品名：	
换算重量： 包装数：														类种品：	
														规格： 等级：	
计量单位：				进货单价：											
年	月	日	凭证号码	摘要	出入库单位名称	入库		出库		结 存				合 计	货位编号
						件数	数量	件数	数量	件数	数量	件数	数量	件数	数量

【案例讨论】

汽车配件养护

讨论如何控制温湿度？如何判断金属汽车配件生锈？如何防止汽车配件老化？

一、如何控制温湿度

1. 库房温湿度变化规律

（1）库房温度变化的一般规律　从季节看，一般1~4月和10~12月气温低于库温。6~8月，气温则高于库温。4~5月和9~10月气温和库温大致相当。从库房的建筑材料看，由于材料的比热和导热的系数不同，钢筋水泥建材与砖木建材相比，夏天，前者库温比后者高，冬天，后者比前者库温高；从结构看，楼层，夏天高层库温比低层库温高，顶层最热，冬天则相反，顶层最冷，平房、人字顶的库温高于平顶的库温；从空间看，向阳面和上部库温高于背阴面和下部库温，靠近门、窗、通风口处的库温变化高于其他地方的变化；从垛形看，通风垛、各种距离欠妥当，库内有死角，则库温都有差异。

模块四　汽车配件管理员职业认知

（2）库房湿度变化的一般规律　库房湿度除受季节影响以外，还与库房的结构、汽车配件及汽车配件的堆放方法有直接关系。库房或货垛高度越高，上部的温度高，湿度小，底部温度低，湿度大；地坪，夏季温度偏低，湿度偏高，冬天受冷空气的影响，较为干燥；向阳面，温度稍高，湿度稍低，背阴面则相反。库内有死角处湿度较高。另外库内湿度变化还与汽车配件含水量和密封程度有关，汽车配件含水量大、库房密封差的，库内湿度变化较大；汽车配件含水量低、库房密封好的，受外界湿度影响小，库内的湿度变化较稳定。

2. 库房温湿度的控制与调节

控制与调节仓库温湿度的方法很多，有密封、通风、吸潮或加湿、升温或降温等。

（1）密封　密封是利用一些不透气、能隔热防潮的材料，把汽车配件严密地封闭起来，以隔绝空气，降低或减小空气温湿度对汽车配件的影响。如密封合理得当，可以起到防霉、防锈、防冻、防干裂、防虫、防潮、隔热等多种效果。

汽车配件密封保管要做到封前认真检查汽车配件质量，汽车配件的含水量，凡是汽车配件质量和汽车配件包装不正常的，不经处理不能封闭。根据储存汽车配件的要求，选择具有隔潮和具有保温性能的材料作密封，同时依据汽车配件性质和气候的特点，科学地选择封闭时间。密封保管的汽车配件要定期和不定期地测定密封的效果。

（2）通风　通风是利用空气流通的规律，有计划、有目的地使库内外的空气交换，借以调整库内外的温湿度，使之适应储存汽车配件的需要。通风的方法有自然通风、机械通风。自然通风是开启库房门窗和风洞，让库内外的空气进行自然对流；机械通风是在库房上部装设排气扇，下部装设送风扇，以加速空气的交换。

采用通风的方法调节库内温湿度的关键，是选择通风时机。通风时机的选择，主要依据汽车配件性质和库内外温湿度的差异，以及库外风向、风力等因素，通风才能达到预期的目的。通风时机的选择，应掌握以下原则：通风时最好能达到既降温又降湿的目的，如不能达到这两个目的，也应在不增加库温的前提下，通风降湿，或在不增加湿度的前提下通风降温。

（3）吸潮　吸潮是指在雨季，库内外湿度都比较大，不易通风时，在库房密封的条件下利用机械吸潮或吸潮剂来降低库内的湿度。

二、如何判断金属汽车配件生锈

金属由于与周围介质发生化学反应或电化学反应而受到的损坏现象叫做金属的锈蚀（或腐蚀）。金属汽车配件在潮湿环境中容易生锈，铝制品使用一定时间后，表面会出现一层白色粉末；铜制品在潮湿环境中，会逐渐出现一层绿色的铜锈，这些现象都是金属锈蚀的结果。

金属汽车配件发生锈蚀，会使其外观造型、色泽以及机械性能等方面受到破坏，降低汽车配件的质量，严重者成为废品。如精度、灵敏度受损后将会严重影响汽车配件的使用价值。

不同金属锈蚀的特征分别为：

（1）钢铁制品的锈蚀特征　钢铁制品表面开始发暗，锈蚀轻微时呈暗灰色，锈蚀进一步发展，初时呈深褐色或棕黄色，严重的呈棕色或褐色斑痕及锈坑，形成一层疏松的易于剥落的锈蚀物。

（2）铜及其合金的锈蚀特征　一般呈绿锈薄层或暗斑。铝青铜上的锈蚀呈白色、黑色、暗绿色或淡绿色的薄层。铜及其合金轻微且均匀的变化是在空气中自然氧化的结果，一般是允许的。

（3）铝合金和镁合金的锈蚀特征 起初呈白色或暗灰色、进一步发展则有白色或灰白色粉末状的锈蚀物充满锈坑。

（4）镀镉、镀锌金属制品的锈蚀特征 开始时镀层失去光泽，继续发展则呈现白色、灰色或生成白色粉末层。锈蚀严重者，可透过镀层，在基体为钢铁的镀层生成与钢铁同样颜色的物质。

三、如何防止汽车配件老化

防老化是根据高分子材料的性能变化规律，采取各种有效措施，以达到减缓其老化速度，延长其使用寿命的目的。

高分子材料在外界因素的作用下，品质发生变化，出现色差、脆裂、僵硬、发粘等现象，引起各种性能的改变，这些现象就是老化，严重的老化会丧失制品的使用价值。

其基本防治方法是：严格控制高分子制品的储放条件，库房要清洁干燥，避开热源，避免日光直射，控制和调节好库房温湿度，合理堆码，防止重压。也可以采取涂漆、涂蜡、涂油、涂布、防老化剂等方法，以防止外因的作用。

任务评价

类别	序号	评价项目	评价内容及要求	配分	学生自评	学生互评	教师评价	得分
	任务编号	14	学时：4学时		学生姓名：		总分：	
职业素质评价	1	安全生产	遵守设备（含软件、教具）安全操作规程	10				
	2	文明生产	遵守实训室（教室）文明生产规则。纪律表现	10				
	3	个人礼仪	衣帽、发饰、体态语言	10				
	4	团队合作	沟通交流、合作参与意识	10				
	5	任务执行	协作性、积极主动性；责任感、任务完成度	10				
岗位技能评价	6	1. 汽车配件位置码编制 2. 堆码演练	是否明确位置码编制的具体步骤与方法，以及几种常见的堆码方法	20				
	7	确定配件的位置码	在仓库，能否正确标示配件的位置码。反之，从位置码找到配件	10				
	8	掌握知识与运用知识能力	是否理解知识点，是否能够运用知识点完成思考训练题	10				
	9	完成时间	是否按时完成各项任务	10				

注：按学生自评占20%、学生互评占30%、教师评价占50%计算总分。

 思考与训练

1. 填空

（1）目前一般汽车配件企业选择进货时间采用_____。

（2）零配件质量管理要重点抓好三个环节_____、_____和_____。

（3）仓库管理的基本任务的具体工作，要求做到____、____、____、____、____的完成仓库工作的各项任务，并_____保管费用。

（4）仓库里的配件堆码，必须贯彻_____的原则。

（5）汽车配件盘存的内容主要有_____、_____、_____、_____。

（6）一般来说，在控制_____、判断金属汽车配件_____、防止汽车配件_____等三方面对汽车配件进行养护。

2. 判断题

（1）ABC 分类法用来指导对复杂的采购行为，对于 A 类配件，一般不制订采购计划。（　　）

（2）消防灭火方法不同的汽车配件应当放在一起存储。（　　）

（3）编制配件位置码系统能很好地解决货物存放定位，并且能提高查找配件的速度，优化汽车配件仓库的管理。（　　）

（4）配件仓库管理不允许有储耗。（　　）

3. 训练

熟悉仓储汽车配件堆存的形式和方法（汽车配件堆码），通过参观维修企业仓库，或学校物流基地，分组讨论后进行堆码演练，可用重叠法、通风法、牵制法、压缝法等方法进行演练。

学 后 小 结

通过学习、训练，我们认识到，作为汽车配件管理员，应该具备扎实的配件保管专业知识和技能，具有配件管理的优秀品质。

◆了解汽车构造的基础理论、车辆识别代码结构及含义，知道车辆识别代码作用，如车辆管理、车辆检测、车辆防盗、车辆保险、二手车交易、汽车召回、车辆维修等。

◆熟悉汽车配件的分类及编号规则，尤其是汽车常见易损件的分类和特点，对汽车配件的计划、采购、仓储、养护等具有十分重要的实际意义。

◆熟悉配件管理基本流程和管理要点，备料、审批、询价、比价、请款、采购、质量鉴别、验收入库、存货、保管盘点、发货，这是一个循环过程。

◆要注重日常配件的码放、对账、养护等工作。配件存放定位用位置码，其依据是按"区、列、架、层"的原则来编制。汽车配件养护要从控制温湿度、判断金属汽车配件生锈、防止汽车配件老化等方面进行。

◆具备合作和创新精神，具有积极、耐劳、责任心强等优秀品质。

模块五

车辆保险理赔与三包理赔业务认知

学习目标

◆ 知识目标
(1) 认识车辆保险理赔和三包理赔的概念；
(2) 了解车辆保险和事故损失的分类；
(3) 了解三包理赔业务中的走保和回访业务；
(4) 熟悉车辆保险索赔的流程，掌握常见事故索赔程序；
(5) 掌握车辆三包理赔的范围和相关规定；
(6) 学会填写相关车险和三包理赔的申报表；
(7) 学会 DMS 系统调试及维修服务信息的录入操作。

◆ 能力目标
(1) 能够在售后服务过程中体现规范的商务礼仪，表现出优秀的职业素养与品德；
(2) 灵活应用知识、较强表现力给客户留下深刻印象；
(3) 锻炼语言表达能力、与人沟通能力和思维创新能力；
(4) 培养阅读分析能力；
(5) 培养信息收集及处理能力。

◆ 情感与价值观目标
(1) 培养严谨的工作态度和爱岗敬业的精神；
(2) 培养诚信做人的品德和踏实做事的风格；
(3) 培养乐于助人、真心待人的秉性和积极奉献的情操。

任务一 车辆保险理赔

任务目标

1. 认识车辆保险和车辆保险理赔的概念；
2. 了解车辆保险的分类；

模块五　车辆保险理赔与三包理赔业务认知

3. 了解车辆事故损失分类；
4. 熟悉车辆保险索赔的流程；
5. 掌握常见事故索赔程序；
6. 学会填写《机动车辆保险出险报案表》；
7. 学会填写《机动车辆保险索赔申请书》；
8. 学会填写《车辆保险权益转让协议》。

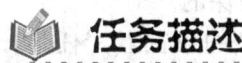 任务描述

　　中职汽车维修、汽车商务专业毕业生主要进入汽车维修厂和品牌 4S 店等汽车维修企业。学生能了解车辆保险理赔的流程和不同类型保险公司的车辆保险理赔，熟悉车辆保险理赔的特点，掌握常见事故索赔程序，就业后将能更好地完成车辆售后服务工作，并能拓宽个人从业的领域。

 相关知识

一、汽车保险的概念

　　汽车保险是指以汽车为保险标的的保险，其保障范围包括汽车本身因自然灾害或意外事故导致的损失及汽车所有人或其允许的合格驾驶员使用汽车发生意外事故所负的赔偿责任。所以它既属于财产损失赔偿范畴，又属于责任保险范畴，是一个综合性的险种。

　　汽车保险进入我国是在 20 世纪初，但那时我国保险市场处在垄断与控制状态，加之旧中国的工业不发达，当时我国的汽车保险实质上处于萌芽阶段，其作用与地位十分有限。

　　1949 年 10 月 20 日，中国人民保险公司成立，开始开办汽车保险，不久后出现了争议，认为汽车保险以及第三者责任保险对于肇事者予以经济补偿，会导致交通事故的增加，对社会产生负面的影响，于是中国人民保险公司 1955 年停办了汽车保险。20 世纪 70 年代中期，为满足各国驻华使领馆汽车的保险需要，开始了涉外业务为主的汽车保险业务。

　　1980 年我国全面恢复国内保险业务，汽车保险也随之恢复。1983 年 11 月我国将汽车保险更名为机动车辆保险，使其具有了更广泛的适应性。但日常生活中人们还是习惯地称之为汽车保险，此处的汽车泛指机动车。

　　汽车保险分交强保险和商业险种，而商业险种又分为主险（又称基本险）和附加险，其中附加险不能独立投保。未投保主险（基本险）的，原则上不投保相应的附加险。主险保险责任终止时，相应的附加险保险责任也随之终止；附加险条款解释与主险条款解释相抵触之处，以附加险条款解释为准。

二、车辆保险的分类

　　车险种类按性质可以分为强制保险与商业险。车险种类根据保障的责任范围还可以分为基本险和附加险。

　　基本险包括第三者责任险（三者险）、车辆损失险（车损险）、车上人员责任险（驾驶

139

员责任险和乘客责任险）以及全车盗抢险（盗抢险）；投保人可以选择投保其中部分险种，也可以选择投保全部险种。

附加险包括玻璃单独破碎险、自燃损失险、无过失责任险、车载货物掉落责任险、车辆停驶损失险、新增设备损失险、不计免赔特约险等。玻璃单独破碎险、自燃损失险、新增加设备损失险是车辆损失险的附加险，必须先投保车辆损失险后才能投保这几个附加险。车上人员责任险、无过错责任险、车载货物掉落责任险等是第三者责任险的附加险，必须先投保第三者责任险后才能投保这几个附加险；每个险别不计免赔是可以独立投保的。

通常所说的交强险（即机动车交通事故责任强制保险）也属于广义的第三者责任险，是国家规定强制购买的保险，机动车必须购买才能够上路行驶、年检、挂牌，且在发生第三者损失需要理赔时必须先赔付交强险再赔付其他险种。

商业险是非强制购买的保险，车主可以根据实际情况进行购买。

1. 车辆损失险

负责赔偿由于自然灾害或意外事故造成的车辆自身的损失。这是车辆保险中最主要的险种，保与不保这个险种，需权衡一下它的影响，若不保，车辆碰撞后的修理费用得全部由自己承担。

2. 第三者责任险

负责保险车辆在使用中发生意外事故造成他人（即第三者）的人身伤亡或财产的直接损毁的赔偿责任。撞车或撞人是开车时最害怕的，自己爱车受损失不算，还要花大笔的钱来赔偿他人的损失。因为交强险（2008版）在对第三者的医疗费用和财产损失上赔偿较低，在购买了交强险仍可考虑购买第三者责任险作为补充。

3. 全车盗抢险

负责赔偿保险车辆因被盗窃、被抢劫、被抢夺造成车辆的全部损失，以及其间由于车辆损坏或车上零部件、附属设备丢失所造成的损失。车辆丢失后可从保险公司得到车辆实际价值（以保单约定为准）的80%的赔偿。若被保险人缺少车钥匙，则只能得到75%的赔偿。

4. 车上责任险

负责保险车辆发生意外事故造成车上人员的人身伤亡和车上所载货物的直接损毁的赔偿责任。其中车上人员的人身伤亡的赔偿责任就是过去的司乘人员意外伤害保险。

5. 无过失责任险

投保车辆在使用过程中，因与非机动车辆、行人发生交通事故，造成对方人员伤亡和直接财产损毁，保险车辆一方不承担赔偿责任。如被保险人拒绝赔偿未果，对被保险人已经支付给对方而无法追回的费用，保险公司按《道路交通事故处理办法》和出险当地的道路交通事故处理规定标准在保险单所载明的本保险赔偿限额内计算赔偿。每次赔偿均实行20%的绝对免赔率。

6. 车载货物掉落责任险

承担保险车辆在使用过程中，所载货物从车上掉下来造成第三者遭受人身伤亡或财产的直接损毁而产生的经济赔偿责任。赔偿责任在保险单所载明的保险赔偿限额内计算。每次赔偿均实行20%的绝对免赔率。

7. 玻璃单独破碎险

车辆在停放或使用过程中，其他部分没有损坏，仅风窗玻璃单独破碎，风窗玻璃的损失

模块五　车辆保险理赔与三包理赔业务认知

由保险公司赔偿。

8. 车辆停驶损失险

保险车辆发生车辆损失险范围内的保险事故，造成车身损毁，致使车辆停驶而产生的损失，保险公司按规定进行以下赔偿：

1）部分损失的，保险人在双方约定的修复时间内按保险单约定的日赔偿金额乘以从送修之日起至修复竣工之日止的实际天数计算赔偿。

2）全车损毁的，按保险单约定的赔偿限额计算赔偿。

3）在保险期限内，上述赔款累计计算，最高以保险单约定的赔偿天数为限。本保险的最高约定赔偿天数为 90 天，且车辆停驶损失险最大的特点是费率很高，达 10%。

9. 自燃损失险

对保险车辆在使用过程中因本车电器、线路、供油系统发生故障或运载货物自身原因起火燃烧给车辆造成的损失负赔偿责任。

10. 新增加设备损失险

车辆发生车辆损失险范围内的保险事故，造成车上新增设备的直接损毁，由保险公司按实际损失计算赔偿。未投保本险种，新增加的设备的损失保险公司不负赔偿责任。

11. 不计免赔特约险

只有在同时投保了车辆损失险和第三者责任险的基础上方可投保本保险。办理了本项特约保险的机动车辆发生保险事故造成赔偿，对其在符合赔偿规定的金额内按基本险条款规定计算的免赔金额，保险人负责赔偿。也就是说，办了本保险后，车辆发生车辆损失险及第三者责任险方面的损失，全部由保险公司赔偿。这是 1997 年才有的一个非常好的险种。它的价值体现在：不保这个险种，保险公司在赔偿车损险和第三者责任险范围内的损失时是要区分责任的：若您负全部责任，赔偿 80%；负主要责任赔偿 85%；负同等责任赔偿 90%；负次要责任赔偿 95%。事故损失的另外 20%、15%、10%、5% 需要您自己掏腰包。

三、车辆事故损失的分类

保险事故损失包括车辆损失、人身伤亡、其他财产损失三方面。

1. 车辆损失

包括：标的车损失和三者车的损失。该损失最为常见，标的车的损失一般比较好确定，而三者车的损失通常在"换"与"修"的问题上产生争执，还有关于因事故造成的车辆贬值问题也是在争论焦点之一。

2. 人身伤亡

包括车上人员（驾驶员、乘客）伤亡、三者人员的伤亡。一旦有人伤亡，事故一般比较大，这也是大多有车者使用车辆时最担心的事情。人员伤亡费用确定一般依据《最高人民法院关于人身损害赔偿案件适用法律若干问题的解释》确定。

3. 其他财产损失

包括：车上货物损失、三者财产损失，该项损失因财产种类繁多，确定损失时不太容易，往往需要专业人员或中介机构进行帮忙定损。

四、车辆保险理赔的流程

车辆保险理赔，是指保险汽车在发生事故后，保险人依据保险合同约定，对被保险人提出的索赔请求进行处理的行为。车辆保险理赔业务流程见图5-1。

车辆保险索赔的流程，即被保险机动车出险后被保险人向保险公司索赔时应该按以下程序进行：出险通知；配合查勘；提出索赔；领取索款；权益转让。车主保险索赔的流程如下：

1. 出险通知

车辆出险后，被保险人应及时通知保险公司，否则，造成损失无法确定或扩大的部分，保险公司将不予赔偿。报案后要求报案人填写出险报案表。

2. 配合查勘

保险公司接到客户报案后，会根据本公司的工作安排，调度查勘人员，查勘人员一般为保险公司员工，如本保险公司人手不够或者与保险公估公司有合作协议，有时也可以委托保险公估公司员工进行现场查勘工作。如标的车在外地发生事故，也可以委托保险公司在当地分支机构进行查勘，甚至可以直接委托当地的其他公司进行代查勘。

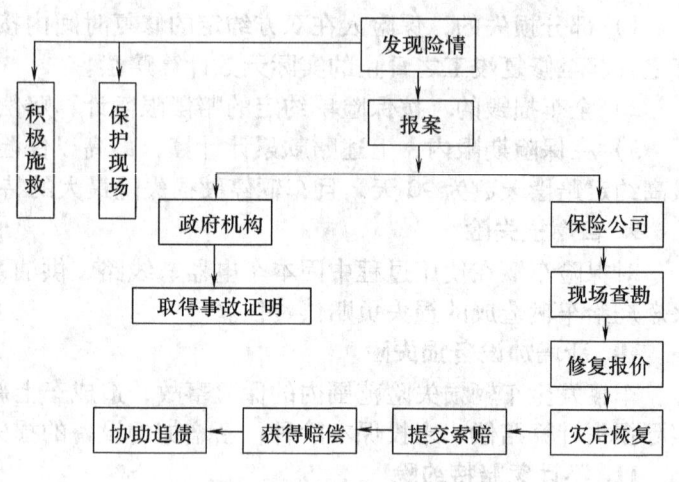

图5-1　车辆保险理赔业务流程

保险公司派遣的查勘员到现场，会进行拍照、记录等手段进行一手资料收集，车主应当积极配合，因为这些材料是判断事故是否属于保险责任以及计算、确定赔偿金额的重要依据。

3. 提出索赔

客户需要索赔时，因该填写索赔申请书，即被保险人向被保险公司索赔时，应该填写索赔申请书同时向保险公司提供与确认事故的性质、原因损失程度等有关的证明和资料作为索赔证据。

4. 领取索款

客户如何领取赔偿款。当保险公司确定赔偿金额后，会通知被保险人领取赔偿款。被保险人应提供身份证明（原件）。找他人代领的，需要被保险人签署《领取赔偿款授权书》和代领人身份证明（原件）。目前，有些保险公司要求客户在索赔时直接提供个人的银行账户，可以将赔款直接打到个人账户上。

5. 权益转让

事故由第三方引起的，保险公司可先向被保险人赔偿，但被保险人需将第三方索赔的权利转让给保险公司、再由保险公司向第三方追偿。

五、常见事故索赔的程序

1. 单方事故的处理及索赔程序

单方事故是指不涉及人员伤（亡）或第三者财物损失的单方交通事故，例如：碰撞外界物体，自身车辆损坏，但外界物体无损坏或者无需赔偿。

单方肇事是最为常见的一类事故,因为不涉及第三者的损害赔偿,仅仅造成被保险车辆损坏,事故责任为被保险车辆负全部责任,所以事故处理非常简单,事故处理及保险索赔程序如下:

(1) 报案 事故发生后,保留事故现场,并立即向保险公司报案。

(2) 现场处理

1) 损失较小(一万元以下),保险公司派人到现场查勘,并出具《查勘报告》。

2) 损失较大(一万元以上),如查勘员认为需要报交警处理,会向交警部门报案,由交警部门到现场调查取证,并出具《事故认定书》。

(3) 定损修理

1) 车主将车辆送抵定损中心并同时通知保险公司定损。

2) 修理厂修车。

3) 车主提车。

(4) 提交单证进行索赔 收集索赔资料交保险公司办理索赔手续(参考表5-1)。

(5) 损失理算 保险公司收到齐备的索赔单证后进行理算,以确定最终的赔付金额。

(6) 赔付 保险公司财务人员会根据理赔人员理算后的金额,向车主指定账户划拨赔款。

2. 双方事故的处理及索赔程序

双方事故是指多方肇事,且不涉及人员伤亡,但涉及第三者财物损失、事故责任明确的双、多方交通事故。例如:车辆追尾,后车负全部责任,对方或两方车辆均损坏和碰撞防护栏,车辆负全部责任,护栏损坏也需赔偿等,事故处理及保险索赔程序如下:

(1) 报案

1) 事故发生后,保留事故现场,并立即向保险公司报案。

2) 如第三方损失为道路设施或者第三方损失为车辆,需向交警部门报案。

(2) 现场处理

1) 保险公司人员到达现场,并出具《查勘报告》。

2) 交警部门到达现场,并现场出具《事故认定书》。

提醒:一般情况下,如果在向保险公司报案时,保险公司要求向交警报案时,保险公司人员无需到现场处理。

(3) 第三者修理

1) 如果第三者是非机动车,则最好要求保险公司人员在进行现场处理时,直接达成三方(第三者、保险公司、车主)公认的一个核损价格,如果当场不能核定损失,则在进行第三者损失核定的时候或者过程中,要求保险公司给出核损价格。

提醒:如果不经过保险公司允许,自行答应第三者有关索赔金额的承诺,这种承诺保险公司是有权推翻重来的,如果重新核定的价格与第三者的要求有差距,则这个差距会由车主自行承担。

2) 如果第三者是机动车,则要分以下两种情况:

第一,如果第三者同意与车主一同前往车主选定的修理厂进行修理,则当场不必支付第三者任何现金。

第二，如果第三者要求去自己选定的修理厂进行修理，也就是说第三者将与车主去不同的修理厂进行车辆修理时，则第三者可能要求车主在事故现场先支付一部分修理费用，或称押金或定金，（因为担心事后找不到车主或者事后车主不认账），切记：一方面现场掏钱，一定要立收据；另外一方面支付一半的修理费用比较适当（因为也有可能发生事后第三者不认账的情况）。

提醒1：第三者车辆修理完毕后，车主必须先将修理费交付给第三者或者第三者选择的修理厂，然后拿到第三者的修理发票及维修明细才能进行保险索赔的，如果事后第三者不提供相关资料或者找不到第三者时，第三者的维修费用保险公司是不能赔付的。

提醒2：虽然上文提到在现场掏钱时，要第三者立收据，虽说这种收据是不能作为赔偿依据的，但是这种收据至少可以避免第三者事后不认账的情况。因为第三者修理完毕后，车主必须先将修理费交付给第三者或者第三者选择的修理厂，如果没有这个收据，第三者万一不认账的情况下，车主到底应该在第三者车辆修理完毕后，支付多少钱呢？

（4）车辆定损修理

1）将车辆送抵定损中心并同时通知保险公司，定损。

2）修理厂修车。

3）车主提车。

（5）提交单证进行索赔　收集索赔资料交保险公司办理索赔手续（参考表5-1）。

（6）损失理算　保险公司收到齐备的索赔单证后进行理算，以确定最终的赔付金额。

（7）赔付　保险公司财务人员根据理赔人员理算后的金额，向车主指定账户划拨赔款。

3. 多方事故的处理及索赔程序

多方事故是指多方肇事，且涉及人员伤亡的双、多方交通事故。例如：碰撞行人，行人受伤。事故因为涉及人员伤亡，所以处理起来比较复杂，处理及索赔程序如下：

（1）报案　事故发生后，事故各方车辆应停在原地，保留好事故现场，并立即向保险公司和交警部门报案。

提醒：如有人员伤亡，应立即送往医院，除非事发地段比较荒凉或者无车经过，尽量不挪动事故车。因为如果用事故车将伤者送往医院，将造成事故责任无法认定。

（2）现场处理　交警部门到现场调查取证，并暂扣事故车辆、当事驾驶员《驾驶证》和事故车辆《行驶证》。一般情况下，交警处理的事故保险公司查勘人员无需再到现场查勘。

（3）责任认定　交警部门根据事故情况作出责任判断，并向当事各方送达《责任认定书》；如当事各方对事故责任认定不服，应在收到《责任认定书》十五日内向交警部门提出复议或者向人民法院提出诉讼。

（4）伤者治疗

1）伤情诊断。医生对伤者进行检查，出具《病历》和《诊断证明》，并作出是否住院治疗的决定。

2）住院治疗。医生对伤者进行治疗。

3）出院手续。主治医生认为伤者无需再住院治疗的，伤者应办理出院手续并开具《出院证明》，注明出院后的注意事项，休养时间，护理时间及护理人数。

模块五　车辆保险理赔与三包理赔业务认知

主治医生认为伤者无需再住院治疗的，伤者拒不办理出院手续，赔偿义务人应通知交警部门，从主治医生证明伤者可以出院之日起的费用赔偿义务人可以不负责赔偿，保险公司也不会赔偿。

如伤者出院之后需继续治疗的，医生出具《继续治疗费用预估证明》，合理的费用保险公司可以赔付。

4）伤残评定。伤者治疗结束后，可以到相关的鉴定机构进行伤残评定，如达到伤残等级，应取得《伤残等级证明》。

5）医疗担保和预付费用。当肇事各方无法承担医疗费用时，可以向保险公司提出申请预付医疗费用，凭医生出具的《医疗费用预估证明》和已交费用清单可以获得不超过所需费用 50% 的预付款。

6）医疗核损。保险公司在伤者治疗期间，会派医疗核损人员到医院及交警大队了解伤者的受伤情况和治疗情况，对治疗费用进行预估和监督。

（5）车辆定损修理

1）将车辆送抵定损中心并同时通知保险公司，及时定损。

2）修理厂修车。

3）车主提车。

（6）赔偿调解

1）伤者治疗结束后，事故各方可到交警大队申请办理赔偿调解手续，也可到法院提起诉讼。法院及交警大队都会根据事故各方提供的证明材料依据相关赔偿标准和法规条款进行赔偿调解，当事各方不服的可以向上级人民法院提起诉讼。

2）涉及保险赔偿的事故，向法院提起诉讼时，可提请保险公司作为第二被告或第三人（厦门岛内法院只允许保险公司作第三人、岛外可以作被告）。

（7）提交单证进行索赔　付清相关费用，收集索赔资料交保险公司办理索赔手续（参考表 5-1）。

（8）损失理算　保险公司收到齐备的索赔单证后进行理算，以确定最终的赔付金额。

（9）赔付　保险公司财务人员会根据理赔人员理算后的金额，向车主指定账户划拨赔款。

4. 停放被撞事故的处理及索赔程序

停放被撞是指车辆在停放过程中无人照料的情况下被不明物体碰撞造成车辆受损的事故。例如：车辆在停车场停放中被第三方车辆碰撞损坏，但第三方车辆无法找到。事故处理及保险索赔程序如下：

（1）报案　事故发生后，保留事故现场，并立即向保险公司报案。

（2）现场处理　保险公司人员抵达现场进行查勘，并出具《查勘报告》，同时根据查勘员要求到派出所或者交警部门开具《事故证明》，无法出具事故证明保险公司不予以受理赔付。

（3）车辆定损修理

1）将车辆送抵定损中心并同时通知保险公司，定损。

2）修理厂修车。

3）车主提车。

汽车维修业务接待实务

（4）提交单证进行索赔　收集索赔资料交保险公司办理索赔手续（参考表5-1）。

（5）损失理算　保险公司收到齐备的索赔单证后进行理算，以确定最终的赔付金额。

（6）赔付　保险公司财务人员会根据理赔人员理算后的金额，向车主指定账户划拨赔款。

5. 整车被盗事故的处理及索赔程序

整车被盗抢是指整部车辆被盗、被抢。该类事故因为涉及交警大队立案以及必要的侦破时间，所以处理起来周期比较长事故处理及保险索赔程序如下：

（1）报案

1）24小时内带齐身份证、驾驶证、行驶证原件向案发地派出所报案，并取得加盖派出所公章的报案回执及被盗（抢）车辆报案表。

2）48小时内向保险公司电话报案。

（2）刊登《寻车启事》　一周内带齐报案回执、被盗（抢）车辆报案表到市一级报纸上刊登《寻车启事》，并保存好全幅报纸。

（3）开具《被盗（抢）车辆侦破结果证明书》　如果三个月后（有些公司规定2个月）车辆仍未找到，带齐报案回执、被盗（抢）机动车辆报案表到派出所和区公安分局刑警大队办理未侦破证明手续，并由上述两个部门在《被盗（抢）车辆侦破结果证明书》上盖章确认未破获。

（4）车辆销户

1）到保险公司复印两份《被盗（抢）车辆立案表》并盖章。

2）办理车辆销户手续。

带齐被盗（抢）车辆侦破结果证明书、报案回执、被盗（抢）机动车辆报案表、被盗（抢）机动车辆立案表（一份交车管所留存）、行驶证、填写《机动车辆停驶登记申请表》，在公安报上刊登《销户声明》，取得《销户证明》。

（5）提交单证进行索赔　收集索赔资料交保险公司办理索赔手续（参考表5-1）。

（6）损失理算　保险公司收到齐备的索赔单证后进行理算，以确定最终的赔付金额。

（7）赔付　保险公司财务人员会根据理赔人员理算后的金额，向车主指定账户划拨赔款。

注意：该类案件保险公司只承担70%的赔偿责任。

6. 车险理赔材料

车险理赔材料参考阅读下面的表5-1，表中有五个方面的相关材料：理赔材料；不涉及人伤案件事故类型提供理赔材料；涉及人伤案件类型提供理赔材料；涉及盗抢案件类型提供理赔材料；涉及火烧车案件类型提供理赔材料。

表5-1　车险索赔材料

理赔材料	
备注：委托他人办理需提供委托书，被委托人身份证原件。	
1. 本车保单正本原件	2. 本车交强险保单正本原件
3. 本车保单及批单正本原件	4. 本车保单及批单正本复印件

（续）

理赔材料	
5. 本车行驶证正副证原件	6. 本车行驶证正副证复印件
7. 本车驾驶证正副证原件	8. 本车驾驶证正副证复印件
9. 本车体检回执（AB照提供）	10. 本车被保险人身份证原件
11. 本车被保险人身份证复印件	12. 本车定损单原件
13. 本车车损维修发票原件	14. 本车汽修厂结算清单
15. 本车施救费发票原件	16. 本车更换的配件（旧件）
17. 三者定损单原件	18. 三者发票原件
19. 三者交强险保单复印件	20. 三者维修清单原件
21. 三者施救费发票原件	22. 三者车索赔申请书
23. 三者车交强险承保公司	24. 三者行驶证原件
25. 三者行驶证复印件	26. 三者驾驶证原件
27. 三者驾驶证复印件	28. 三者更换的配件（旧件）
29. 其他保险公司定损单	30. 查勘信息记录表（查勘报告）
31. 车损照片	32. 复勘报告
33. 复勘照片	34. 旧件回收清单
35. 交警证明（认定书、调解书、协议书）	36. 法院出具的有关法律文书（如有诉讼）
37. 索赔申请书	38. 索赔告知书
39. 转账支付授权书	40. 柜面支付授权委托书
41. 出险通知书	42. 赔款通知书
43. 授权委托书	44. 权益转让书
45. 银行开具的及时还款证明	46. 有效的经济赔偿凭证
47. 被保险人单位公章	48. 被保险人组织机构代码证原件
49. 被保险人组织机构代码证复印件	50. 被保险人税务登记证原件
51. 被保险人税务登记证复印件	52. 被保险人营业执照原件
53. 被保险人营业执照复印件	54. 简易案件审批表
55. 服务资格复印件	56. 被保险人银行账户
57. 被保险人单位财务收款收据	58. 与确认保险事故的性质、原因、损失程度等有关的其他证明和材料
59. 病历原件	60. 疾病诊断证明
61. 医疗费发票原件	62. 医疗用药费用清单原件
63. 医嘱单	64. 病休假证明
65. 120急救清单	66. 再医费
67. 营养费	68. 鉴定费发票
69. 转院证明	70. 手术记录
71. 护理人有效身份证明	72. 医疗机构护理证明、收据
73. 医疗机构建议安装残疾辅助器具的医疗证明	74. 残疾辅助器具购置机构证明（注明型号、厂家、价格、更换周期）
75. 残疾用具购置发票	76. 住院记录

（续）

理赔材料	
77. 出院小结原件	78. 残疾鉴定报告原件
79. 交通费发票原件	80. 住宿费发票原件
81. 伤者有效身份证明	82. 伤者联系方式
83. 伤者有效职业证明	84. 伤者户籍证明
85. 伤者工资证明	86. 伤者完税证明
87. 伤者收入减少证明	88. 伤者受伤部位照片
89. 劳动合同	90. 单位联系电话
91. 单位详细通信地址	92. 被抚养人户口簿复印件
93. 被抚养人户籍证明	94. 被抚养人及家庭关系证明
95. 被抚养人丧失劳动力的证明	96. 供养证明
97. 人伤赔偿凭证	98. 死亡证明
99. 尸检报告	100. 户口注销证明
101. 火化证明	102. 殡葬费发票
103. 索赔申请书	104. 报立案证明
105. 未破获证明	106. 档案封停证明
107. 登报声明	108. 购车发票
109. 车辆购置税本或者免税凭证原件	110. 车辆登记证书原件
111. 原配的全套钥匙	112. 起火原因证明
不涉及人伤案件事故类型提供理赔材料	
个人客户	
单方事故（指不涉及三者车、物、人的案件）	多方事故（指涉及三者车、物、人的案件）
6、8、9、10、13、14、15、35、37、39、45、55、56	6、8、9、10、13、14、15、17、18、19、20、21、35、37、39、45、55、56
团体客户	
单方事故（指不涉及三者车、物、人的案件）	多方事故（指涉及三者车、物、人的案件）
6、8、9、13、14、15、35、37、39、45、49、51、53、55、56	6、8、9、13、14、15、17、18、19、20、21、35、37、39、45、49、51、53、55、56
说明：	
1）参照《理赔材料列表》，数字代表所需理赔材料的编号。	
2）材料6、8，如赔款超五万，需提供原件。	
3）材料37、39，个人客户：被保险人签字；单位客户：加盖公章。	
4）材料45，按揭车，赔款金额5000元以上提供银行意见函。	
5）材料49、51、53只有单位客户，万元以上案件需提供，提供其一即可。	
6）材料55只有营运车、特种车需提供。	
涉及人伤案件类型提供理赔材料	
门诊案件	6、8、9、10、13、14、15、35、37、39、45、55、56、59、60、61、64、82
住院案件	6、8、9、10、13、14、15、17、18、19、20、21、35、37、39、45、55、56、59、60、61、62、64、71、72、76、77、81、82、83、84、85、86、87
伤残案件	6、8、9、13、14、15、35、37、39、45、49、51、53、55、56、59、60、61、62、64、68、73、74、75、76、77、78、81、82、83、84、85、86、87
死亡案件	6、8、9、13、14、15、17、18、19、20、21、35、37、39、45、49、51、53、55、56、59、61、62、79、80、81、82、83、92、93、94、95、96、98、99、100、101、102

模块五 车辆保险理赔与三包理赔业务认知

（续）

说明：	
1）参照《理赔材料列表》，数字代表所需理赔材料的编号。	
2）材料37、39，个人客户：被保险人签字；单位客户：加盖公章。	
涉及盗抢案件类型提供理赔材料	
个人客户	1、2、3、6、8、9、10、13、14、15、35、37、39、44、45、55、56、104、105、106、107、108、109、110、111
团体客户	6、8、9、13、14、15、35、37、39、45、49、51、53、55、56、104、105、106、107、108、109、110、111
说明：	
1）参照《理赔材料列表》，数字代表所需理赔材料的编号。	
2）材料37、39，个人客户：被保险人签字；单位客户：加盖公章。	
涉及火烧车案件类型提供理赔材料	
个人客户	6、8、9、10、12、14、15、25、27、29、45、55、56、112
团体客户	6、8、9、12、14、15、25、27、29、45、49、51、52、55、56、112
说明：	
1）参照《理赔材料列表》，数字代表所需理赔材料的编号。	
2）材料27、29，个人客户：被保险人签字；单位客户：加盖公章。	

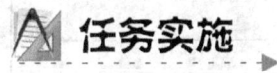 任务实施

1. 上网搜索、了解车辆保险公司的报案电话

上网搜索、了解得到的各汽车保险公司的报案电话见表5-2。

表5-2 各汽车保险公司的报案电话

公司名称	报案电话	公司名称	报案电话
中国人民财产保险股份有限公司	95518	安邦财产保险股份有限公司	95569
中国太平洋保险股份有限公司	95500	永诚财产保险股份有限公司	95552
中国平安财产保险股份有限公司	95512	阳光财产保险股份有限公司	95510
天安保险股份有限公司	95505	中国人寿财产保险股份有限公司	95519
永安保险股份有限公司	95502	上海安信农业保险股份有限公司	4008200081
华泰财产保险股份有限公司	95509	天平汽车保险股份有限公司	4006706666
中华联合财产保险股份有限公司	95585	都邦财产险股份有限公司	4008895586
中国大地财产保险股份有限公司	95590	民安保险（中国）有限公司	4008895506
华安财产保险股份有限公司	95556	中银保险有限公司	4006995566

2. 通过到保险公司、4S店、上网搜索或者上街询问，每个团队找到一例车辆保险事故理赔的事件，模拟完成表5-3～表5-5的填写，并参照常见事故索赔程序将车辆保险理赔的详细经过写成一份车辆事故理赔报告

149

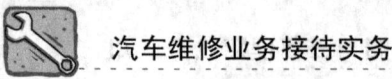

表 5-3 保险公司机动车辆保险出险报案表

某保险公司机动车辆保险出险报案表				
被保险人		保单号码		
厂牌型号		车牌号码	牌号底色	车辆种类
出险时间	年 月 日 时 分	出险原因		
报案人		报案时间	年 月 日 时 分	
报案方式		出险地点		
联系人		联系电话		
报案方式	□电话 □传真 □上门 □其他	是否第一现场报案	□是 □否	
出险地点和邮政编号				
出险地点分类	□高速公路 □普通公路 □城市道路 □乡村便道和机耕道 □场院及其他	已行驶里程	已使用年限	初次登记日期
处理部门	□交警 □其他事故处理部门 □保险公司 □自行处理			
报案方式		出险地点		
保险期限	自 年 月 日零时起 至 年 月 日二十四时止			
事故类型	□单方 □双方 □其他	车辆初次登记日期	年 月 日	
使用性质	□家庭自用 □非营业 □营业 □摩托车、拖拉机 □特种车			
驾驶人员情况	驾驶证号			
	驾驶员	期准驾车型	□A □B □C □其他	
	联系电话	初次领证日		
	性别 □男 □女	固定驾驶员	□是 □否	
出险经过:(请您如实填写事故经过,报案时的任何虚假、欺诈行为均可能成为保险人拒绝赔偿的依据。)				
			报案人签字: 年 月 日	
损失、施救情况和事故处理结果: 查勘员签字: 年 月 日	《机动车辆保险索赔须知》已收悉。 驾驶员签字: 被保险人联系电话: 被保险人签章: 年 月 日			

表 5-4 保险公司机动车辆保险索赔申请书

某保险公司机动车辆保险索赔申请书					
被保险人			保单号码		
厂牌型号			车牌号码		
发动机号			车架号码		
出险时间	年 月 日 时 分		出险地点		
报案时间	年 月 日 时 分		是否第一现场报案	□是	□否
保险期限	自 年 月 日零时起 至 年 月 日二十四时止				
事故类型	□单方 □双方 □其他		车辆初次登记日期	年 月 日	
使用性质	□家庭自用 □非营业 □营业 □摩托车、拖拉机 □特种车				
驾驶人员情况	驾驶员			联系电话	
	驾驶证号				
	准驾车型	□A □B □C □其他		固定驾驶员	□是 □否
出险经过：（请您如实填写事故经过，报案时的任何虚假、欺诈行为均可能成为保险人拒绝赔偿的依据。）					
损失及施救情况： 查勘员签字： 　　　　　　年 月 日			《机动车辆保险索赔须知》已收悉。 驾驶员签字： 被保险人联系电话： 被保险人签章： 年 月 日		

表5-5 机动车辆保险权益转让协议

保险公司　　　　分公司（办事处/支公司）
贵公司承保的机动车辆盗抢险，保险单号为　　　　，保险金额为　　　　元，保险期限为　　　　，出险时间为　　　　，出险地点为　　　　，根据机动车辆保险附加盗抢险条款的规定，请贵公司对我单位的损失按规定给予赔偿，同时，我们将权益全权转让给贵公司，并提供充分的协助，共同向第三者追偿损失。

被保险人：（盖章）
年　月　日

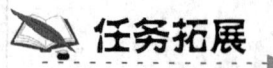

任务拓展

1. 对索赔人员的资格认定

某实业公司向当地某保险公司投保一辆丰田面包，投保险别包括车辆损失险、第三者责任险和盗抢险等。1~3月间，该车两次出险，均由该单位驾驶员姜某办理索赔手续。因该车的投保业务也是由姜某办理，保险公司理赔人员没有要求其出示委托证明。5月，姜某到保险公司报案称车辆丢失，同时办理了索赔手续。同年9月，本案理赔完毕，依据姜某出具的委托付款函保险公司将赔款人民币11万元支付到指定的第三人某装潢设计公司账户上。11月，被保险人实业公司派人到保险催取赔款，保险公司方知赔款被姜某骗去。原来，姜某7月被实业公司辞退，但其仍继续以被保险人的名义进行索赔，且某装潢设计公司也已倒闭不存在了。

议一议：

单位所有的车辆在办理保险时，一般都以单位自身作为投保人和被保险人，因此，只有单位具有保险金的受领权。但单位作为法人或非法人组织，所有活动都要通过其内部工作人员或其委托的其他人员或组织完成任务，且须以单位的名义。所以，保险人在办理单位所有车辆的承保、理赔业务时，应当要求单位的工作人员出示能够证明其身份证有关证件，包括身份证、工作证和单位的介绍信或委托书等，并将主要证明复制，以保存证据。赔款应用转账支票，现金支付时要特别从严掌握，以防止骗保、骗赔等事件的发生。

就本案而言，保险人在理赔过程中没有审核索赔人员的身份，并根据姜某个人出具的委托付款函将赔款转至第三方账户，因此，对赔款被冒领负有责任。作为被保险人的实业公司，在姜某被辞退后没有及时通知保险人，也给姜某骗取赔款以可乘之机。因此，双方都有过错，应当分别承担相应的责任。保险人应向真正的被保险人支付保险金，但可增加相应的免赔额。

2. 被保险人赔款被他人冒领，应如何处理

某甲为其个人用车办理了车辆手续。保险车辆在保险期限内发生保险事故，保险公司迅速理赔，并向某甲发出了领取赔款通知书。3日后，一名自称是被保险人某甲妻子的某乙来

模块五　车辆保险理赔与三包理赔业务认知

到保险公司领取赔款，称某甲现在外地出差，无法前来领取赔款，并出示了自己身份证、某甲的身份证复印件和两人的结婚证，于是，理赔人员向其支付了全部额款。不料几日后，被保险人某甲又前来领取赔款，并告知其与某乙已离婚，某乙是为骗在赔人员向某乙支付全部赔款而冒充自己的妻子，并要求保险公司向自己支付赔款，保险公司拒绝了某甲的请求，某甲遂将保险公司诉至法院。

议一议：

根据《保险法》的有关规定，被保险人享有保险金的请求权。因此，发生保险事故后，保险人应当向保险单上列明的被保险人支付保险金。当然，被保险人他可委托其他人代其行使保险金的请求和受领权，但这种情况需要保险切实可行查明被保险与受托人之间的真实的关系，谨慎支付赔款。某些情况下，也可能出现在私有车辆被保险人家庭成员之间经济并不独立，因此，由家庭成员尤其配偶、父母等代行某些本人的财产权利在法律上能够得到认可的。但即使是在这种情况下，也需要保险人注意查证代领人与被保险人之间的真实关系，其后才能向代领人支付赔款。本案中的某乙自称是被保险人某甲方妻子，并能够向保险人提供两人的身份证件及两人的结婚证，使保险人有充分理由相信两人的婚姻关系存续期间，因此向某乙支付赔偿的行为并无过错。某甲不应再向保险人索赔款，而应向其前妻某乙追索。

3. 未受伤第三者的误工费，是否应赔偿

王某购买一辆捷达牌轿车，并在当地的保险公司投保了车损险、第三者责任险以及盗抢险等附加险。一天，王某在强行超越一辆正常行驶的出租车时，由于操作不当与出租车相撞，致使出租车前部损坏，所幸出租车驾驶员没有受伤。事故发生后，王某及时向交警部门和保险公司报了案。交警了解情况后，认定王某负事故责任。车辆进行了损失核定，初步估计修理出租车需要3天的时间。出租车驾驶员考虑到这3天无法营运，损失将近千元，当面向王某和保险公司提出3天的误工费的赔偿请求。保险公司的理赔人员当即告诉他：只有在第三者受伤的情况下，保险公司才负责赔偿误工费，由于你没有受伤，保险公司对你的误工损失不予赔偿。

议一议：

本案所反映的问题的实质，是对未受伤者的误工损失应当如何理解和定性，以利于保险公司根据法律的规定和保险合同的约定正确处理该项费用。根据《车险条款》的规定，保险人在第三者责任险项下只负责承担两种责任：一是对第三者的财产直接损毁的赔偿责任，二是对第三者人身伤亡的赔偿责任。对于后者，《道路交通安全法》规定了较为详细、明确的赔偿范围和标准，其中包括事故受害人因人身死亡而造成的误工费用。因此，误工费属于人身伤害损害赔偿的范围之内。

对于本案中出租车驾驶员的误工损失，则应认定为一种间接的财产损失，即预期的可得利益的减少。而被保险人对第三者的间接财产损失赔偿责任不属于第三者责任保险的保障范围，而是属于责任免除条款中"停驶、停业"的间接损失。因此，虽然本案中第三者可以向被保险人请求赔偿其因停驶造成的误工费用，但保险人对该项费用不负赔偿责任。

153

汽车维修业务接待实务

任务评价

类别	序号	评价项目	评价内容及要求	配分	学生自评	学生互评	教师评价	得分
		任务编号	15　　学时：4学时		学生姓名：		总分：	
职业素质评价	1	文明、安全意识	遵守汽车实训室文明规则，遵守设备安全操作规程。纪律表现好	8				
	2	个人仪容	注重职业形象。站立笔挺；面部清洁；头发前不盖眉，不染发，女生扎发髻，男生不留胡须	8				
	3	个人仪表	着整洁、深色的商务正装；男生佩戴领带，女生佩戴丝巾，佩戴正确；着深色皮鞋；佩戴工作牌于左前胸	8				
	4	团队合作任务执行	分组任务实施、训练交流、合作参与意识强；协作性、积极主动性好；责任感较强；任务完成度好	8				
岗位技能评价	5	汽车保险的概念	是否明确汽车保险的概念，完成任务实施情况如何	10				
	6	汽车保险的险种	是否明确汽车保险的险种，完成任务实施情况如何	15				
	7	汽车保险的索赔流程	是否明确汽车保险的索赔流程，完成任务实施情况如何	15				
	8	表单填写	熟练、正确填写3个单据：《车辆保险出险报案表》；《保险索赔申请书》；《车辆保险权益转让协议》	10				
	9	理解运用知识能力	是否理解知识点，能运用知识点解决案例问题和思考训练	10				
	10	完成时间	是否按时完成各项任务	8				

注：按学生自评占20%、学生互评占30%、教师评价占50%计算总分。

思考与训练

1. 填空

（1）汽车保险是指以_____为保险标的的保险。

（2）汽车保险既属于_____保险赔偿范畴，又属于_____保险范畴，是一个综合性的险种。

（3）车险种类按性质可以分为_____与_____。车险种类根据保障的责任范围还可以分为_____和_____。

（4）基本险包括_____、_____、_____以及_____；投保人可以选择投保其中部分险种，也可以选择投保全部险种。

（5）商业险是非强制购买的保险，车主可以根据实际情况进行购买，请写出八个常用商业险险种_____、_____、_____、_____、_____、_____、_____、_____。

（6）保险事故损失包括_____、_____和其他财产损失三方面。

（7）车辆保险索赔的流程，即被保险机车出险后被被保险人向保险公司索赔时应该如下程序进行：_____、_____、_____、_____、_____、_____。

2. 判断题

（1）汽车保险是一种财产保险。（　　）

（2）汽车保险可买可不买。（　　）

（3）汽车保险买得越多赔得越多。（　　）

3. 训练

（1）查询一家汽车保险公司的所有商业险种并分析最有竞争力的一种保险。

（2）学生分组训练，角色扮演，一人扮演车主，一人扮演查勘员，一对一训练：对一辆"事故车"按车辆保险索赔的流程完成事故查勘及报告，考核索赔程序掌握情况并评价。

（3）填写单据检查。学生分组相互检查"任务实施"中所填写的单据，具体参见表5-3和表5-4，并予以评分。

任务二　车辆三包理赔

任务目标

1. 认识车辆三包理赔的概念；
2. 了解三包理赔业务中的走保和回访业务；
3. 掌握车辆三包理赔的范围；
4. 掌握国家对三包理赔的相关规定；
5. 掌握DMS系统调试及维修服务信息的录入操作；
6. 熟悉五菱车的三包理赔。

中职汽车维修、汽车商务专业毕业生主要去向是汽车维修厂和品牌4S店等汽车维修企业。学生了解车辆三包理赔的概念和理赔范围，掌握DMS系统调试及维修服务信息的录入操作，熟悉五菱车的三包理赔特点，就业后能更好地完成车辆售后服务工作。

汽车维修业务接待实务

相关知识

1. 认识三包理赔

汽车三包实际上就是汽车零部件的包修、包换、包退。即在走保期限内，一般是在售后三个月且行驶里程在2000km至3000km，且没有出现以下几种情况：①在非指定的4S店或特约经销商维修过；②装有未经厂家许可使用的零部件或车辆未经厂家许可改装过；③出现超负荷使用或其他违规操作；④使用不当或滥用车辆造成损坏；⑤交通事故造成的损坏。出现零部件损坏，可以申请对损坏零部件进行包修更换。如果提车不超过24小时就发现重大车辆故障，或因车辆重大产品质量缺陷引起，且故障无法完全排除或者修复达不到国家相关技术标准的，由用户提出后，经公司质保、产品及售后等技术部门确认后，确实属于质量缺陷的，可以申请换车。另外车子的首保即首次保养，也属于三包范围。

汽车三包服务是汽车供应商对其产品质量的承诺，是对消费者的一种保障，这种质量担保承诺的目的是让用户对制造商的产品满意和经销商的售后服务满意的保障。对于汽车4S店来说，汽车的三包有着另一层的含义。由于汽车4S店是处于生产商与消费者之间的经销商，因此汽车4S店扮演着一个中间人的角色，汽车生产商对客户的三包许诺是通过汽车4S店实现的。汽车4S店一方面直接面对客户，对客户实施的三包服务；另一方面，汽车4S店面对汽车生产商，向生产商索取三包服务的必要的成本开支，汽车4S店的三包理赔业务由此产生。

汽车三包理赔是售后服务的重要组成部分，主要包括车辆正常索赔的材料费、工时费；外出救援的交通、住宿等费用；厂家特殊要求适度延长的质量担保期。另外三包理赔还涉及服务部与维修服务站、服务部与供应商之间产生的三包服务账务问题，包含的业务有：走保业务、三包服务业务、服务回访业务和费用结算业务四项业务。

2. 三包理赔业务解析

（1）走保业务　所谓走保就是走合期保养，是指新车在初期运用过程中所进行的保养。新车要进行走保，主要是因为：①新车在出厂之前虽经过磨合，但零件的加工表面还比较粗糙；②加工后的形状和位置还存在着一定的偏差；③各连接件经过初期使用后容易松动。因此要经过走合，使汽车各部件运动表面得到充分的磨合，同时发现和排除制造和装备过程出现的缺陷，从而延长汽车的使用寿命。

走保的负责单位是售后服务部，考虑到地域的限制，服务部将车辆的走保委托给自己的特约服务站（包括4S店），由服务站来完成。车辆走保是对汽车进行服务的过程，会产生工时费、材料费，这一部分费用最终要由具体的责任单位来承担，因此制造厂服务部要对这些费用进行处理。

走保产生的依据形式就是客户要求三包服务，在服务站填报的走保单（即三包索赔申请单），服务部根据走保单，核实车辆走保服务的质量情况。走保单上主要记录走保车辆的信息、工时费、材料费等。服务部回访员要对走保单进行回访，审核员对走保单进行审核，对服务信息进行确认。

（2）服务回访业务　服务回访是对走保服务、三包服务质量的跟踪服务。就是走保、三包服务以后，对用户资料、车辆档案、外出服务、故障件等信息进行回访，听取用户对服务的态度、维修质量、产品质量的评价和对服务质量的改进意见。

根据客户的需求不断改进服务，不仅可以提高和保障服务质量，发展潜在客户，同时也可以杜绝服务站随意修改服务信息、报假单来获取超额利润。服务回访不仅可以得到客户的认同，还可以创造客户价值，是企业和用户之间交流的一种重要手段。

要做到有效处理回访资料，从中改进工作、改进产品、改进服务。可以说服务回访是保证服务质量的一项措施。

3. 三包理赔流程

对于现代的4S店来说，三包理赔业务由客户要求三包索赔开始。汽车4S店将客户要求索赔的三包件入库，然后向生产商上报索赔，同时用新的三包件与客户更换，生产商审核索赔后给汽车4S店支付相应三包费用。三包理赔业务流程见图5-2。

4. 三包理赔范围

三包是指企业生产的产品按国家设计标准、国家制造标准，因生产或装配质量问题引起的故障在规定的期限内实行三包服务。

1）按照汽车企业的规定，对前后桥重要件三包期进行的规定。例如某汽车盆角齿、差减总成、轮毂、制动鼓、横直拉杆、桥壳的三包期为6个月或行驶里程在20000km以内，如果车辆驾驶中超出任意一条规定的不予实施三包服务。

2）用户因私自改变汽车结构。如增加弹簧钢板、增加货箱体积等严重超载引起的桥壳断裂、半轴、半轴套管断裂、差减总成损坏不予实施三包服务。

3）新车在走保期内严重超载，并且未按说明书规定（行驶2000～2500km）进行强制保养的不予实施三包服务。

5. 三包服务法规

三包服务涉及的法律依据主要包括《中华人民共和国产品质量法》、《中华人民共和国消费者权益保护法》、《中华人民共和国合同法》。规定：

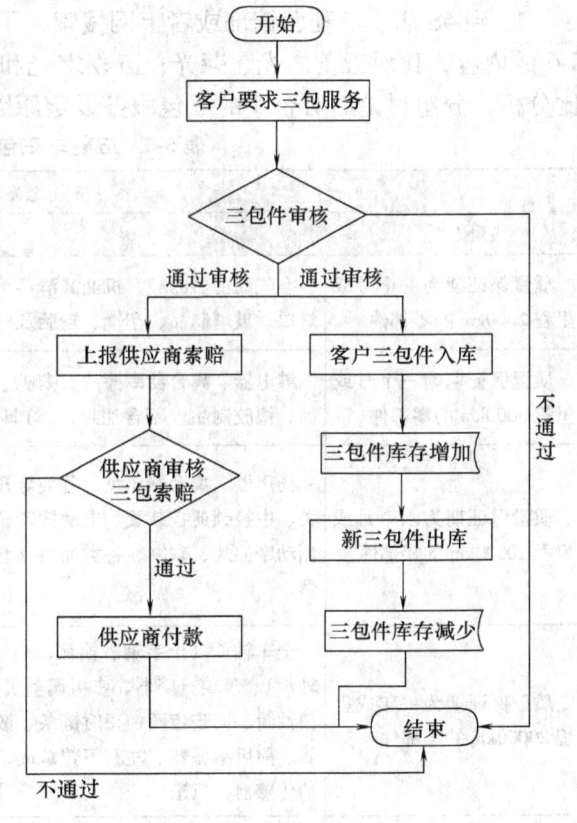

图5-2 三包理赔业务流程

1）家用汽车产品的包修期限不低于3年或行驶里程60000km（以先到者为准）。家用汽车产品的三包有效期不低于2年或者50000km（以先到者为准）。

2）家用汽车产品卖出60天，3000km内（先到为准），发动机、变速器的主要零件出现质量问题的，消费者可选择更换发动机、变速器；若出现转向系统失效、制动系统失效、车身开裂或燃油泄漏，消费者可免费更换整车产品或退货。

3）家用汽车三包有效期内，发生下列之一的，消费者可选择更换或退货：严重安全性能故障累计2次修理，仍未排除或又出现新的严重安全性能故障；发动机、变速器累计更换

2次，或其同一主要零部件因质量问题累计更换2次后，仍不能正常使用的；转向系统、制动系统、悬架系统、前/后桥、车身的同一主要零件因其质量问题累计更换2次，仍不能使用的。以上五系统的主要零部件由生产者明示在三包凭证上，其种类范围具体另行文规定。

4) 家用汽车产品的易损耗零部件在其质保期内出现质量问题，消费者可选择免费更换易损耗件。易损耗件的种类范围和质保期由生产者在三包凭证上明示，具体要求另行文规定。

任务实施

1. 到4S店、五菱营销部或者上网搜索，了解五菱车三包材料及时间限制，结合阅读表5-6的内容，比对五菱之光、荣光；五菱宏光和五菱乐驰三种主要的车辆的三包服务进行对比分析，分组讨论后对企业的三包服务设定原因进行分析阐述。

表5-6　五菱车三包材料及时间限制

五菱之光、荣光	
限制	零部件
质量保证期为一个月或里程2000km的零部件	空气滤清器滤芯、机油滤清器、燃油滤清器、保险丝、火花塞、彩条、随车工具、灯泡、灯罩、玻璃制品、车镜、轮胎及气门芯
质量保证期为三个月或里程5000km的零部件	继电器、离合器摩擦片、喇叭、闪光器、蓄电池、调节器、电子钟、排气管垫、塑料制品、橡胶制品（不含油封）、灯具（不含灯泡、灯罩）、针织品、波纹管、遮阳板、人造革
质量保证期为六个月或里程10000km的零部件	扬声器、离合器压盘、各类灯开关、收放机、CD机、喷水器、刮水器电机、除霜器及开关、中控锁遥控装置、电动摇动窗机电机及开关、组合开关、组合仪表、各类软轴及拉索、制动摩擦片、碳缸、各类油封（含各类密封圈、密封垫）、压缩机皮带、外装饰裙板、节温器
质量保证期为一年或里程20000km的零部件	全车轴承（十字轴、轴瓦、前轮轴承、半轴轴承、变速器轴承、分离轴承、后桥减速器轴承）、玻璃升降器、座椅调整机构及支架、点火开关及门锁、水泵、起动机、发电机、气门油封、同步齿圈、正时链条、散热器、暖风机总成、空调系统、真空助力气、后门空气弹簧、前后减振器、左右下臂总成、转向摇臂、排气管、消声器、各类球销、燃油传感器、机油传感器、风扇
质量保证期为两年或里程40000km的零部件	发动机部件：活塞、油底壳、配气机构（气门、气门弹簧、正时齿轮）、飞轮、活塞环、张紧轮、高压线、点火线圈 变速器部分：壳体、齿轮、轴、同步器、换挡拨叉及拨叉总成 传动系：后桥减速器总成、半轴、传动轴 转向系：方向盘、转向立柱总成、转向管柱总成、转向器传动轴总成、转向器、转向拉杆、转向节、锥齿轮总成、动力转向系统（动力转向器、叶片泵、动力转向油管、储油壶） 制动系：制动钳（不含油封）、制动盘、制动鼓、总泵缸体及活塞、分泵缸体及活塞、感载比例阀、ABS防抱死系统、制动管路 行驶系：车架、前轴焊合件总成、支撑杆、稳定杆、螺旋弹簧、轮辋 其他部分：安全带、安全气囊系统、燃油箱、燃油硬管、换挡操纵机构

模块五 车辆保险理赔与三包理赔业务认知

（续）

五菱之光、荣光	
限制	零部件
质量保证期为一年或里程40000km的零部件	ECU、怠速控制器、进气温度传感器、进气压力传感器、节气门位置传感器、冷却液温度传感器、爆燃传感器、氧传感器、节流阀体、燃油导轨总成（含燃油压力调节器、喷油器）、燃油泵、曲轴位置传感器、碳罐控制阀、排气管（带三元催化器）
质量保证期为三年或里程60000km的零部件	缸体、缸盖、曲轴、连杆、凸轮轴、活塞销、机油泵、进排气歧管、发动机悬挂（不含橡胶件）
五菱宏光	
限制	零部件
三个月或5000km	火花塞、保险丝、继电器、全车灯泡、制动块、制动蹄、离合器摩擦片、刮水器、玻璃制品、传动皮带、机油滤清器、燃油滤清器、空气滤清器、轮胎、橡胶制品（制动管路、燃油管路、油封按24个月或40000km）
一年或20000km	蓄电池
3年或60000km	缸体、缸盖、曲轴、连杆、凸轮轴、活塞销、机油泵、进排气歧管、发动机悬挂、油底壳、发动机前盖、凸轮轴正时链轮、车架、车身（不含油封）
2年或40000km	以上表中未提及的零件
乐驰	
易损件（三个月或5000km）	火花塞，保险片，灯泡，灯罩，制动蹄片，离合器摩擦片，刮水器，玻璃制品，传动皮带，机油滤清器，燃油滤清器，轮胎，空气滤清器，彩条，随车工具及文件资料
特殊零件（12个月或20000km）	控制臂及球销，横拉杆及球头，前后减振器，横拉杆及万向节，排气管及消声器，张紧轮，惰轮，曲轴位置传感器，氧传感器，喇叭，蓄电池，橡胶制品
3年或60000km	以上表中未提及的零件

2. 通过到保险公司、4S店、上网搜索或者上街询问，每个团队找到一例车辆三包理赔的案例，模拟完成表5-7的填写，并参考三包索赔程序将车辆三包理赔的服务情况详细经过写成一份三包理赔报告。

表5-7 索赔申请单

店名简称				索赔员及电话	
车辆信息	用户名称			客户电话	
	车型			行驶里程	
	底盘号			发动机号	
	购车日期			出厂日期	
	车牌号			接待日期	
	变速器号			后桥/分动箱号	
	用户地址				
用户提出质量问题：						
用户签名：						

（续）

原因分析：
鉴定员签名：
换件情况（名称及数量）：
索赔部处理意见

任务拓展

一、查阅资料，了解汽车三包相关的法律、法规，写出认识报告一份

1. 上网阅读《家用汽车产品修理、更换、退货责任规定（征求意见稿）》

为了保护家用汽车产品消费者的合法权益，明确家用汽车产品修理、更换、退货责任，根据产品质量法等有关法律法规，2004年12月30日，国家质检总局会同有关部门和机构起草了《家用汽车产品修理、更换、退货责任规定（草案）》，并在北京国家质量监督检验检疫总局举行了立法听证会。2011年9月20日国家质检总局起草了《家用汽车产品修理、更换、退货责任规定（征求意见稿）》，并公开向社会征求意见，得到社会各界的普遍关注。在2012年1月16日国家质检总局公布《家用汽车产品修理、更换、退货责任规定（第二次征求意见稿）》，再次向社会公开征求意见，2012年2月3日公布《缺陷汽车产品召回管理条例（征求意见稿）》。（相关网址：http：//www.chinalaw.gov.cn；http：//www.aqsiq.gov.cn）

2. 阅读案例——因汽车质量纠纷引发的汽车更换纠纷案

2012年2月15日下午，江苏省宜兴市人民法院对一起因汽车质量纠纷引发的汽车更换纠纷案公开开庭审理。法院最终依据合同法关于违约责任的规定，判决一汽大众4S店宜兴市广海元汽车销售服务有限公司，为原告任才生更换2011款1.8T新迈腾自动舒适型汽车一辆。同时判决原告任才生在提取新车时，支付销售商车辆折旧费及因原款车辆停产导致的新旧款差价共计9958元，并自行依法交纳各项税费。（相关阅读资料：2012年2月16日《法制日报》第8版案例——《江苏宣判首例"整车更换"案消费者换车诉求终获支持》。

模块五　车辆保险理赔与三包理赔业务认知

3. 了解一组中国消费者协会统计的数据

中国消费者协会的数字统计：2009 年全国消协组织统计共受理汽车投诉 9329 件；2010 年全国消协组织统计共受理汽车投诉 14093 件，同比增长 51.1%；2011 年全国消协组织统计共受理汽车投诉 16805 件，同比增长 19.2%，涉及质量安全问题的占 54.7%；2012 年前三季度全国消协组织统计共受理汽车投诉 12304 件，汽车投诉随着我国汽车保有量的不断增加逐年递增，但是随着国家加大对汽车三包的关注，增幅明显有所下降。

写出分析报告：请通过网络平台查询收集《家用汽车产品修理、更换、退货责任规定（第二次征求意见稿）》相关条例具体内容、《江苏宣判首例"整车更换"案消费者换车诉求终获支持》相关评论和中国消费者协会的汽车投诉数字统计问题等相关信息，并形成三包退想报告一份。

二、长安系列汽车三包服务软件的信息录入操作

以长安系列汽车三包服务软件 DMS 系统为例讲解三包服务软件的信息录入流程：

1. 系统登陆

打开 IE 浏览器，进入长安系列汽车三包服务软件 DMS 系统，如图 5-3 所示。

图 5-3　登录界面

2. 正常车辆保养操作步骤

正常车辆保养仅包括了服务站给用户在长安公司规定的正常时间、里程范围内进行保养

汽车维修业务接待实务

的服务。

(1) 车辆保养单录入说明　操作路径：[售后服务]/[维修业务]/[车辆保养单]。

1) 进入[车辆保养单]主维护界面的操作,可通过在查询区进行数据查询。

2) 通过单击状态栏后边[单击显示操作菜单],可以调出状态栏中隐藏的功能按钮,并可以对选中[车辆保养单]进行[查看]/[生成其他结算单]等操作。

(2) [车辆保养单]的录入和走合保养单的打印　通过单击左下角的 新增 按钮,进行[车辆保养单]的录入。

1) 输入VIN码系统会自动获得车型,再输入发动机号,系统会自动获得车辆信息:[购车日期]、[保养类型]、[保养次数]、[保养费用]、[用户名称]、[区号]、[电话]、[手机]、[用户地址]、[车牌号]等信息。[单据编码]由系统自动给出。

2) 正确核对维护用户车辆相关信息,如有其他需要说明的问题可在[备注]中写明。

3) 录入保存[行驶里程],完成车辆保养单的录入,放弃则[返回]。

4) 超出长安公司正常保养规定的时间、里程的,需要长安公司授权才能进行保养服务,特殊申请单击[是],单击保存后会显示[生成特殊保养申请单]。再单击[生成特殊保养申请单],单据会自动提交到[特殊保养申请单]栏中,等待长安公司批复。

5) 例行保养单据上不显示结算费用,因为例行保养由用户付费,不需要生成[其他结算单]寄回长安公司结算。有结算费用的车辆保养单需要[生成其他结算单],第一步单击[保存]即可生成,第二步单击[查看],第三步单击[打印和导出],可以打印出结算单据,第四步用户签字认可,最后结算。

6) 如果为第一次走合保养,而在[保养批复通知单]没有显示[生成其他结算单],单击[查看]没有批复的原因。因例行保养由用户自费,所以在[保养批复通知单]里面不会显示[生成其他结算单],直接单击[查看]即可。

3. 旧件回收操作步骤

根据公司相关管理规定,维修旧件需要根据规定返回。

(1) 旧件清单查看　操作路径:[售后服务]/[旧件审核]/[旧件清单]。

1) 进入[售后服务]主维护界面的操作,可通过在查询区进行旧件数据查询。

2) 通过单击状态栏后边[显示操作菜单],可以调出状态栏中隐藏的功能按钮,并可以对选中[旧件清单]进行[查看]等操作。

(2) 旧件清单录入。

通过单击左下角的[新增]按钮,进行[旧件清单]的录入。

1) [旧件清单(新增)]界面白色部分为必填项,其余部分不作为必填项要求。托运费不需要填写,托运费填写在[维修结算申请内],备注可根据需要填写。

2) 单击[生产厂家]框内的按钮,选择生产厂家,[旧件回收起始日期]自动带出,选择[旧件回收截止日期],系统会自动弹出旧件回收列表。

3) 列表弹出后,正确录入[装箱人员]、[装箱日期]等信息后,单击[保存]按钮。

4) 从[旧件清单]主界面的操作功能项处单击[查看],可看到已做好的[旧件清单]。

5) 在[旧件清单(查看)]界面中单击打印和导出,打印出[旧件清单],寄回各生产厂家负责旧件回收的相关部门。

6) 单击[旧件审核单],对已审核的旧件情况进行查看。

模块五 车辆保险理赔与三包理赔业务认知

如服务站所做的［旧件清单］中有不符合旧件回收管理规定的情况，则会被旧件回收审核人员审去，此时服务站会在［旧件扣款通知单］处看到该单据，在［旧件扣款通知单］处单击查看。

4. 维修结算申请单操作流程

维修结算申请单是在每月申请结算三包费用时所使用。统计某时间段内走合保养及维修费用的申报情况，可以通过该表查看到服务站做不同车系的售前、售后维修工时费、材料费及走合保养（强保）费用、服务活动费用、外出救急费用等数据。其中售前、售后维修工时费、材料费及外出救急费用的数据可以通过"维修站费用申报明细表"中的相关数据进行核对；走合保养、服务活动费用的数据可以通过"维修站其他费用结算申报表"中的相关数据进行核对。

维修结算申请单录入 操作路径：［售后服务］/［费用结算］/［维修结算申请单］。

1）通过单击左下角的［新增］按钮，可进入［维修结算申请单］的录入。

2）单击［维修时间起、维修时间止］框内的按钮，选择结算的时间段，点击［生产厂商］框内的按钮选择需要结算的厂家，系统会自动带出工时费、材料费等费费合计。单击按钮［车系］，选择相对应的车型，将光标放到备注里，单击 Insert 键可以增加一行，并继续选择车系。如选择错误可以使用 Delete 删除该行。在运费一栏填写本次托运旧件所发生的托运费（托运费必须要有托运部或火车站的正规发票，不允许使用中铁快运），托运费一般是指一级服务商发运到各厂家的旧件托运费。

3）所有信息录入完成后，单击［保存］按钮，进行保存，保存以后单据会自动提交到长安公司，等待审核。保存以后要及时寄出当月的三包单据，公司收到单据后才会审核本月所产生的三包费用，并通知开票。

5. 相关单据的使用

（1）未进系统车辆申请单 服务站在做各种登记单时，录入车辆［VIN 码］后，系统不能自动带出［车型］、［发动机号］等信息时，说明该车为未进系统车辆，服务站需使用该单据进行申报。

（2）未进系统车辆确认单 服务站通过该单据查看相关人员对［未进系统车辆申请单］的批复情况，批复"同意"后，方可给该车做保养或维修的相关单据。

（3）工时费变更申请单 服务站在做各登记单时，发现有正确录入作业代码后，出现授权信息正常，如：是否三包为"是"，累计作业为"是"，有工时数但没有工时费的情况时，使用该单据进行申报。注意正确填写［单位工时费］。

（4）工时费变更确认单 服务站通过该单据查看相关人员对［工时费变更申请单］的批复情况，批复"同意"后，服务站可到相应的［维修单］或［外出维修单］中查看工时是否正确。

（5）单据变更申请单 如服务站做了不该做的保养单据，则使用此单申请删除错误保养单据或使用此单申请关闭错误即［其他结算单］。其他情况的变更不能使用该单据。

（6）单据变更确认单 服务站通过该单据查看相关人员对［单据变更申请单］的批复情况。

（7）退车申请单 服务站通过该单据给需退车车辆进行退车申报。填写该单据时注意正确录入车辆信息。

（8）退车确认单　服务站通过该单据查看相关人员对［退车申请单］的批复情况。

（9）三包期及旧件回收错误申报单　服务站通过该单据对错误三包期及旧件回收情况进行申报，服务站也可在该单据中输入要查询的［零件编码］，查看系统自动带出的［三包时间］、［三包里程］。

（10）三包期及旧件回收错误批复通知单　服务站通过该单据查看相关人员对［三包期及旧件回收错误申报单］的批复情况。

（11）车辆信息变更申请单　该单据只能用来变更［保养次数］、［行驶里程］、［购车日期］。

（12）车辆信息变更批复通知单：服务站通过该单据查看相关人员对［车辆信息变更申请单］的批复情况。

（13）系统消息　服务站通过该单据查看相关人员对申报单据的批复是否通过。

6. 相关报表的使用

所有报表均可根据实际需要，通过单击［打印和导出］，在弹出的页面中选择是打印还是导出到 Word 或 Excel 进行分析。

（1）三包审核明细表的使用　在“三包审核明细表”的“报表起始日”、“报表截止日”、“生产厂家”等框里选定查询条件进行查询，单击［运行］即可把报表显示出来，如图 5-4 所示。

维修站费用申报明细

起始日期：2005-4-1　截止日期：2005-4-30

生产厂家：重庆长安

单据编码	维修时间	车型	生产厂家	申报工时费	申报材料费	特殊费用	外出费用	追加工时费	费用合计
WWS00001S00001050421001	2005-04-21	SC6371A	重庆长安	3.50	11.00	0.00	40.00	0.00	54.50
WXS00001S00001050401002	2005-04-01	SC6371A	重庆长安	14.00	115.50	0.00	0.00	0.00	129.50
WXS00001S00001050404002	2005-04-04	SC6371A	重庆长安	56.00	5.50	0.00	0.00	0.00	61.50
WXS00001S00001050405001	2005-04-05	SC6371A	重庆长安	14.00	181.50	0.00	0.00	0.00	195.50
WXS00001S00001050406001	2005-04-06	SC6360	重庆长安	245.00	71.50	0.00	0.00	0.00	316.50
WXS00001S00001050408001	2005-04-08	SC6371	重庆长安	308.00	660.00	0.00	0.00	0.00	968.00
WXS00001S00001050413002	2005-04-13	SC6350C	重庆长安	245.00	0.00	0.00	0.00	0.00	245.00
WXS00001S00001050414003	2005-04-14	SC6350C	重庆长安	14.00	121.00	0.00	0.00	0.00	135.00
WXS00001S00001050415001	2005-04-15	SC6371A	重庆长安	56.00	5.50	0.00	0.00	0.00	61.50
WXS00001S00001050419001	2005-04-19	SC6371	重庆长安	14.00	8.80	0.00	0.00	0.00	22.80
WXS00001S00001050426001	2005-04-26	SC6371A	重庆长安	14.00	16.50	0.00	0.00	0.00	30.50
WXS00001S00001050426002	2005-04-26	SC6371A	重庆长安	28.00	38.50	0.00	0.00	0.00	66.50
总计()				1011.50	1235.30	0.00	40.00		2286.80

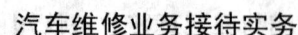

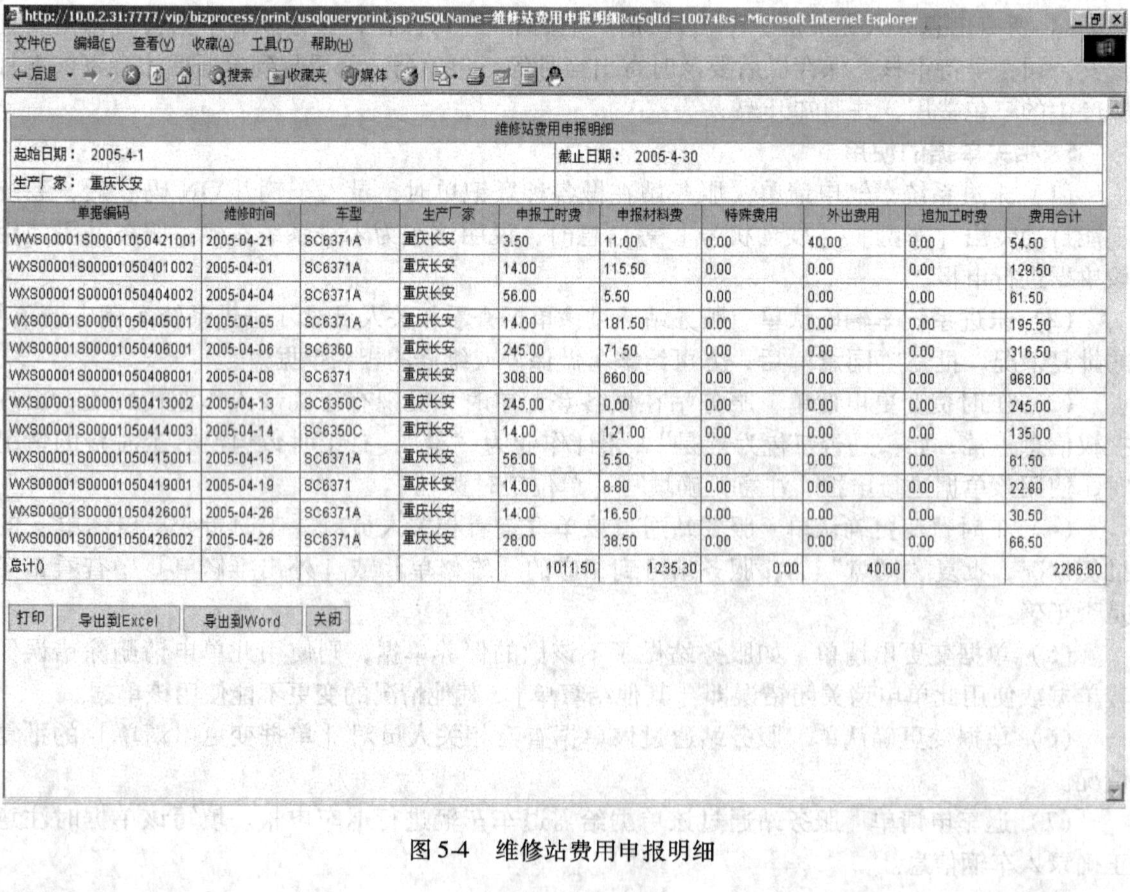

图 5-4　维修站费用申报明细

该报表用于统计服务站在某时间段内的三包费用审核情况。可以通过该表查看到服务站申报费用、公司结算员审去费用、公司应付服务站费用等信息。

（2）走合保养费用结算申报表　在“维修站其他费用结算申报表”的“起始日期”、“截止日期”、“生产厂家”、“费用类型”等框里选定查询条件进行查询，单击［运行］即可把报表显示出来，如图5-5所示。

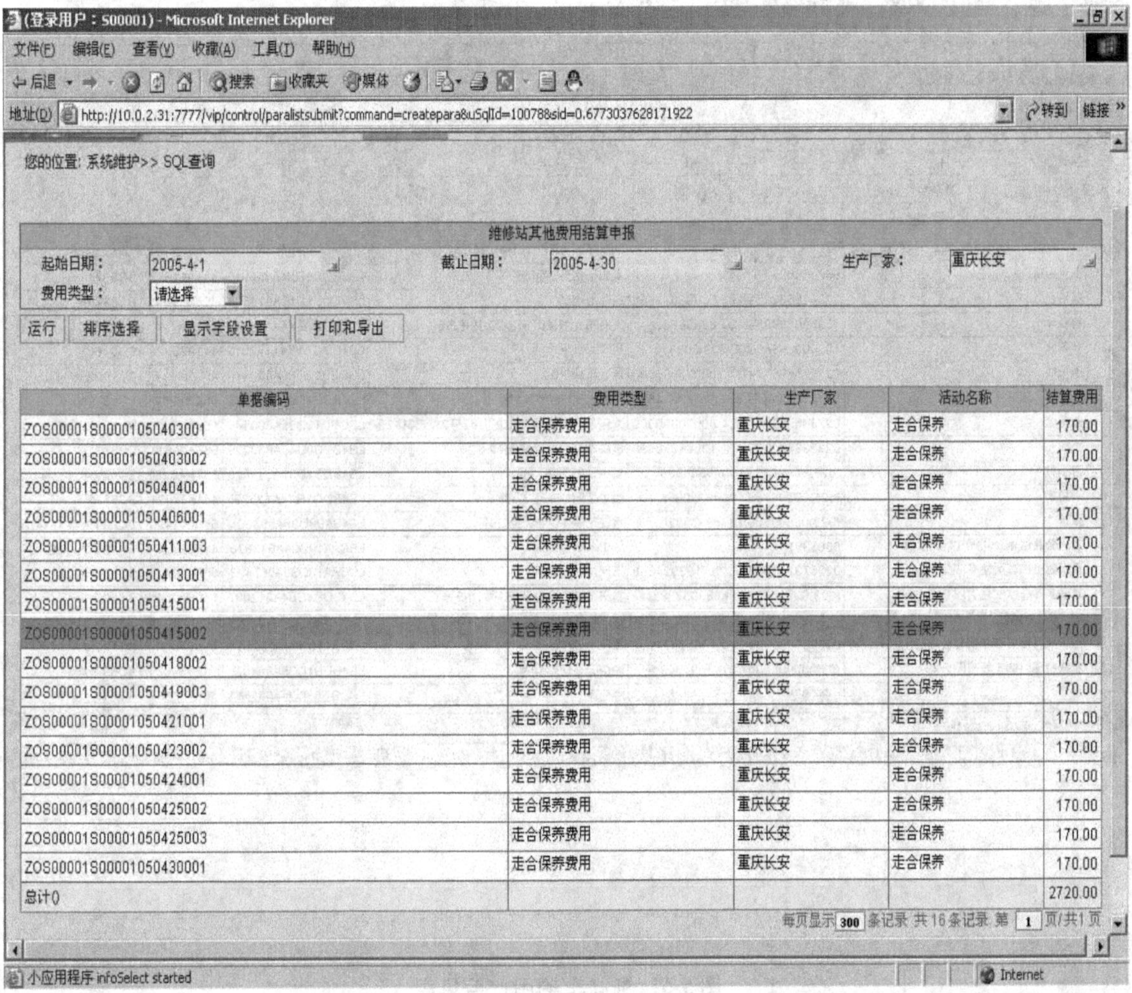

单据编码	费用类型	生产厂家	活动名称	结算费用
ZOS00001S00001050403001	走合保养费用	重庆长安	走合保养	170.00
ZOS00001S00001050403002	走合保养费用	重庆长安	走合保养	170.00
ZOS00001S00001050404001	走合保养费用	重庆长安	走合保养	170.00
ZOS00001S00001050406001	走合保养费用	重庆长安	走合保养	170.00
ZOS00001S00001050411003	走合保养费用	重庆长安	走合保养	170.00
ZOS00001S00001050413001	走合保养费用	重庆长安	走合保养	170.00
ZOS00001S00001050415001	走合保养费用	重庆长安	走合保养	170.00
ZOS00001S00001050415002	走合保养费用	重庆长安	走合保养	170.00
ZOS00001S00001050418002	走合保养费用	重庆长安	走合保养	170.00
ZOS00001S00001050419003	走合保养费用	重庆长安	走合保养	170.00
ZOS00001S00001050421001	走合保养费用	重庆长安	走合保养	170.00
ZOS00001S00001050423002	走合保养费用	重庆长安	走合保养	170.00
ZOS00001S00001050424001	走合保养费用	重庆长安	走合保养	170.00
ZOS00001S00001050425002	走合保养费用	重庆长安	走合保养	170.00
ZOS00001S00001050425003	走合保养费用	重庆长安	走合保养	170.00
ZOS00001S00001050430001	走合保养费用	重庆长安	走合保养	170.00
总计()				2720.00

图5-5　维修站其他费用结算申报

该报表用于统计服务站在某时间段内的走合保养费用和服务活动费用。可以通过该表查看到其他结算单单据编码、费用类型、生产厂家、活动名称、结算费用等信息。

（3）维修车辆用户信息表的使用　在“维修车辆用户信息表”的“起始日期”、“截止日期”等框里选定查询条件进行查询（“VIN码”为非必填项），单击［运行］即可把报表显示出来，如图5-6所示。

该报表用于统计服务站在某时间段内的维修车辆用户信息。可以通过该表查看到维修车辆用户名、用户电话、用户地址、VIN码、发动机号、车型等信息。

汽车维修业务接待实务

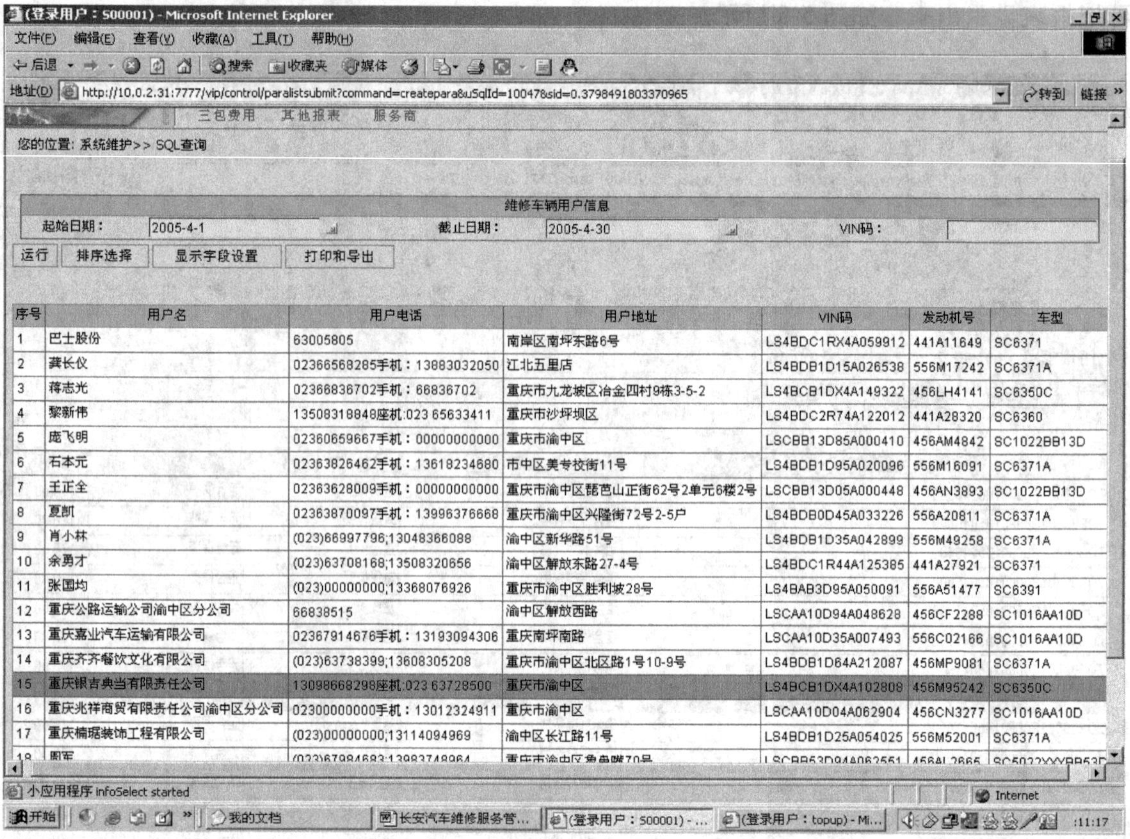

图 5-6 维修车辆用户信息表

（4）维修站换件明细表的使用 在"维修站换件明细表"的"起始时间"、"截止时间"、"生产厂家"、"回收类型"、"单据编码"、"VIN 编码"等框里选定查询条件进行查询（"单据编码"、"VIN 编码"为非必填项），单击[运行]即可把报表显示出来，如图 5-7 所示。

该报表用于统计服务站在某时间段内的换件情况。可以通过该表查看到维修单、外出维修单的单据编码及对应的车辆 VIN 码、车型、生产厂家、购车日期、零件编码、零件名称、回收类型等信息；同时，该表的数据可以用来与通用单据中[旧件清单]的数据进行核对。

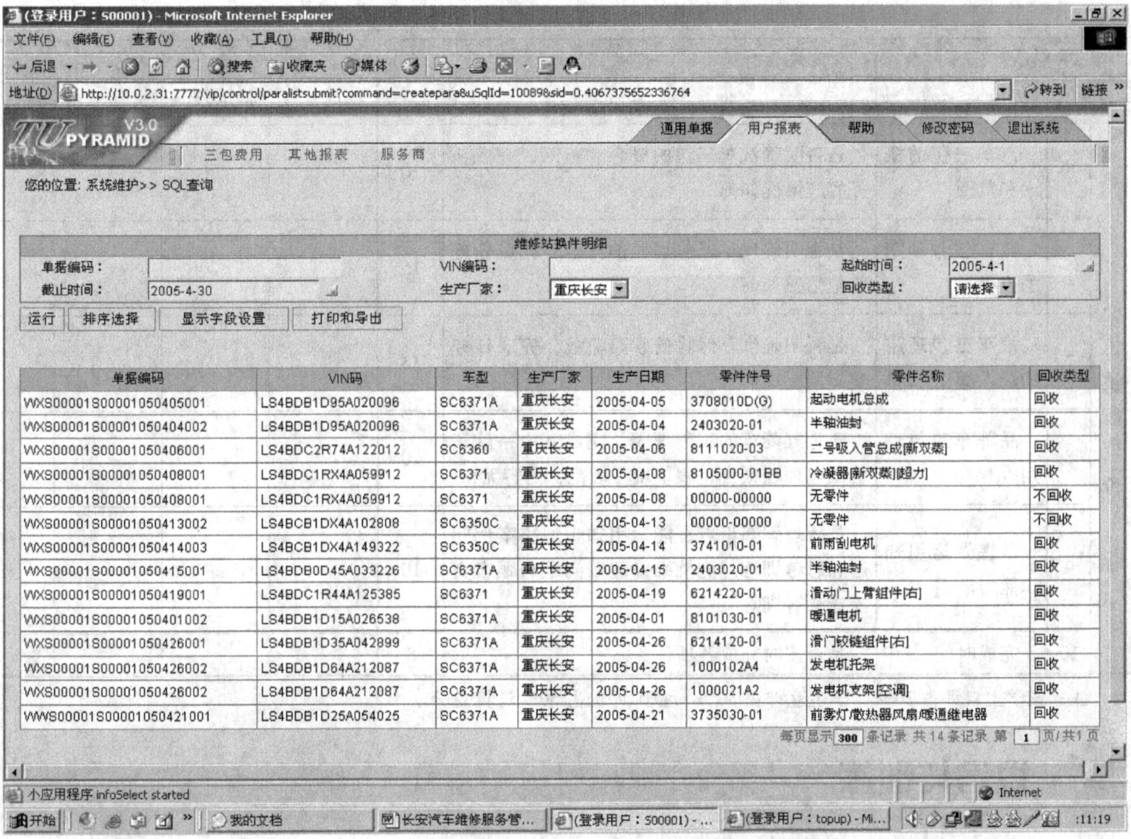

单据编码	VIN码	车型	生产厂家	生产日期	零件件号	零件名称	回收类型
WXS00001S00001050405001	LS4BDB1D95A020096	SC6371A	重庆长安	2005-04-05	3708010D(G)	起动电机总成	回收
WXS00001S00001050404002	LS4BDB1D95A020096	SC6371A	重庆长安	2005-04-04	2403020-01	半轴油封	回收
WXS00001S00001050406001	LS4BDC2R74A122012	SC6360	重庆长安	2005-04-06	8111020-03	二号吸入管总成[新双蒸]	回收
WXS00001S00001050408001	LS4BDC1RX4A059912	SC6371	重庆长安	2005-04-08	8105000-01BB	冷凝器[新双蒸][超力]	回收
WXS00001S00001050408001	LS4BDC1RX4A059912	SC6371	重庆长安	2005-04-08	00000-00000	无零件	不回收
WXS00001S00001050413002	LS4BCB1DX4A102808	SC6350C	重庆长安	2005-04-13	00000-00000	无零件	不回收
WXS00001S00001050414003	LS4BCB1DX4A149322	SC6350C	重庆长安	2005-04-14	3741010-01	前雨刮电机	回收
WXS00001S00001050415001	LS4BDB0D45A033226	SC6371A	重庆长安	2005-04-15	2403020-01	半轴油封	回收
WXS00001S00001050419001	LS4BDC1R44A125385	SC6371	重庆长安	2005-04-19	6214220-01	滑动门上臂组件[右]	回收
WXS00001S00001050401002	LS4BDB1D15A026538	SC6371A	重庆长安	2005-04-01	8101030-01	暖通电机	回收
WXS00001S00001050426001	LS4BDB1D35A042899	SC6371A	重庆长安	2005-04-26	6214120-01	滑门铰链组件[右]	回收
WXS00001S00001050426002	LS4BDB1D64A212087	SC6371A	重庆长安	2005-04-26	1000102A4	发电机托架	回收
WXS00001S00001050426002	LS4BDB1D64A212087	SC6371A	重庆长安	2005-04-26	1000021A2	发电机支架[空调]	回收
WWS00001S00001050421001	LS4BDB1D25A054025	SC6371A	重庆长安	2005-04-21	3735030-01	前雾灯/散热器风扇/暖通继电器	回收

图 5-7　维修站换件明细表

任务评价

任务编号		16	学时：4 学时	学生姓名：			总分：	
类别	序号	评价项目	评价内容及要求	配分	学生自评	学生互评	教师评价	得分
职业素质评价	1	文明、安全意识	遵守实训室文明规则，遵守设备（含软件）操作规程。守纪律	8				
	2	个人仪容	职业化形象，站立笔挺，面部清洁；头发前不盖眉，不染发，女生扎发髻；男生头发不过长、不留胡须	8				
	3	个人仪表	着深色的商务正装，服装整洁；男生佩戴领带，女生佩戴丝巾，佩戴正确；着无污渍、深色皮鞋；标志牌（工作牌）佩戴于左前胸	8				
	4	团队合作任务执行	分组训练沟通交流、合作参与意识强；协作性、积极主动性好；责任感较强、任务完成度良好	8				

(续)

任务编号		16	学时：4学时		学生姓名：		总分：	
类别序号	评价项目		评价内容及要求	配分	学生自评	学生互评	教师评价	得分
岗位技能评价	5	汽车三包的概念和范围	是否明确汽车三包的概念和范围，完成任务实施情况如何	10				
	6	汽车三包理赔的流程	是否明确汽车三包理赔的流程，完成任务实施情况如何	15				
	7	汽车三包理赔的录入操作	是否明确汽车保险的索赔流程，完成任务实施情况如何	15				
	8	品牌车三包理赔	熟悉五菱车的三包理赔，完成其中一款车的三包理赔报告；表单填写规范，内容无误	10				
	9	掌握及运用知识能力	是否理解知识点，能运用知识解决案例问题和思考训练。能就维修理赔问题与顾客交流让顾客满意	10				
	10	完成时间	是否按时完成各项任务	8				

注：按学生自评占20%、学生互评占30%、教师评价占50%计算总分。

 思考与训练

1. 填空

（1）汽车三包实际上就是汽车零部件的_____、_____、_____。

（2）走保期限内，一般是在售后三个月且行驶里程在_____km至_____km。

（3）出现以下五种情况，4S店可以拒绝三包：_____、_____、_____、_____、_____。

（4）汽车三包理赔是售后服务的重要组成部分，主要包括车辆正常索赔的_____、_____、_____、住宿等费用。

（5）三包理赔的业务主要包括_____、_____、_____和_____四项业务。

（6）新车要进行走保，主要是因为：_____。

（7）三包服务涉及的法律依据主要包括_____。

2. 判断题

（1）汽车的前三次保养，属于三包范围。（   ）

（2）家用汽车三包有效期内，发动机累计更换2次，消费者可要求退货。（   ）

（3）家用汽车产品的包修期限是3年。（   ）

模块五 车辆保险理赔与三包理赔业务认知

3. 训练

（1）安装长安系列汽车三包服务软件 DMS 系统并模拟录入信息一次（或其他车型的软件）。

（2）填写单据。学生分组填写并互相检查"任务实施"中所要求掌握填写的单据《索赔申请单》和三包理赔报告，根据完成情况予以评分。

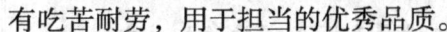

学 后 小 结

通过学习、训练，我们认识到，作为汽车理赔员，应该具备下面的理赔专业知识和技能，以及做好理赔工作的优秀品质。

◆认识车辆保险，了解车辆保险理赔的基本知识、车辆保险的险种分类、车辆保险事故损失的分类。

◆认识三包理赔的定义、概念和范围，了解三包理赔业务中的走保和回访业务。

◆熟悉车辆保险索赔的流程，掌握常见事故索赔程序。

◆掌握车辆三包理赔的范围和相关规定。

◆学会填写相关车险和三包理赔的申报表。

◆学会 DMS 系统调试及维修服务信息的录入操作。

◆具备合作精神，具有面对市场的勇气，能积极参加调研活动；有吃苦耐劳，用于担当的优秀品质。

模块六

汽车维修服务工作流程

学习目标

◆ 知识目标

(1) 了解维修业务接待员（服务顾问）的作用和工作职责；
(2) 了解主动接洽客户、预约客户的流程及技巧；
(3) 掌握接车环检的内容及注意事项；
(4) 熟悉菜单式报价的流程和技巧以及客户关心的相关内容；
(5) 熟悉车间派工的流程及辅助工具的使用；
(6) 熟悉配件预检、工单处理、质量控制、完工结算和服务回访的相关内容。

◆ 能力目标

(1) 掌握汽车维修店的服务流程、方法、技巧和注意要点；
(2) 学会在汽车售后服务过程中与客户沟通的技巧；
(3) 学会在汽车售后服务过程中对客户异议的处理方法。

◆ 情感与价值观目标

(1) 锻炼语言表达能力、与人沟通能力和思维创新能力；
(2) 培养诚信做人的品德、踏实做事的风格；
(3) 培养严谨的工作态度和爱岗敬业的精神。

汽车维修企业维修服务工作的实施水平直接体现了企业的经营管理水平，汽车维修服务流程实际上就是汽车维修企业的维修业务管理流程。

现代汽车维修服务流程基本可以归纳为：用户招揽、预约、接车、维修作业（含准备工作、派工、维修作业与检验）、竣工检验、结算、交车、跟踪回访。在这里按预约、接待、维修作业、结算与交车、服务跟踪五大任务来解读汽车维修服务工作流程。

模块六 汽车维修服务工作流程

任务一 预 约

 任务目标

1. 精通预约步骤、电话礼仪；
2. 熟悉预约注意事项；
3. 学会预约的技巧；
4. 学会填写《车辆维修（保养）预约登记表》。

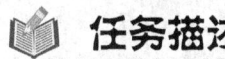 **任务描述**

进入预约的两种情境：一是主动预约客户，目的是招揽业务及更合理地安排作业；二是客户主动预约企业（即被动预约），一般情况下应合理安排时间，不得推脱。学生们用打电话的方式进行主动预约和被动预约活动，同时填写完成《车辆维修（保养）预约单》。

 相关知识

一、客户预约的意义

实施客户预约制度的主要目的：一是合理安排车间作业工作时间，提高企业生产效率；二是合理安排企业员工的工作量，避免人员和设备过度疲劳；三是减少客户的等待时间，提高客户满意度。

遵守预约流程及提前与客户预约是汽车4S店售后服务部或汽车维修企业正常运行的保证。通过预约的安排使维修企业可以有业务保障，同时更好地安排工作，缓解、减少在服务高峰期的拥堵。客户预约对客户、汽车4S店售后服务部以及汽车维修企业都具有十分重要的意义。

1. 预约服务对于维修企业的意义

1）当大部分的客户与汽车修理厂（经销商）做好了准点预约时，就缓解了车辆每天（主要时段是上午）扎堆进厂维修、保养而造成的拥堵问题。

2）准点的预约可以使维修企业更好地、有计划地安排员工的工作，使计划好的工作任务在规定的时间里顺利执行完成。

3）当客户联系维修企业做预约时，客户的详细情况可以得到确认和更新，企业在日后可以有效运用这些数据做市场活动和客户跟踪。

4）负责登记预约时，便于对每位预约的客户都使用统一的话术，同样的版本。

5）使用欢迎看板，是企业在顾客到达的时候提供的一种问候方式，同时也是和顾客再一次确认他们是否依照预约准时到来的好方法。

171

2. 预约服务对于客户的意义

1) 预约使客户能合理地安排时间，可选择方便的时间到厂维护（或修理），计划好自己日常工作安排。

2) 当做好预约、顾客准点到达后，顾客可以无需等待就得到接待，利于提高客户的满意度。

3) 当顾客依照预约时刻到厂时，他们都可以在欢迎看板上确认预约的时间、服务顾问，这能给顾客一个很友好的指示。

二、预约的分类

根据企业与客户之间的主动或被动的情况，把预约分为两类，主动预约和被动预约。不管是主动预约还是被动预约，预约一般采取打电话的方式进行。

1. 主动预约

主动预约就是指维修企业服务顾问主动打电话预约客户。

许多客户因时间、工作等各种原因不可能对自己的车辆时时关注，客户的汽车专业知识也不一定十分丰富，不一定了解车辆何时需要何种维护或修理，平时要对汽车采取何种保养等，这就需要维修企业定期对客户进行电话访问，及时了解车辆使用状况，提出合理的维修建议，根据客户的时间和维修企业的生产情况进行积极主动的合理安排，这种预约方式称为主动预约。

服务顾问主动预约客户能使维修企业工作负荷分摊均匀，防止维修站超负荷或负荷不足。

主动预约不但体现了维修企业对客户的关怀、增进企业与客户之间的感情交流，而且也是服务营销工作向客户展示维修企业的服务形象、介绍和推销维修企业的服务、增加维修企业的业务量、提高企业营业收入的需要。

2. 被动预约

被动预约是指客户打电话主动来预约维修企业服务顾问。

有的客户感觉到自己的车辆需要维护或车辆发生故障需要修理时也会给维修企业打电话进行预约，预订好时间、工位和配件，以便进厂之后迅速进行维修作业，节约自己的时间。这对维修企业而言是被动的，称为被动预约。当然也有许多客户时间观念不是很强，也没有预约意识，这就需要维修企业去引导客户，推销自己的预约服务。

客户主动预约服务顾问——被动预约能够避免随机维修所带来的配件缺货、维修站负荷过大等原因造成的排队现象。

三、客户预约流程

无论是主动预约还是被动预约，都有一定的预约流程可循，客户预约流程如图 6-1 所示。

四、客户预约工作的要领

1) 优先安排返修、召回、保修、紧急维修和特殊客户，同时针对被动预约（即客户主动打电话到企业预约服务顾问）的客户要尽可能地优先满足。

2）提醒服务可采用电话、短信等直接有效的方式进行，提醒后两小时内，客户服务员（服务顾问）与客户进行电话联系，确认客户收到提醒，并发出预约。

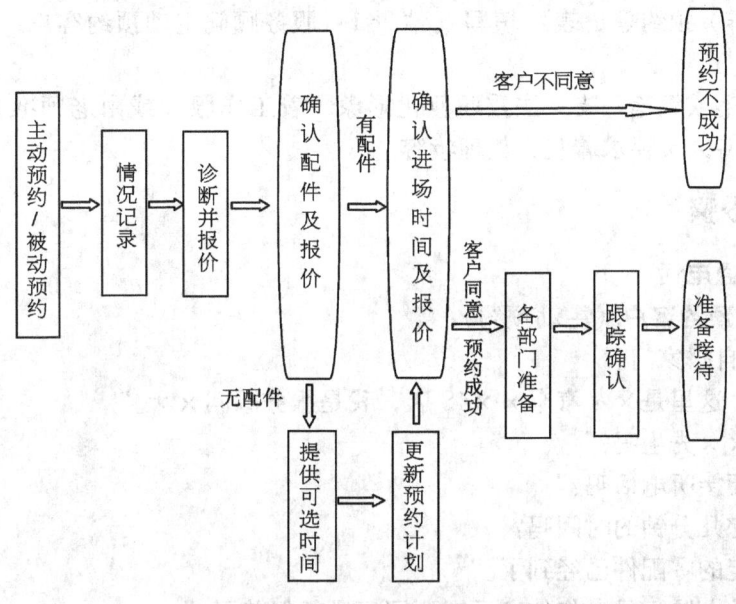

图 6-1　客户预约流程

3）预约工作以《预约登记表》为依据，客服人员应及时填写《预约登记表》，表中的内容应填写完整，并通过适当的提问，准确地将客户所描述的情况记录清楚，并及时做好记录汇总，以便有据可查及统一安排工作。

4）客服员（服务顾问）向客户确认进厂时间时，应对具体项目实施的时间及价格的预估向客户说明清楚，或建议客户来企业面议。

5）若企业没有该客户的档案，在客户打电话到企业进行预约时应及时为客户建立档案；若已有该客户档案，则确认各项内容是否发生变更，及时更新有关资料。

6）预约成功后，应提前做好人员、工具、设备及配件等准备工作。

7）若客户超过进厂时间半小时仍未到达，业务接待应及时与客户进行联系并确认到达的准确时间。若客户超过进厂时间一小时仍未到达，业务接待与客户联系后取消本次预约，但可优先列入下一预约计划中。

8）各部门交接必须及时、准确，以车辆维修保养《预约登记表》为依据。

9）由于配件无货无法给客户安排预约时，应向客户解释并对客户说明可优先安排在配件到货后的预约计划中，若客户同意，则直接列入该日的预约计划。对于超出本企业业务范围的业务拒绝时要表示歉意。

任务实施

一、任务实施前的准备

1. 设备及工具准备

预约登记表（根据学生人数准备）；文件板（4 块，或按组数准备）、电话（四部）。

汽车维修业务接待实务

2. 学生实习组织、准备

学生根据不同情景分组训练,一人扮演顾客,一人扮演接待员(服务顾问),要求完成《车辆维修(保养)预约登记表》填写(情景1:服务顾问主动预约客户;情景2:客户电话预约服务顾问。)

同学带水性笔或钢笔一支;注重职业化形象,着工作服(或由老师准备几套职业装),学生应按服务接待人员要求着装、整理妆容。

二、操作步骤

步骤一:接通电话

1. 服务顾问预约客户(主动预约)

主动问好,自报家门。

例:"您好!这里是××汽车××4S店,我是服务顾问××。"

"请问您是××先生吗?"

"您现在方便接听电话吗?"

"我能占用您几分钟的时间吗?"

"您上次预定的零配件已经到了。"

"根据我们的电脑记录,您的车子需要回厂进行保养了。"

"我们服务店现在正在进行免费检测活动。"

2. 顾客约见服务顾问(被动预约)

主动问好顾客,自报家门

例:"您好!这里是××汽车×× 4S店,我是服务顾问××。"

"请问我有什么能帮助您的吗?"

步骤二:准确记录

询问客户基本资料、询问维修(保养)时间并确定项目及时间,询问汽车故障后应及时记录在汽车维修、保养《预约登记表》中,《预约登记表》详见表6-1。

表 6-1 预约登记表

填表时间:____年____月____日

车型:_____	车号:_____	车架号:_____	发动机号:_____
车主:_____	联系电话:_____	客服员:_____	预约时间:____年____月____日
故障陈述	维修项目		跟踪情况
			客户签名
备注:			

174

模块六 汽车维修服务工作流程

例："请问先生贵姓?"

"请问您的车牌号是?"

"请问您什么时候方便来厂给您的爱车进行保养呢?"

"请问您周日有时间吗？是周日上午10点方便还是中午12点方便到店来保养呢?"

"您车子的响声大约在什么位置呢?"

步骤三：落实内容

快速扫描你的记录内容，对有可能出错的问题及时求证，力求准确。对一些不能确定的问题做适当解释。

例："对不起，我记下的您的电话号码少了一位数。"

"××先生，我向您确认一下，您是本周日上午11点回厂给您的爱车进行检测对吗?"

"关于您描述的问题我的初步判断是制动片引起的，但具体要您来后我们详细检测后才能确定。"

步骤四：道别

当预约的有关内容完成后，及时向客户道别。对一些时间充裕又喋喋不休的客户要及时主动终止。

例："您说的情况我都记好了，已经占用了您很长时间了，谢谢！再见!"

"好的，谢谢您！再见，祝您周末愉快!"

小资料

接听、拨打电话注意事项

1. 打电话或接听电话过程中务必保持微笑。
2. 电话响三声内必须接听，如果因为特殊情况未能在三声内接听则需道歉。"您好，对不起，让您久等了。"
3. 不可以边吃东西边说话。
4. 放下手中的其他事情。
5. 仔细聆听顾客的描述，态度要诚恳。
6. 对于不耐烦或确有急事的客户，说"对不起，方便时我再联系您"。
7. 及时记录顾客信息。
8. 说"再见"前，先对客户说"谢谢您!"
9. 顾客挂断电话后服务顾问才能挂断电话。

【案例讨论1】

客户来电询价

1. 服务顾问接通来电

"您好！××汽车××4S店，我是服务顾问××。有什么需要帮忙吗?"

2. 确认车辆的基本情况

"您是想了解修理发动机的价格是吗?"

"是6缸还是8缸的？制造年款是哪年？"

"您的车行驶里程数是多少？上次维修到现在过了多长时间了？"

3. 客户信息确认

"为了准确报价，让我查一下，可能需要几分钟的时间。"

"请问您的名字是？联系电话是？"

"请不要挂电话，等一下可以吗？"

（通过电话获取所需的其他信息）

4. 预约确认

"我们每天8:45～16:00这个时间可以为您的车辆提供检修服务，您觉得哪一天最适合您？"

5. 承诺并达成预约

"那好，我就将您的预约时间安排到我们的工作计划中。"

"您手边有笔吗？"

"请您记下您的预约时间是××点××分，我们的服务顾问名字是×××。"

6. 重点提示

"好的，我们的服务顾问×××会在××点××分等待您的到来。为确保您的利益，万一您比预定时间晚到或提前的话，请给我们来个电话好吗？谢谢您的来电预约。"

议一议：客户来电咨询汽车零件价格，这是一个被动预约的案例。应注意，维修发动机的价格的确定有时要根据车辆故障的具体情况而定，应告知客户尽快到店检查、检测车辆情况，以免延误了修理而影响行车安全。

【案例讨论2】

对汽车进行维护保养，能够保持车容整洁和消除汽车故障隐患，防止车辆早期损坏。持续的、良好的汽车保养对车辆行驶安全是能很好地起到保障作用的，因此不少品牌汽车4S店（特约维修中心）对汽车维护保养预约工作都十分重视，并将之作为重要的提高客户满意度的服务途径之一。

阅读"主动预约客户车辆保养"（图6-2），了解维护保养工作流程，更好地做好预约客户、服务客户的工作。

议一议：车辆保养预约是根据客户留在公司的资料，定时提醒客户的保养时间，完成客户车辆保养的服务工作，其服务流程主要包括以下几个方面。

1) 准备好客户资料。
2) 拨通客户电话。
3) 自我介绍并征询客户是否方便接听电话。
4) 表明来意并确认客户相关信息。
5) 征询客户意见。

客户回答"是"——表明客户同意预约——征询客户的时间安排——确认预约成功并记录——结束通话。

客户回答"否"——表明客户不同意预约——向客户说明客户的汽车哪些保养已经超过时间以及会有哪些影响并记录——争取客户同意预约——结束通话。

6）完成预约，后于客户挂断电话。

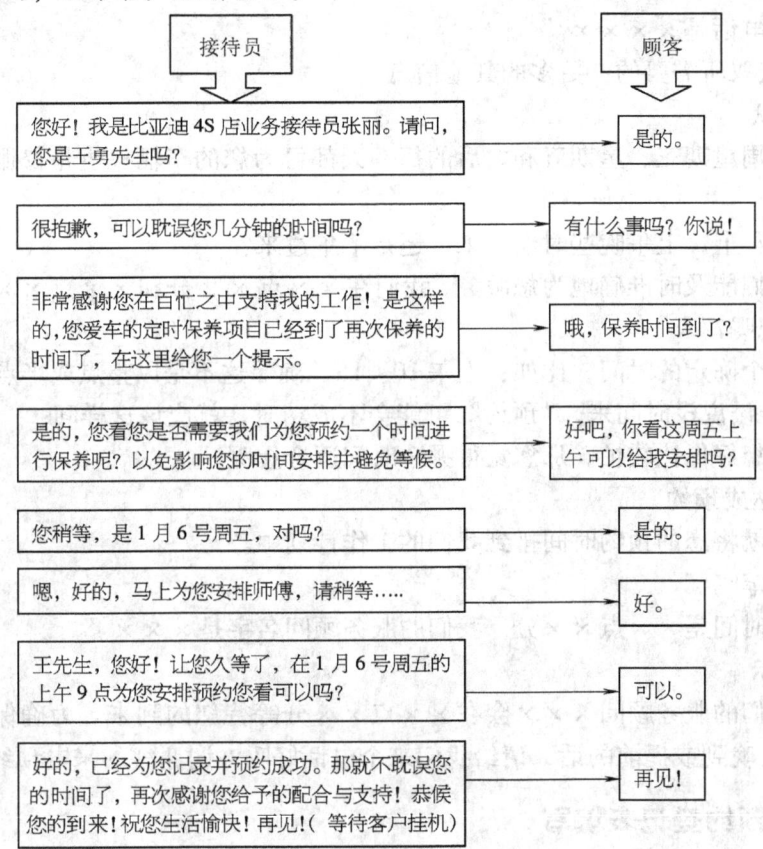

图6-2 主动预约客户车辆保养

任务拓展

一、电话预约汽车保修

服务顾问在接听客户来电要求对他的爱车进行检修或保养时，应做好下列工作：

1. 进行专业的问候

"您好！这里是××汽车××4S店，我是服务顾问××。"

"您好！××汽车××4S店，有什么需要帮忙吗？"

2. 确认车辆基本情况

"好的，您是需要做保养和检查制动吗？"

"为了使问题准确，我需要一些相关的信息。"

"您的车以前来做过检查吗？"

"您的车牌号是多少？"

3. 确认客户信息

"好的，我将检查一下您的维修记录。"

（检查车辆的年款，客户个人信息并在显示屏上确认。对于首次客户应及时建档）。

"您现在住在××××。"
"您的联系电话是××××。"
通过电话获取所需要的、更多的其他信息。

4. 预约确认

"我们在这周星期三、星期五和之后的每一天都可为您的车辆提供检修服务。您觉得哪一天最适合您?"

"请问您是早上、上午晚些时候过来,还是下午过来?"

"为确保我们能及时准确地为您服务,我们在××点××分和××点××分有空。哪一个时间最适合您呢?"

(要给出一个确定的时间,比如:上午10:15,确保这不是以整点或半点为单位。)

如果客户推诿说没时间来,"预约"可能会不成功时,就应该这样问:

"听来先生您好像比较忙,那您觉得哪个时间适合您呢?"

5. 承诺并达成预约

"那好,我就将您的预约时间排到我们的工作计划中。"

"您手边有笔吗?"

"您的预约时间是××点××分,我们的服务顾问名字是×××。"

6. 重点提示

"好的,我们的服务顾问×××会在××点××分等待您的到来。为确保您的利益,万一您比预定时间晚到或提前的话,请给我们来个电话好吗?谢谢您的来电预约。"

二、完成预约登记表填写

服务顾问在接听客户来电或主动打电话预约客户时,将电话预约收集到的相关信息详细、准确地填写在预约登记表中,以便有计划地安排维修作业。预约登记表填写样本见表6-2,表中各个项目的填写不能有错误和漏填。

表6-2 预约登记表填写样本

车型:LZW6376C3 车号:桂BF××× 车架号(VIN):LZWACAGA××××× 发动机号:×××××××			
车主: 李 亮 联系电话:136××××× 客服员: 王 文 预约时间:2012年8月6日			
故障陈述	制动时,左前轮处发出"吱-吱-吱"的响声 车已行驶50000多公里,需保养	维修保养项目	检查制动装置	跟踪情况
			保养	
			换机油	经确认顾客于2012年8月6日到厂修理雪佛莱小车
				客户签名
备注:			

任务评价

任务编号		17	学时：4学时		学生姓名：		总分：	
类别	序号	评价项目	评价内容及要求	配分	学生自评	学生互评	教师评价	得分
职业素质评价	1	文明、安全意识	遵守实训室、教室文明规则，遵守设备安全操作规程。纪律表现好	5				
	2	个人仪容	注重职业形象。面部清洁；不留长指甲；头发前不盖眉，不染发，女生扎发髻，佩戴头花；男生不留胡须	10				
	3	个人仪表	着深色、整洁商务正装；男生佩戴领带，女生佩戴丝巾，佩戴正确；着无污渍、深色皮鞋；男生深色袜子、女生肉色丝袜，袜口高于裤脚；标志牌（工作牌）佩戴于左前胸	10				
	4	预约过程仪态	坐姿正确：立腰、挺胸、上体自然挺直；双膝自然并拢、双腿正放或侧放（女），最多坐满椅子的2/3；左手持话机，右手持笔；始终保持微笑	10				
	5	团队合作任务执行	分组训练沟通交流、合作参与意识强；协作性、积极主动性好；责任感较强、任务完成度良好	5				
岗位技能评价	6	预约过程流程操作	接听电话及时性；使用标准问候语，说话音量合适听得很清楚；自我介绍正确；会引导顾客描述汽车故障、记录预约单；总结顾客需求；确定预约时间；完成预估价格；联系方式确认；说标准道别语；后于客户挂断电话；在顾客预约单上签名	20				
	7	预约看板制作	完成下列各项内容：客户姓名项、客户车牌号项、确定维修接待姓名、顾客到店时间项、维修班组技师项	10				
	8	过程的连续性	预约过程顺畅，电话响三声内接听，语言表达连贯，接听电话中途无中断	10				
	9	运用知识能力	是否能够运用知识完成预约训练，能就预约维修问题完成与顾客的交流	10				
	10	工作台的整洁度	工作台整洁干净，物品摆放整齐、分类有序、位置固定	10				

注：按学生自评占20%、学生互评占30%、教师评价占50%计算总分。

汽车维修业务接待实务

思考与训练

1. 请找出"表6-2 预约登记表填写样本"中填写错误和漏填的项目。
2. 根据以下情景,学生角色扮演,自拟问题,进行一对一电话预约实训并评分。
①服务顾问(业务接待)主动预约客户——保养预约、四轮定位免费通知等。
②客户电话预约服务顾问(业务接待)——买轮胎、换蓄电池、制动器修理等。

任务二 接 待

任务目标

1. 熟悉接待工作的流程;
2. 学会接待的技巧;
3. 掌握接待检车的内容;
4. 掌握接待维修单的填写;
5. 掌握接待工作应注意的事项。

任务描述

进入业务接待员(服务顾问)工作情境中,按接待流程完成车辆维修业务接待活动。完成以下工作任务:服务顾问接待来店顾客;服务顾问引导客户进行环车检查,认真填写接车预检表。

相关知识

接待属于服务流程中与客户接触的环节。汽车维修企业服务顾问——维修业务接待人员每天都要接待众多到企业保养、修车的顾客,顾客的车况各不相同,顾客的心态、要求也不同,要让每一位到厂修车的客户都有一个好心情,并尽快地帮助他们解决修车的问题,业务接待员就必须做好充分准备,注重接待礼仪,掌握接待流程,实施有效沟通,体现客户关注,以展现出自身较高的专业技术水平和专业素质,提高客户满意度,建立良好的互信平台。

一、接待流程

当客户来到企业保养车辆时,看见着装整齐的业务接待在等待着他的光临,并且一切都准备就绪,这时客户的心情一定会是很好的,这时恰恰是客户又一次对维修企业建立信任的良好开端。业务接待正在通过与客户的沟通交流进行着维修接待活动,维修接待流程有哪些项目呢?我们一起来了解汽车维修接待的流程,详见图6-3。

模块六 汽车维修服务工作流程

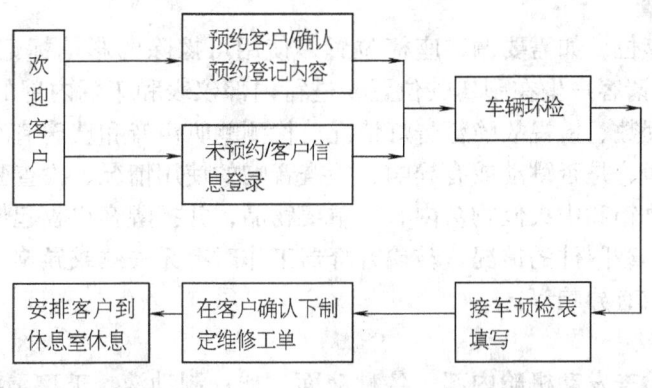

图6-3 接待流程

二、接车环检的具体内容

1. 准备

在客户来之前做好准备迎接工作，查看客户的详细信息，若不全面，记住在客户来后加以补充，查看历史记录，注意以前曾向客户提出的建议。

2. 迎接

在专用行车道的入口处迎接和欢迎顾客，迎接顾客走出车辆，然后在车内布置五件套：座椅保护罩、地板垫、方向盘护套、头枕套、变速杆套；确认顾客的详细情况；确认顾客预约时所反映的问题；询问顾客是否有其他希望处理的问题，并在检查单上进行记录，将顾客引导至安全、适当的位置。

> **小贴士**
>
> **环车检查的要领**
>
> 1. 要和顾客一起完成环车检查。
> 2. 车外检查顺时针从头到尾。
> 3. 环车检查内容严格按操作规程。

3. 车辆外观检查

在铺设好五件套后，进行车辆外观检查。从左后翼子板开始，依次检查左后翼子板、左后车门、车窗玻璃、左前车门、后视镜、前风窗玻璃、左前翼子板、发动机盖、前照灯及转向灯、保险杠、右前翼子板、右后视镜、右前车门、右后车门、右后翼子板、后风窗玻璃、行李箱盖、尾灯、后保险杠。着重检查这些部位的凹坑、划痕、擦痕、锈蚀、变形和位移。以及倒车镜、风窗玻璃、前照灯、转向灯可能存在的缺失、裂纹、砂点、污损；兼顾检查轮胎饰盖、车外天线、车门密封条的缺失等；同时，检查轮胎花纹深度、胎面破损、气压、轮胎鼓包情况；检查制动片和制动盘的磨损程度；目测减振器防尘套是否破损、减振器是否漏油，条件允许时检查前后轮悬架连杆的情况；检查行李箱物品，如：备胎、医疗包、停车牌等是否齐全。备胎是否良好。

4. 车辆内部检查

坐入车辆驾驶座位,如需要调整座椅位置,使用可擦除的彩笔标记初始位置(检查完后恢复到原位),并请客户坐在副驾驶位置,进行内部仪表和车辆内部的检查:登记燃油表位置和里程表的里程数、检视故障警告灯情况、检测喇叭声音和玻璃清洗液喷射形状,以及刮水器是否能够刮净、是否跳动或有异响、检查音响的使用情况、检查驻车制动手柄的拉起高度、询问客户杂物箱和中央储物盒内有无重要物品,并提醒客户收起保管、检查内饰的污损情况,以及各种车载附件的情况、玻璃升降器工作时有无失效或异响、安全带是否顺利复位、天窗是否失效或有异响等。

5. 发动机舱检查

打开发动机盖检查发动机舱内部:各种液面,如:制动液、玻璃清洗液、转向助力液、机油、防冻液(发动机熄火且风扇转)等。

> **小贴士**
>
> **尊 重 顾 客**
> 1. 注意聆听顾客对车子情况的描述。
> 2. 回答顾客的问题要耐心、细致。
> 3. 顾客不想做某一项目维修时,不要与顾客纠缠。

6. 车辆侧面检查

将车辆举升至腰部的高度,检查车辆的侧面:检查轮胎的状况以及是否有严重的渗漏;若有可能还应检查制动片的磨损情况;检查框梁板是否损坏、喷漆是否剥落等。

7. 底盘检查

将车辆举升至最高点,检查车辆底盘:从车辆前部开始,检查车辆的底部(对于大多数车辆,可以看到风扇皮带、散热器下部软管,以及看到水泵是否渗漏等);面向车辆后部,查看发动机和变速器是否有机油渗漏,或油底壳是否损坏;检查转向机是否渗漏、损坏,或者插头是否磨损;检查制动片、制动盘是否有磨痕等;检查排气系统是否有裂痕、碰撞或锈蚀等;检查差速器是否渗漏;检查拖臂、后部是否有损伤,橡胶件是否老化等。

三、接车预检表的使用

为避免客户提车时产生不必要的误会或纠纷,业务接待在车辆进入维修车间前必须与客户共同对车辆进行"环车检查验证",即进厂检验。检验完成后,填写接车预检表并经客户签字确认。

1. 接车预检表的填写

接车预检表是在汽车检验完成后填写的,接车预检表一般有三份,一份交车主,一份交维修技师,还有一份由企业保管。接车预检表见表6-3。

2. 预检表的使用流程

接车预检表是在检验进厂维修的汽车时使用的,预检表的使用流程见图6-4。

在预检表使用过程中询问并记录顾客的故障描述和抱怨,同时应该注意:

①每次应争取顾客参与检查程序。在检查结束后,则请顾客到接洽区,并给予顾客修理

的报价。

②客户将最终决定是否进行修理，记录下顾客需要修理和保养的项目。

③同时作为对以后的提示，记录所有本次没有进行的修理项目。

④完成维修工单的填写并获得客户的签字。

表 6-3 接车预检表

××车辆服务公司特约服务中心接车预检表

接车时间： 年 月 日　　　　　　　　　　　　　　□在厂　　□离厂
服务顾问：　　　　　　　　　　　　　　　　　　顾客签名：

接　车			
顾客名字		接车时间	预交时间
车牌号码		联系电话	车型
行驶里程		VIN 码	顾客地址：
购车时间	年 月 日	VSN 码	
□预约　□重点客户　□返修		返修原因：	
友情提醒：贵重物品（现金、手机、证件等请客户自己妥善保管，避免不必要的损失			
车辆外观检查表			
—刮伤　O凹陷　×破裂（缺装）	油表位图	E |------|------|------|------| F	
^	客户要求：□带走旧件　□洗车　□		
^	备注： □车钥匙　　□保养手册　　□MP3　　□U 盘 □备用胎　　□手机充电器　□香水座　□眼镜 □导航系统　□方向盘锁　　□　　　　□		
问　诊　表			
客户描述	维修建议		
^	配　件		工　时
客户意见：			

汽车维修业务接待实务

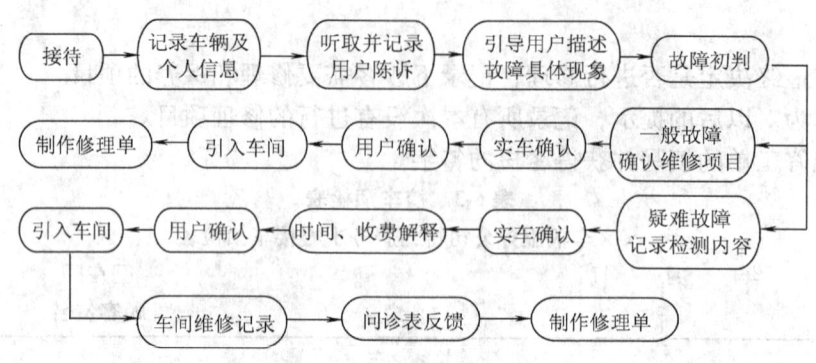

图 6-4　预检表的使用流程

当车辆送到维修企业进行维修/修理时，即使客户没到场，在进行任何修理前也应对该车辆实施"免费的检查"，并通过电话就费用、何时可以取车以及所需要的其他修理等事宜通知客户。开始对车辆进行修理前必须征得客户同意，对大宗的公司客户等，则必须在当天尽早地完成有关故障和费用的准确报告。

 任务实施

一、任务实施前的准备

1. 设备及工具准备

汽车（一辆）、《车辆维修（保养）预检单》若干份、文件板（四块）、工作牌、夹板、笔、各种表单（施工单、估算单、维修委托书）数份、电脑一台、打印机一台等。

2. 学生组织准备

水性笔一支；着工作服（或班服、校服）；按学生每 4～6 人分成一组，每组选定组长。

二、操作步骤

步骤一：迎接

如果驾驶员是男士，接待员（服务顾问）站在车门与车头的夹角处；如果驾驶员是女士，服务顾问面对车头，站在车左后门处。主动问好，自报家门并递送名片。

例："您好！"、"早上好！"

"我是服务顾问××，这是我的名片。"

"请问今天您来做什么项目呢？"

步骤二：环车检查并记录

例："为了对您的车子负责，我将给您的车子做初步检查。"

1. 车内检查

例："请问您的车内有无手机、钱包等贵重物品。"

"为了保持您车内的清洁，我将给您的车子安装车内五件套，这是方向盘套，这是脚垫等。"

"您的车子行驶了多少公里。"

"您的车子油表显示还有一半油。"

"您的车内保养得挺好的。"

"机油已经变黑,请问您今天需要更换机油吗?"

2. 外观检查

例:"您的车子这个地方有一处凹陷。"

"请问车尾箱有贵重物品吗?我能打开吗?"

"轮胎的气压挺足的。"

步骤三:预检单的填写与确认

1. 与客户交流车况和配件情况

例:"机油的好坏将会影响到发动机的性能。"

"我们的材料和零配件都是原厂的,保证质量。"

"我很理解您的心情,这个问题是这样的……"

2. 与客户确认维修项目、价钱、时间

例:"先生,您今天要做的是免费检测和更换机油,是吗?"

"检测是全免费的,机油是××,机油格××,更换机油的工时费是××,一共××元。"

"做完这些项目大约需要××小时,现在是忙点,我们大约在××点可以把车子交还给您,如果师傅在检测过程中还发现有其他问题,我会及时与您取得联系。"

"您是在这里等呢,还是下午再来取车?"

步骤四:引导顾客去休息室休息

例:"您可以到顾客休息室休息,里面有电视、网络,饮料、茶水您可以随意选取。"

例:"请随我来。"

【案例讨论】

了解保险车辆维修程序

一、保险车辆维修的流程

1)车辆进厂后应确定是否需要保险公司进行受损车辆损伤鉴定,若需要,则由业务经理负责联系保险公司进行鉴定。切不可不经保险公司而直接拆卸,以免引起纠纷。

2)要积极协助保险公司完成对车辆查勘、照相及定损等必要的工作(事故车辆保险查勘报告单见表6-4)。

3)保险公司鉴定结束后,维修企业安排拆检。维修技术人员将拆检中发现的损伤件列表,并通知车间主任或业务经理。

4)维修企业服务主管将损伤件列表后联系保险公司,对车辆进行全面定损并协商保险车维修工时费。定损时应由业务经理陪同,业务经理不在,应提前向业务接待员交代清楚。

5)业务接待根据保险公司定损单下达维修任务委托书。有顾客的自费项目,应征得顾客同意,并另开具一张维修任务委托书,然后将维修任务委托书交由车间,再由车间主管安排维修技师进行维修作业。

表6-4 事故车辆保险查勘报告单

××公司机动车辆保险查勘报告

被保险人：			起保日期：	年 月 日	
标的车	车牌号码		厂牌型号		
	所有权益人		年检合格至	年 月	
	车架号/发动机号与保单信息是否一致			□是	□否
	装载情况	□搭乘人员 人		□货物 吨	
三者车	车牌号/交强险承保公司/保单号				
驾驶员	姓名		与报案是否一致	□是	□否
	驾龄		准驾车型		
出险时间	年 月 日 时		与报案是否一致	□是	□否
出险地点			与报案是否一致	□是	□否
	路面情况	□高速路 □普通路 □停车场 □其他：			
出险状况			与报案是否一致	□是	□否
碰撞接触部位	标的车		附着物、颜色		
	外物名称		材质、颜色		
初次查勘时间	年 月 日 时		驾驶员是否在场	□是	□否
查勘方式	□第一现场 □复勘现场 □问询现场 □其他：				
查勘地点	□现场 □修理厂 □停车场 □医院 □其他：				
出险原因、经过、后果	信息来源：□驾驶员 □现场勘查 □其他：				
损失范围	□标的车 □三者车 □三者财产 □三者人员 □车上人员				
施救情况	施救费用		施救方式、里程		
当事人声明	当事人已确认以上记录无误。签字：			年 月 日	
查勘结论	出险状况	□真实 □不真实 □无法查看			
	是否重复报案	□是 □否 □不能确定			
	事故责任/依据				
使用条款					

查勘人： 填表时间： 年 月 日

6）业务接待开完维修任务委托书后，要将定损单转报给报价员。

7）报价员将定损单所列材料项目按次序填入汽车零部件报价单，报价单必须注明车号、车型、单位、底盘号，然后与相关配件管理人员确定配件价格，并转给备件主管审查。

8）报价员在备件主管确定备件价格、数量、项目后，向保险公司报价，并负责价格的回返。

模块六 汽车维修服务工作流程

9) 报价员将保险公司返回价格交备件主管审核，如价格有较大出入，由业务经理同保险公司协调。报价员将协调后的回价单复印后，将复印件转备件主管。

10) 对于定损时没有发现的车辆损失，由业务经理协调保险公司，由保险公司进行二次查勘定损。

11) 如果用户要求自费更换某些零部件，必须由顾客签字后方可到配件仓库领取配件和相关材料。

12) 保险车辆维修完毕后应严格检验，确保维修质量。

13) 维修车间将换下来的旧件整理好，以便保险公司或顾客检查。

14) 维修完成检验合格后，维修任务委托书转业务接待员审核，注明顾客自费项目，审核后转结算处。

15) 结算员在费用结算前将所有单据准备好。

16) 最后由业务接待员通知顾客结账，业务经理负责车辆结账解释工作。

17) 如有赔款转让由业务经理协调顾客、保险公司办理。

议一议：通过阅读维修车辆保险查勘报告单，了解事故车辆损坏情况，掌握保险车辆维修的程序，按照保险车维修服务流程更好地完成维修服务工作。

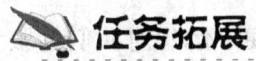

接车注意事项

接车时的注意事项具体如下：

1) 微笑并欢迎客户。

2) 如果你以前并不认识客户，先用慢速且礼貌的语言自我介绍，例如：先生，我是×××，（伸手和客户握手）握手时力度适中且自信，不要太大力也不要太无力，如果客户是一位女士，用合适的方式表示欢迎。

3) 在接车环检过程中，邀请客户一起参与预检。"请您过来看看。"和客户预检车底盘时，让客户在你后面，确保他不会受伤或者被弄脏。

4) 客户在车底时，提醒客户注意安全。

5) 如果你让客户亲手感触车的某些部件，而这有可能弄脏他的手，给客户提供干净的布或纸巾来擦手。

6) 不要因为其他人或电话而打断你与客户的交流，如果确实太紧急而不得不被打断，在与其他人交谈或听电话前先征得客户的同意"我可以先接这个电话吗？先生。"之后向客户表示歉意："对不起，先生。"

7) 在接车环检区，与客户交谈，关注客户，解析客户的驾驶习惯和个人喜好。

8) 记录客户的问题和需求，用简要的语言总结，并与客户确认双方是否都已经完全明白和理解对方的意思。比如："先生，确认一下我是否正确理解您的要求？"

①您的车需要做30000km保养。

②右前轮保护罩需要修理。

③空调系统不工作，需要检查和维修。

④后部有"嗒嗒"声需要检查。

⑤刮水器胶条需要更换。"

"先生,我正确理解了您的要求吗?还有其他我们可以帮到您的吗?"

9)和客户一起到接待台,请客户坐下并开好维修工单。

10)要求客户检查工单是否记录了所有讲到的问题,并提示客户交车的时间。

11)确认维修工单上的客户信息和联系电话,以便更进一步联系客户时用。

例:"先生,您的联系电话是1234566,对吗?"

"如果您的车有进一步的维修情况需要征询您的意见,什么时间联系您比较方便呢?"

12)祝愿客户过得愉快,(微笑)送客户离开或到休息室。

13)如果客户在服务站等候提车,将客户带到休息室,要求客户坐下休息,并确保他是舒适的。

14)当客户回来提车时向客户解释账单,在解释的过程中,突出在接车环检时客户要求做的工作已经完成,解释用到的配件和辅料,提醒免费服务的内容和应注意的事项后,才谈及维修费用。

15)带领客户到出纳处(缴费),并确信他是满意的。

16)祝愿客户驾车愉快,并提示客户:客户关系中心的同事将会电话回访他,了解我们的服务是否达到了客户期望的标准,并提示会有客户满意度的调查。

例:"先生,我们客户关系中心的同事将在几天后电话回访您,以便了解您对我们的服务是否满意,您有任何需要帮助的话,随时欢迎您给我们电话。"

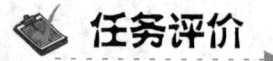

任务评价

类别序号	任务编号	18	学时:4学时		学生姓名:		总分:	
	评价项目		评价内容及要求	配分	学生自评	学生互评	教师评价	得分
职业素质评价	1	文明、安全意识	遵守实训室、教室文明规则,遵守设备安全操作规程。纪律表现好	10				
	2	个人仪容	注重职业形象。面部清洁;不留长指甲;头发前不盖眉,不染发,女生扎发髻,佩戴头花;男生头发不过长、不留胡须;站立笔挺	10				
	3	个人仪表	着深色的商务正装,服装整洁;男生佩戴领带,女生佩戴丝巾,佩戴正确;着无污渍、深色皮鞋;男生深色袜子、女生肉色丝袜,袜口高于裤脚;标志牌(工作牌)佩戴于左前胸	10				
	4	团队合作任务执行	分组训练沟通交流、合作参与意识强;协作性、积极主动性好;责任感较强、任务完成度良好	10				

模块六　汽车维修服务工作流程

（续）

类别	序号	评价项目	评价内容及要求	配分	学生自评	学生互评	教师评价	得分
任务编号	18		学时：4学时		学生姓名：		总分：	
岗位技能评价	5	顾客接待	站立笔挺、始终微笑迎顾客，热情招呼顾客；介绍企业及自己姓名、职务；双手递送名片、正面指向顾客	15				
	6	顾客车辆外观检查	检查车顶、车窗、车门、发动机盖、车门开关、车灯；检查机油、助力转向液、玻璃洗涤液、冷却液、散热器、蓄电池接口情况；检查备胎和随车工具	10				
	7	顾客车辆内饰检查	贵重物品提醒；安装三件套；起动车辆；检查油表、里程表、指示灯、空调、音响；检查安全带、坐椅、坐套完好；检查车内后视镜完好	10				
	8	掌握运用知识能力	是否能够运用知识完成接待训练，并能就维修问题完成与顾客的交流	10				
	9	《接车单》填写	单据内各个项目填写完全正确，无漏项、错项	15				

注：按学生自评占20%、学生互评占30%、教师评价占50%计算总分。

思考与训练

1. 学生角色扮演，分组训练，一人扮演顾客，一人扮演服务顾问，进行握手、递接名片、礼貌引导顾客进店训练，给出评价。

2. 学生一对一进行接待服务流程训练。接待到店修理汽车的客户，填写表6-3并完成实训活动评分。

任务三　维　修　作　业

任务目标

1. 熟悉车辆维修作业流程；
2. 掌握车辆维修作业前的准备工作；
3. 学会制作《车辆维修工单》；
4. 了解车辆维修作业内容；
5. 掌握车辆维修作业的质量控制。

189

汽车维修业务接待实务

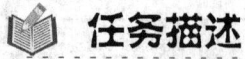

客户王先生的桑塔纳汽车已经在维修中心接待检验完毕,将进入维修车间维修,根据维修作业流程进行实训操作。

 相关知识

一、维修作业流程

汽车维修有一定的作业程序、规律可以遵循,维修作业流程具体见图6-5。

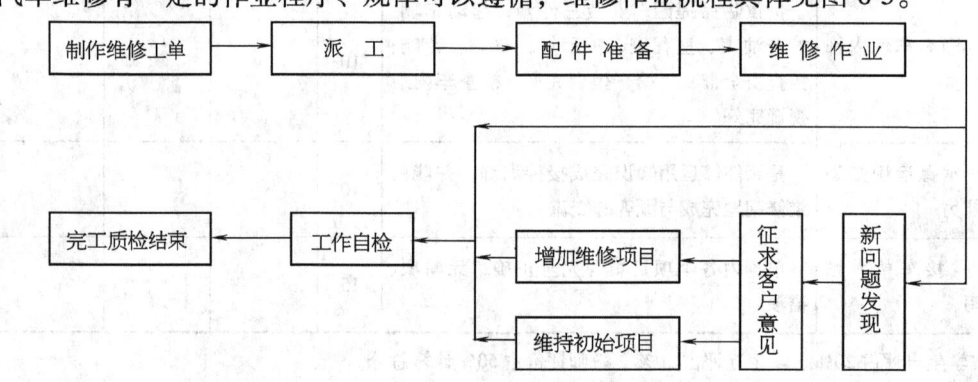

图6-5 维修作业流程

二、维修前的准备

1. 维修工单

维修工单或维修委托任务书是客户委托维修企业进行车辆维修的合同文本。维修工单的主要内容有:

1)客户信息:客户名称和联系方式等。

2)车辆信息:汽车牌照号、车型、颜色、车架号、发动机号、上牌日期、行驶里程等。

3)维修企业信息:维修企业名称、电话和有关责任人的姓名等。

4)车辆维修作业信息:包括进厂时间、预计完工时间、维修项目、工时费和预计配件材料及辅助材料费等。

5)企业相关责任人签字和客户签字。

上述内容都需要维修企业与客户作一个准确的约定。企业相关责任人签字意味着维修企业对车辆维修业务的承诺和维修质量的保证;客户签字则是客户对维修项目、有关费用和时间的认可。维修工单详见表6-5。

维修工单一般为三联,其中一联交付客户,作为客户提车时的凭证,以证明客户曾经将该车交付维修企业维修,客户结算提车时收回。企业自用的两联可分别用于维修车间派工及维修人员领料使用。

模块六 汽车维修服务工作流程

表 6-5 维 修 工 单

编号：　　　　　　　　　　　　　　　　　　　　　　　　　　　××维修企业

客户资料

客户姓名：_____ 客户电话：_____ 牌照号码：_____ 车型：_____ 行驶里程：_____ 进厂时间：_____
在厂等候：□是□否　派工：_____ 汽车车架号：_____ 预计维修开工时间：_____
来站方式：□预约□自行□牵车　付费方式：□自费□三包□保险□其他　预计维修完工时间：_____
维修类别：□快修　□定保　□机修　□钣喷　□其他　客户类别：□普通客户　□大客户　□出租车　□其他

序号	维修内容	配件	维修方式	维修工	检验员	工时费用	材料及辅助材料费
1							
2							
3							
4							
5							
6							
7							
8							
9							
维修项目客户签字	增补项目客户签字	主修工签字		检验员签字		主管签字	

维修工单的制作的依据是接车预检表，根据车辆接待环检的预检表的使用流程来进行。进厂车辆通过环检后，如果是一般故障，可以直接同客户签订维修施工单。进厂车辆如果是较复杂的故障修理，业务接待员应对客户车辆状况进行技术咨询，需请技术人员和客户一起试车验证或用仪器检测和会诊。根据检测诊断结果，拟订维修方案，初步估算修理工时费、材料费及其他费用，预计完工时间，打印好任务委托书，并请客户签字确认。

业务接待员同客户签订维修施工单时需向客户解释清楚维修施工单的内容，重点解释说明维修项目、估算修理工时费、材料费、其他费用和预计完工时间。

维修工单有关注意事项：

1）本维修工单经双方确认签字后具有合同效力。可作为维修预检交接单使用，施工单上的有关费用为预算费用，结算时凭维修结算清单，按实际发生金额结算。

2）本维修工单是可以更改的，车辆在维修作业过程中，发现新的问题时，按维修作业流程运作：征求客户意见，客户认为此问题无关紧要，放弃维修时，则按原维修项目进行；客户同意增加维修项目或费用及延长维修时间时，则在施工单增补项目客户签字栏签字即可。

3）维修工单配件栏中，使用的正、副厂配件及质量担保期由双方约定，必要时，附材料清单作为任务书的附件。客户自带配件应标注，并由企业查验登记，注明由此产生的质量问题，维修企业不负责任。

汽车维修业务接待实务

4）维修质量保证期：从竣工出厂之日起_____日或行驶里程_____公里，以先达到指标为准。

2. 作业分配

作业分配是指企业管理者将车辆维修作业任务按维修工位、维修时间、维修工姓名确定下来的过程。业务接待及企业管理者传递给维修车间的作业指令是通过维修工单来实现的。一种方式是维修业务接待将维修工单随同承修车辆直接交由自己所带领的维修团队进行维修，称为团队式生产管理模式；另一种方式是业务接待将维修工单随同承修车辆直接交由修理车间主管或修理车间调度员，再由车间主管或车间调度员依据维修工单的内容开具维修作业派工单，将派工单随同承修车辆交交由维修工进行维修，这是传统的生产管模式。

维修企业车间生产管理，常采用目视管理的方法，作业分配采用控工板完成。控工板应放置在接车及环检工位，让大家清楚地了解维修车辆的进展情况和完工时间。同时它在前台和车间之间能够建立一种目视管理，从而提高生产率和劳动效率，更重要的是能向客户展示维修工作都是按计划安排，能够在双方认可的完工时间内完成。

> **小资料**
>
> **控工板的作用**
>
> 1. 在接车环检时，使用控工板可以向客户报告精确的交车时间；
> 2. 通过控工板企业管理者能够掌控每个技师全天的工作量，包括培训的时间安排，不可预期的维修，非预约车辆的维修等；
> 3. 企业管理者看一下控工板就可以清楚地了解每个维修车辆每个时刻的状态；
> 4. 技师完成每个维修车辆时，可以立刻进行已安排好的下一辆车的维修，不必等待重新指派任务，极大地提高了每位技师的工作效率和生产率。

三、维修作业

当业务接待与客户在维修工单上签字后，所承修的车辆的隶属关系由客户转为企业，企业负责保管和维修，开始维修作业。

1. 维修作业规范

1）维修人员持证上岗。车辆维修人员应取得相应的维修资格证后方可进行维修施工作业，同时应当具备丰富的汽车理论知识与实践经验，具有较好的职业道德，并有较高的综合技术素质以应对新车型、新技术不断出现。

2）作业过程规范正确。在常规维护检查作业时，维修人员应当严格按照维护检查技术规范进行，更换、添加、检查、紧固等有关项目应做到仔细全面、准确到位，最后填写维护检查单。在故障修理作业中应当按照维修手册及有关操作程序进行检修，并使用相关检测仪器和专用工具。

3）严格按维修工单进行。维修人员接到维修工单后，应当及时、全面、准确地完成维修项目，严格按照维修工单作业，不应超出维修范围进行作业。如发现新的问题时，需要增加、减少或调整维修项目时，应及时通知业务接待，由业务接待估算相关维修费用、完工时间，取得客户同意并在维修工单上签字后方可更改维修内容，并办理签字。

4）文明生产。维修人员在作业中应当爱惜客户的车辆，注意车辆的防护与清洁卫生。作业前需检查五件套：座椅保护罩、地板垫、方向盘护套、头枕套、变速杆套等防护用具是否齐全。作业过程中做到零件、工具、油水"三不落地"，随时保持维修现场的整洁，保持维修企业的良好形象。

5）严格质量控制。在车辆维修过程中加强工序质量控制，在每项维修作业完成后或需要更换工位时，维修作业的负责人或小组长必须对本次维修做一次全面检查，检查其是否符合相关要求。例如，一辆事故车，当在维修工位竣工后，要转到钣金工位时，负责维修工位的技术人员必须进行自检和互检，确认无误后方可转移工位。

2. 维修作业的注意事项

1）维修工单是维修作业的任务文件，必须保证与车辆在一起，尤其是当车辆跨工种、跨车间时，不能丢失。

2）各工种作业必须保证及时、准确、诚信，保证作业的质量与速度。每个工种作业的开始与结束时间要及时准确地记录在维修工单上。

3）维修人员在维修操作过程中，发现护车套件发生破损，必须及时更换。

4）明确索赔件与非索赔件的区分，对更换下来的索赔旧件在该工位作业完成后维修人员应及时交给索赔员，由索赔员进行统一管理。对于客户已经声明不要的非索赔旧件，在更换下来后应按旧件管理规定进行处理。否则，应在包装后放在车辆行李箱内交还客户，如果无法放入行李箱，应要妥善保存以便交给客户。

5）车间主管依据维修工单内容，按照工种、工作难度进行派工时，如果是预约过的客户必须直接交给已经确定的班组。对于返修车辆，车间主管应参考上次的维修记录，如果是由于技术水平原因造成的，则将工作安排给技术更高的班组。

6）各工位班组长在接车时，应先对照维修工单简单检查车辆外观、内饰有无损坏，确定维修工单的有关维修项目。

7）所有物品的领用以领料单为依据，如配件、专用工具、电脑解码仪等。

8）维修人员在进行作业时如遇到难以解决的问题，应向主管或技术总监求助，及时会诊解决问题，如果仍然解决不了，由车间主管或维修企业有关人员与品牌车辆的售后服务部取得联系。

9）工位作业完成，维修人员或班组长应进行工位自检后维修车辆才能进入下一道工序，进行如下工作后才可转至下一工位。

①检查作业项目是否已全部完成。

②掌握橡胶件、易损件的磨损情况，并做好记录。

③工具、资料有无遗失。

④检查车辆上的设备是否复原为接车时的状况。

⑤将换下的零部件包装好以便交给索赔员或业务接待，并在交车时交给客户。

⑥班组长在维修工单上记录下作业内容、开完工时间及对车辆使用方面的意见并签名。

10）当某工位维修作业的内容或维修进度发生变化时，需及时通知业务接待，以便业务接待更新车间的控工板或车间进度表，并向客户说明。

四、维修质量检验

客户将自己的故障车送到维修企业进行修理后,需进行完工检验,以确保维修质量。

1. 完工检验有关技术规定

维修作业结束后,必须进行维修竣工检验,竣工检验合格后才能进行到下一步的交车程序。这些准备工作包括车辆清洁、整理旧件、完工审查、路试和通知客户取车等。

质量检查。汽车的维修质量是维修出来的而不是检查出来的,但是质量检查能有助于发现维修过程中的失误和验证维修的效果,质量检查也可对维修人员的考核提供基础依据。质量检查是维修服务流程中的关键环节。维修人员将车辆维修完毕后,需由质检员进行检验并填写质量检查记录。如果涉及转向系统、制动系统、传动系统、悬挂系统等行车安全的维修项目和异响类的专项维修项目,必须交由试车员进行试车并填写试车记录。车辆在维修作业完成后,必须经过质量检验员的检验合格后才可真正称为竣工,这种检验又被称为竣工检验。竣工检验不合格的车辆不得出厂,否则出厂后因车辆技术状况引起的部分纠纷企业要承担相关责任。

车辆的二级维护、总成修理、整车修理,竣工质量检验必须由承担车辆维修竣工后质量检验的维修企业或机动车综合性能检测机构实施竣工检测。竣工质量检验合格后,维修质量检验人员方可签发《机动车维修竣工出厂合格证》;未签发机动车维修竣工出厂合格证的机动车,不得交付使用,车主可以拒绝交费或接车。机动车维修竣工出厂合格证由省级道路运输管理机构统一印制和编号,县级道路运输管理机构按照规定发放和管理。

机动车维修实行竣工出厂质量保证期制度。汽车和危险货物运输车辆整车修理或总成修理质量保证期为车辆行驶20000km或100日;二级维护质量保证期为车辆行驶5000km或30日;一级维护、小修及专项修理质量保证期为车辆行驶2000km或10日。质量保证期中行驶里程和日期指标,以先达到者为准。机动车维修质量保证期,从维修竣工出厂之日起计算。企业承诺的质量保证期只能高于该规定期限和里程。

在质量保证期和承诺的质量保证期内,因维修质量原因造成机动车无法正常使用,且维修企业在3日内不能或者无法提供因非维修原因而造成机动车无法使用的相关证据的,车辆维修企业应当及时无偿返修,不得故意拖延或无理拒绝。在质量保证期内,车辆因同一故障或维修项目经两次修理仍不能正常使用的,车辆维修企业应当负责联系其他机动车维修经营者,并承担相应修理费用。

2. 完工检验的工作流程

完成维修项目后,必须按规定程序进行完工检验。完工检验对照维修工单进行,检验维修过的所有项目,以及维修、调试过程中涉及的其他项目,并将检验结果记录在案。检验结果有两种情况,一是检验合格,则直接通知维修顾问进入下一道工序结算、交车;二是检验不合格,则必须返工,返工作业完成后,重新进入完工检验程序。具体完工检验工作流程如图6-6所示。

3. 路试

路试是竣工检验过程中最后一个关键环节,通过这个环节检验出车辆的整体性能,提升客户满意度。路试人员、路试路线、检查项目、合理的路试程序等对路试质量都至关重要。路试人员必备条件:汽车驾驶技术熟练,有驾驶资格证;同时车辆维修、故障诊断技术全面。一般从企业的技术总监、高级技师、服务顾问、车间主管中间选择合适人选来做路试。路试时需要检查的内容包含客户需求和备注的项目、维修项目、安全性、舒适性和操纵性能等。

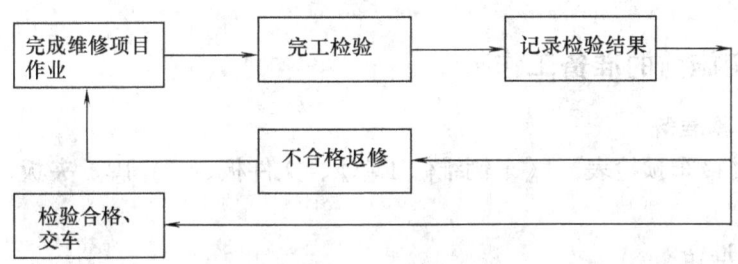

图6-6 完工检验工作流程

路试的程序：

1）修理完成之后，由服务顾问（业务接待）组织人员进行路试，他要清楚由谁来做路试，并将工单交给路试人员，如有需要，需提醒要特别注意的项目。

2）路试人员从停车区域取车、路试车辆并且检查需要检查的项目。

3）路试后，路试驾驶员应该把车停到交车区域，把路试的结果记录到维修工单上并通报服务顾问，告知停车位。

4）路试之后不确定的项目应该通知车间主管和服务顾问，采取矫正措施。服务顾问更新控工板、更新维修工单。维修技工实施额外的工作，当完成额外的工作后，技师应该将相关记录材料和该车提交给服务顾问，服务顾问应该再次安排路试。

5）路试之后，若认可维修质量，服务顾问完成书面工作，开始准备结算单，并准备此车辆的内外部清洗。

6）将路试结果建档。

4. 完工检验的实施规范

1）所有进厂维修或保养的车辆在维修项目完成后都必须由企业专业质检员进行质检。

2）检验项目包括维修工单上进行的所有维修项目，同时包括维修拆装过程中所涉及过的其他装备，依据委托单上关于车辆状况的记录，检查作业过程中外观、内饰、物品等有无损伤和遗失等，确保车辆的使用性能。

3）按照客户描述的情况进行检查，必要时进行路试，路试时应严格按路试程序进行，确保故障现象消除。

4）对于检验不合格的车辆，进行记录。如可以当时采取措施纠正，则就地解决，解决后签名确认。一般情况下则按照完工检验程序进入不合格返修程序，签名后将维修工单交与车间主管重新派工，进入维修作业程序。

5）对于由技术水平导致的内部返修车辆，车间主管应将工作安排给技术更高的班组进行，同时，质检员应将检验结果反馈给班组，以提高班组的技术水平，防止再次出现同样的问题。

6）返修对客户满意度的负面影响较大，在维修作业过程中要加强工序质量控制，将返修率控制在5%以下。

汽车维修业务接待实务

7）完工检验合格，质检员在委托单上标注并签名后，车辆才可以驶出车间。

任务实施

一、任务实施前的准备工作

1. 设备及工具准备

汽车一部、《接车预检表》、《车辆维修工单》、文件板、工作牌、夹板、笔、电脑一台、打印机等。

2. 学生组织准备

身着工作服；根据学生人数，分成3~5组，每组选定小组长。

二、操作步骤

步骤一：制作维修工单

以接待过程中填写好的预检表为依据，制作（填写）维修工单见表6-5。

表单填写要领：

1）同客户一起确定维修项目。

2）确认维修工时费和所需配件的费用。

3）如果配件不能满足供应，服务顾问应立即通知客户并向其解释情况并寻求解决方案，如：推迟维修时间、为客户提供代步车辆、重新确认新的交车时间。

4）服务顾问同客户确认完工时间并在维修工单上注明。

5）打印维修工单，最终打印出的维修工单上将会自动列出此次维修所需的配件。此时配件部将会打印出检料单。如条件不允许，相应的维修工单的复印件应传递至配件部。在维修工单上记录客户确认的价格。

步骤二：派工作业

1）服务顾问将车辆开至维修车间待修区。

2）服务顾问将车辆钥匙、维修工单、保养手册等交给维修班长保管。

3）维修班组安排维修技工（技师）按照维修工单内容开始维修和保养工作。

服务要领：

1）正确填写控工板，以了解维修车辆的进展情况和完工时间。

2）控工板的摆放位置应放置在接车及环检工位。

3）确定派工任务后，应将相关的文件一起放在维修工单的存放夹内，然后将维修工单的存放夹放置在控工板上相应维修技师名字前。

步骤三：跟踪维修进度

1）服务顾问应对自己接待车辆的维修进度随时掌握清楚，如在预计时间内无法完成应及时调整或通知客户。

2）当维修技师检查后发现有新的维修项目时，应先向服务顾问报告，服务顾问再及时与客户联系，进行价格和维修时间的确认。

3）服务顾问、维修班组应督促车间维修人员增加人力尽快完成修理任务。

4）增加的维修项目、维修价格、更改的维修时间需在维修委托书上进行记录，客户全部确认后在维修委托书相应增项栏内确认并请客户签字。

5）如果客户离开了休息室，不在现场，须保留客户的增项确认，如电话确认等。最好是让客户到现场确认签字。

步骤四：完工检验

1）服务顾问在确认客户要求的所有项目均已完成，在通知客户可以提取车之前，必须对车辆进行一次最终的确定检查。

2）全部的维修项目都需要检查，确保维修工作已经按照客户的要求完成，并且在与客户达成的维修费用及交车时间内完成。

3）承诺客户的免费检查项目也应按要求、在规定时间内完成。

4）检查外观车辆是否按照标准清洗干净、检查车辆外观是否出现由于维修造成的人为损伤。

5）检查更换下来的旧件是否被放在规定的位置，如客户说明要自行回收的旧件按客户要求放置好。

6）检查确认车辆钥匙已经随车放置。核对是否按照约定时间交车，如果超出约定时间，询问班组长原因，做好向客户解释的准备。

检验要领：

1）逐项核对维修工单项目，检查工作时间标注、配件领用种类和数量、工作项目是否重复等。

2）检查技工签字、质检人员签字、客户确认签字是否完整。

3）车辆外观清洗无水迹、无污点、轮辋缝隙清洁、发动机舱清洁、内饰无施工油迹、地毯清洁和烟缸清理等。

4）完成修理和路试后，将维修工单放回至派工板。

5）使用专用的旧件袋或者用干净的原包装包裹换下的配件，并将其放置到车辆后各箱中，剩余的机油、防冻液等液态配件有效密封、防止渗漏。

6）泡沫清洗剂等易燃易爆物，需当面交予车主并特殊说明。

7）检查维修保养规范中规定的常规项目如轮胎气压、灯光、门铰链润滑、玻璃清洗、机油液位、蓄电池极桩氧化、防冻液、制动液等。

8）收集整理车辆维修的文件资料包括："接车预检单"、"维修工单"等。

【案例讨论】

一、阅读维修派工单

维修派工单一般都有三联，分别由企业、客户留存，某维修企业派工单见表6-6。

议一议：这是一家品牌汽车维修中心的派工单，表中内容应全部掌握。

二、了解零件领料单

车辆在维修时更换零件，需要到配件仓库领取新零件，了解领料单的内容详见表6-7。

表6-6 派 工 单

××服务有限公司

派工单　　服务咨询电话：××××××××××

接　车

牌照号		车型		VIN码	
行驶里程		接车日期		接车时间	购车时间
随车附件					

友情提示：贵重物品（现金、手机、证件等）请用户自行保管，本公司不负任何保管责任。

预检（目视）

好　坏　维修

☐车门玻璃和风窗玻璃状况………… ☐ ☐ ☐
☐前/后灯状况………………………… ☐ ☐ ☐
☐前轮胎的状况（有无伤痕）……… ☐ ☐ ☐
☐前轮胎的状况（有无伤痕）……… ☐ ☐ ☐

好：合格　坏：有故障，需维修　维修：用户确认维修

派工内容	维　修　作　业				
报修项目（注明故障）	维修工作内容（注明维修部件）				

C：拆—装　H：恢复原貌　T：调整　J：检查　G：更换　　价格预估　　时间预估　　完工时间

服务顾问签字：　　用户签字：　　联系电话：　　用户希望：归还被更换的备件☐

结　算

结算时间	配件费	辅料费	工时费	费用合计	结算员签字	用户签字	交车时间

维修交付

用户提车		委托提车	
用户意见			一用户提车联

198

表 6-7 领 料 单

车牌号			车型			行驶里程		使用者		
序号	配件名称	数量	单价	金额		厂家	发放人	签收人	是否录单	
1										
2										
3										
4										
5										
6										
7										
8										
9										

年　月　日

领用人确认：

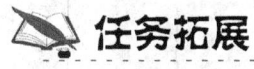

编制车辆维修检验相关单据

编制车辆维修《终检表》（表6-8），填写表中各个项目数据，熟悉修理后车辆检查的项目及标准，精通质量检验环节的步骤；学会应对质量检验环节中特殊情况的处理。

表 6-8 终 检 表

车牌号：

序号	检 查 项 目	初检	复检	备注
1	维修工单内所载工作项目已全部完成			
2	维修工单内所载工作项目已经技工自主检验			
3	机油液面高度			
4	P/S 油液面高度			
5	A/T 油液面高度			
6	制动油液面高度			
7	副水箱液面高度			
8	玻璃洗涤液液面高度			
9	蓄电池桩头及液面高度			
10	车门铰链润滑油涂抹			
11	使用过的工具、螺母、电线头等收拾干净			
12	时钟显示时刻正确，音响频道调整正确			
13	远光灯、近光灯、室内灯、倒车灯、雾灯、转向灯、制动灯			
14	车内、外后视镜调整及镜面干净，车内外清洁，无油迹			
15	胎压正常，发动机起动正常			
16	必要经路试后正常，无异响			

建议事项：

主修技师签字		终检员签字	

任务评价

类别	序号	评价项目	评价内容及要求	配分	学生自评	学生互评	教师评价	得分
职业素质评价	1	文明、安全意识	遵守维修实训中心（或4S点）、一体化教室文明生产规则，遵守设备（含汽车、配件、软件或其他教具等）安全操作规程。纪律表现好	8				
	2	个人仪容	注重职业形象。面部清洁；不留长指甲；头发前不盖眉，不染发，女生扎发髻，男生头发不过长、不留胡须	8				
	3	个人仪表	服装整洁，着职业化服饰；标志牌（工作牌）佩戴于左前胸	8				
	4	团队合作任务执行	分组训练沟通交流、合作参与意识强；协作性、积极主动性好；责任感较强、任务完成度良好	8				
岗位技能评价	5	维修接待及控工板	说话音量清楚，始终保持微笑，热情招呼顾客；与客户沟通了解车辆故障准确；建议维修项目顾客同意并签字。会用控工板，内容填写正确	10				
	6	维修项目追加	追加维修项目向顾客解释清楚、能议价并说明追加项目的收费和完工时间，客户已签字同意追加维修项目	10				
	7	《维修工单》《终检表》等4个表单填写	4个单据各个项目填写完全正确，无漏项、错项。客户信息、车辆信息填写清楚；交修时间、修理时间、交车时间填写清楚、准确。故障现象描述填写正确；维修内容、维修类别填写正确；建议维修项目和追加维修项目经客户确认同意、客户已签字	30				
	8	维修检验	修后检查顺序正确。检查的项目完整，车辆外观检查；对旧件确认；核对维修内容及价格等	10				
	9	沟通交流知识应用能力	具备良好的沟通交流能力，并能够运用所学知识顺利完成维修业务接待活动和单据填写，能就维修过程中的问题完成与顾客的沟通	8				

注：按学生自评占20%、学生互评占30%、教师评价占50%计算总分。

模块六 汽车维修服务工作流程

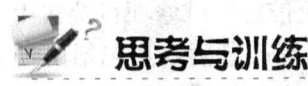 **思考与训练**

1. 学生角色扮演，一人扮演顾客，一人扮演服务顾问，分组训练：追加维修项目（更换配件）的服务活动，并予以评分。

2. 将学生分为 4 个组，分别填写 4 个表单：表 6-5、表 6-6、表 6-7、表 6-8，并完成实训活动评价。

任务四 结算与交车

 任务目标

1. 熟悉结算与交车流程；
2. 掌握结算过程的解释及异议处理技巧；
3. 掌握交车有关规定及注意事项。

 任务描述

针对一维修完工的车辆，进行车辆维修费用的结算，完成交车全部工作流程。

 相关知识

一、结算与交车工作流程

车辆完工检验合格后，进入结算、交车程序。交车准备工作包括：车辆清洁，客户的车辆维修完毕之后，应该进行必要的车内外清洁，以保证车辆交付给客户时维修完好、内外清洁、符合客户要求；整理好旧件，如果委托书中显示客户需要将旧件带走，维修人员则应将旧件擦拭干净包装好，放在车上或放在客户指定的位置，并通知业务接待。由服务顾问联系客户，与客户一起进行完工审查，审查完工时间是否与预计相符，故障是否完全排除，车辆是否清洁，旧件是否整理好等。服务顾问准备好客户结算单，面对客户对维修项目、工时费、配件数量、材料费是否与估算的相符，对有异议的问题进行解释和有效沟通，或者按客户要求请来相关领导，协同处理，达成协议后引领客户进财务室结算，然后服务顾问交还汽车钥匙给客户。结算与交车流程见图 6-7。

二、结算

1. 结算单

结算是服务流程中与客户接触的环节，由服务顾问来完成。客户到达交车工位后，不能让客户长时间的等待，应及时打印结算单，结算单见表 6-9。结算单是客户结算修理费用的依据，结算单中包括以下内容：客户信息、客户车辆信息、维修企业信息、维修项目及费用信息、附加信息和客户签字等。客户信息包括客户名称和联系方式等；车辆信息包括牌照号、车型、底盘号、发动机号、上牌日期和行驶里程等；维修企业信息包括企业名称、地址、邮编、开户银行、账号、税号和电话等信息，以便客户联系方便；维修项目及费用信息包括进厂时间、结算时间、维修项目及工时费、使用配件材料的配件号、名称、数量、单价和总价等。客户签字意味着客户对维修项目及费用的认可。

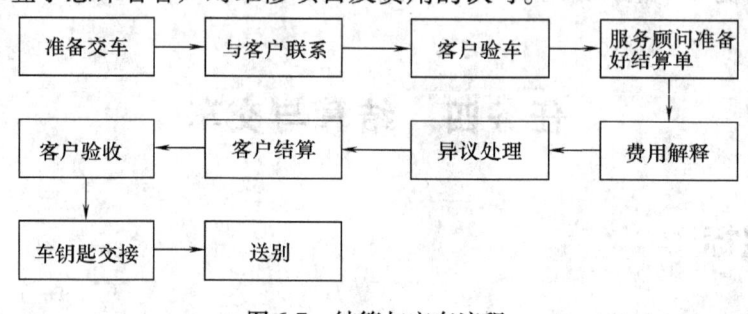

图 6-7　结算与交车流程

表 6-9　结　算　单

维修工号：	客户：	车型：	车牌号：	维修类别：
工时费：	材料费：	管理费：	税费：	总额：

配件材料清单：

序号	配件材料名称	单位	数量	单价	金额	备注
1						
2						
3						
4						
5						
6						
7						
8						
总计						

制表：	财务：	审核：	日期：

结算单一般一式两联，客户将一联带走，另一联由维修企业的财务部门留存。财务人员负责办理收款、开发票、开出门证等手续。结算应该准确高效，减少客户的等待时间，提高客户满意度。

2. 费用解释

（1）结算单内容解释　结算单的项目内容、配件材料收费标准应该与客户签字过的维修工单一致。服务顾问应出示维修工单对照，主动向客户解释清楚结算单上的有关内容，特别是维修项目工时费用和配件材料费用，让客户放心。如果实际费用与维修工单的费用有所差异，需向客户解释说明原因，得到客户的认同。

（2）异议处理　当客户对结算单上的结算时间、维修项目及工时费、使用配件材料的配件号、名称、数量、单价和总价等内容提出异议时，比如：发现其太阳膜与自己原来选的不一样，于是找到服务顾问询问原因，服务顾问曾经打电话通知过刘先生，跟刘先生说过此情况，但当时刘先生在与朋友吃饭，表示同意，于是就换了其他的膜。可是刘先生那天喝多了，记得不太清楚，就觉得服务顾问在忽悠自己，不愿意接受。再比如，客户查看完结算单后，提出配件价格比他前两天了解的其他修理厂的价格高多了，坚持要打折等。

首先服务顾问应向客户致歉，然后拿出维修工单对比，经双方签字过的维修工单是维修活动的业务合同，双方必须遵守。对没有按规定要求签字而更改的内容，要承担责任，比如更换材料（太阳膜），服务顾问重点要向客户介绍已经换上的膜的优越性，若客户还是不同意，可以请示主管，或请来更高级别的领导来现场，以示对客户的重视，由高级别的领导进行沟通，或适当打折或赠送礼品等，若客户坚持重贴，只能将膜撕掉重贴。一般情况下大部分的客户是不会让服务顾问贴钱为自己换膜的，但作为服务顾问还是要把表达歉意的话说在前面。该补偿的地方还是要补偿，这种换配件材料的情况必须严格按照企业的规定执行，征得客户的书面同意。

顾客对结算单内容满意后，服务顾问引领客户进财务室结算。

三、交车

交车是下次维修保养的开始，交付客户一辆洁净的车辆非常重要。尤其是一些细节，如烟灰盒里的烟灰必须倒掉，时钟要调正确，坐椅位置调正确，汽车外观的保养占用的时间很少，却能得到事半功倍的效果。一些细节常常会在很大程度上增加客户的满意度。体现物超所值的服务，是交车工作必须重视的。

1. 交车验收

交车验收是陪同客户一起来进行的。按照车辆预检时的顺序，与客户核对保养点和所作的维修，并说明修复的部位和使用的配件；解释说明所作的免费检测项目和洗车服务；向客户展示更换下来的旧件，剩余液态配件要给客户做特殊说明；提醒客户下次保养或维修的时间、项目，提醒本次未做的推荐项目；解释本次维修的时间，并向客户介绍预约的好处。

如果是常规维护，服务顾问应给客户一份维护记录单，告诉客户下次维护的时间或里程，以及需要更换的常规件和相应里程需作业的常规项目，同时在车辆维护手册上做好记录。如果是故障维修，业务接待应告诉客户故障原因、维修过程和有关注意事项。在完成车辆离开的相关手续后，业务接待应亲自将客户送出门外，并提醒客户下次维护时间和车辆下次应该修理的内容。

2. 交车实施规范及注意事项

1）车间对通过质检的车辆进行外部清洗、内部吸尘，清洁过的车辆必须比送来时更干净。清洁时必须注意保护漆面、车门玻璃上的水尽量擦干，车辆清洗完毕后，服务顾问将车辆开至竣工车停车位上，通知服务顾问接待验车。同时注意车辆停放整齐，并保证车头面对通道或大门口，便于客户将车辆驶出。

2）服务顾问在验车时，将坐椅、反光镜、后视镜等的位置及角度调回客户进厂时状态。

汽车维修业务接待实务

3）交车准备工作包括进厂项目是否全部完成、车辆外观是否有损伤、车内物品是否遗失等内容，陪同客户验车时，业务接待应携带一条白毛巾及委托单陪同客户一起验车，对没有安置护车套件且维修人员可能接触到的位置进行擦拭，并当着客户的面将护车套件取下。

4）交车准备完成后，业务接待与客户取得联系，确定客户方便的提车时间。

5）如果客户无法及时来提车，在条件允许的情况下，业务接待应为客户送车，送车前先准备好结算单，并通过电话向客户解释作业项目及发生费用，最后在送车时陪同客户验车并进行结算工作。（建议：一般不采用）

6）验车时如果需要进行旧件交接，业务接待应告诉客户更换下来的旧件放置的位置，并请客户当面核对。

7）结算完毕，业务接待将车钥匙、行驶证、出厂凭证、保养提示卡等准备好，交给客户。将车钥匙等物品交给客户时，业务接待应将随时可以与自己取得联系的方式及一些注意事项告知客户，并向客户确认保养提示卡中注明的下次保养时间。如果向顾客提示当前的服务项目、新推出的项目和下次保养日期，一定会被很多顾客欣赏和接受，这是超值服务的一个体现。

8）向顾客提出关怀性的建议。例如，节油建议，您行李箱内装了两箱矿泉水，额外的重量会使燃油消耗增加，若减少这些重量，估计百公里油耗会减少一升；轮胎气压不足会增加燃油消耗，因此您应经常检查胎压。只有业务接待亲自将车辆交给顾客，良好的服务才算画上了圆满的句号。同时，也将再次向顾客明确维修企业的维修服务能力。

9）业务接待需将客户送至车旁，为客户打开车门，并主动帮客户将保养提示卡置于不妨碍客户驾车且醒目的地方。与客户道别并感谢客户惠顾之后，业务接待应目送客户车辆离开，直到客户车辆顺利驶出大门后再回到接待区。

10）客户离开后，业务接待应在《客户档案》中进行备案。交车过程应准确快捷。

任务实施

一、任务实施前的准备工作

1. 设备及工具准备

汽车一部、《车辆维修接待预检单》、《车辆维修工单》、《结算单》、文件板、电脑一台、打印机等。

2. 学生组织准备

身着工作服；每人一支水性笔。根据学生人数，分成3~5组，确定每组的小组长。

二、操作步骤

步骤一：交车前的准备

1）了解车辆的状况和维修的细节。
2）使用相关软件系统打印统一格式的结算单。
3）准备好交付所需的其他单据：维修接待预检单、维修工单、定期保养单等。
单据填写要领：

模块六　汽车维修服务工作流程

1）车辆问诊单与维修工单的有关维修项目要基本一致。

2）结算单要与维修工单叠放在一起。

3）维修工单上的维修项目内容、配件、价格、新增项目等都是客户签字认可的，要方便客户查询。

步骤二：客户对维修服务的认可

1）服务顾问去休息室通知顾客并与顾客一起检查车辆，检查顺序可以随客人自便。

2）如果是服务顾问带领客人检查，按照顺时针从车头到车尾，先外观后内饰的顺序。

例："先生，我们已经为您的爱车做了10000km的保养。"

"先生，您的爱车前盖脱漆部位，我们已经做好了车身喷漆。"

"先生，我们已免费为您清洗了爱车，还对备用车胎做了免费的气压的测试。"

服务要领：

1）在完成交车前的准备工作后，要第一时间通知客户提车。

2）强调免费的服务作业项目。

步骤三：维护提示

检查完车辆，客户感到满意后，要主动向客户介绍车辆驾驶及保养注意事项及下一次保养建议。

例："先生，您的汽车行驶到40000km的时候建议您换一个空气滤清器，以减少燃油的消耗。"

"先生，提醒一下您，像您这辆自动档的汽车在下坡时请不要把挡位放在空挡，这样会造成部分元件损坏。"

"先生，您爱车下次保养的时间是40000km。"

服务要领：意见是建议性的，态度要友善，容易让客户接受。

步骤四：客户结算单认可

1）服务顾问耐心地解释结算单的有关内容，出示客户签字过的维修工单，避免客户草率签字后回家仔细看结算时发现理解有出入，造成不满。

2）请客户在结算单、定期保养单上签字确认。

3）引领客户去财务室结算。

服务要领：

1）认真负责，耐心细致。

2）异议处理时，态度一定要友善，遇到客户有不理智言行时，一定要理智、克制，主动或应客户要求请高级别的领导协同处理。

3）服务顾问一定要陪同顾客前往财务室结算。

步骤五：交车

1）结算完毕，服务顾问将车钥匙、行驶证、出厂凭证、保养提示卡等准备好。

2）服务顾问将车钥匙、相关证件等交给客户。

3）帮助客户开车门上车，感谢客户光临。

4）目送客户离开，挥手再见。

服务要领：

1）提醒客户保存好车辆出门条，携带好随身物品。

汽车维修业务接待实务

2）送别时向客户提供有益的道路参考及提示客户系好安全带。

一、编制并填写车辆《出厂检验记录表》

编制车辆《出厂检验记录表》，见表6-10，填写表中各个项目数据准确无误，表单用于企业、客户查检车辆交付情况。

表6-10　车辆出厂检验记录表

序号	工单号	车牌号码	维修类别	交车、检验时间	检验项目	钥匙接收	备注

二、交车注意事项

1）检查维修项目完成情况，确认维修项目的价格与预告的价格一致。

2）服务顾问在核对相关单据时，如出现车间维修人员笔误或书写不规范的，要及时纠正，避免漏填、错填等现象。

3）服务顾问检查汽车时，对车内物品要轻拿轻放，确认手上或衣物无硬物、利器，避免造成汽车二次损伤。

4）确认修后车辆已经清洗干净。

5）清洗完毕的车辆需停放在竣工车辆停车场。

6）交车钥匙、出门条给车主，注意送客时的服务礼仪。

任务评价

任务编号		20	学时：4学时		学生姓名：		总分：	
类别	序号	评价项目	评价内容及要求	配分	学生自评	学生互评	教师评价	得分
职业素质评价	1	文明、安全意识	遵守维修实训中心（或4S店）、一体化教室文明生产规则，遵守设备（含汽车、配件、软件或其他教具等）安全操作规程。纪律表现好	8				
	2	个人仪容	注重职业形象。面部清洁；不留长指甲；头发前不盖眉，不染发，女生扎发髻，男生头发不过长、不留胡须	8				

模块六　汽车维修服务工作流程

（续）

类别	序号	评价项目	评价内容及要求	配分	学生自评	学生互评	教师评价	得分
任务编号		20	学时：4学时		学生姓名：		总分：	
职业素质评价	3	个人仪表	服装整洁，着职业化服饰；标志牌（工作牌）佩戴于左前胸	8				
	5	团队合作任务执行	分组训练沟通交流、合作参与意识强；协作性、积极主动性好；责任感较强、任务完成度良好	8				
岗位技能评价	6	交车步骤熟练	按交车流程熟练展示维修效果，检查车辆外观维修项目、内部维修项目；会展示增值服务，懂介绍车辆驾驶及保养注意事项，会提醒客户下一次保养里程或时间	20				
	7	结算流程及单据处理	熟悉结算流程，维修工时费、配件价格说明；及时陪同客户结算，请客户在结算单、定期保养单上签字确认	15				
	8	送客礼仪	确认客户回访方式，摘取车内四件套；仪态大方送客，礼貌帮助客户开车门；热忱感谢客户光临	15				
	9	过程的连续性	过程顺畅，交流声音清晰、语言表达流利，交车过程连贯无中断	10				
	10	运用知识能力	是否能够运用知识完成交车训练，能就交车问题完成与顾客的交流	8				

注：按学生自评占20%、学生互评占30%、教师评价占50%计算总分。

 思考与训练

1. 学生角色扮演，分组训练。一人扮演顾客，一人扮演服务顾问，模拟完成交车服务流程和送客礼仪，予以评分。

2. 将学生分为4个组，分别填写表6-9、表6-10，并完成实训活动评价。

任务五　服 务 跟 踪

 任务目标

1. 掌握服务跟踪的流程，精通服务跟踪步骤及话术；
2. 正确填写回访记录表；
3. 熟悉电话礼仪的运用，熟练电话回访模板；
4. 学会运用专业知识解答客户疑问，有效疏导客户的抱怨情绪。

207

任务描述

按服务跟踪程序对维修车辆出厂两天后的客户×××先生进行电话回访。

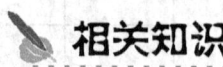

相关知识

一、跟踪回访的内容

服务回访的目的：一方面可以显示出维修企业对客户及其车辆的关怀，便于客户提出任何疑虑或问题；另一方面维修企业根据客户对本企业维修质量、客户接待、收费情况和维修时效性等方面反馈的信息发现自己在服务中存在的不足，进而进行持续的工作改进。

跟踪回访是维修服务流程中的十分重要的最后一道环节，属于与客户的接触沟通和交流环节，一般通过电话访问的方式进行。在较大一些的维修企业由专职的信息回访员来做这项工作，在较小的维修企业可由业务接待兼职来做。

跟踪回访的内容主要包括车辆使用情况、工作人员态度、工作人员效率、工作人员业务水平、维修价格及企业整体形象等方面，见表6-11。

表6-11 回访记录表

客户姓名：_____ 车牌号：_____ 联系电话：_____
维修单号：_____ 出厂时间：_____ 服务顾问：_____ 回访日期：_____

序号	项目内容	很满意	满意	基本满意	不满意	意见建议
1	车辆使用情况					
2	工作人员态度					
3	工作人员效率					
4	工作人员业务水平					
5	收费情况					
6	企业整体形象					
7	其他					

备注：

二、跟踪回访的流程

任何服务工作都有规律可循，对在厂维修车辆的客户进行跟踪回访，是维修企业最为重要的工作之一。跟踪回访工作流程见图6-8。

模块六 汽车维修服务工作流程

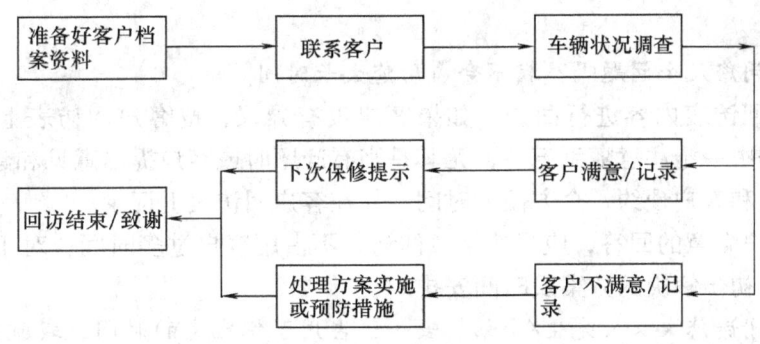

图6-8 跟踪回访工作流程

三、跟踪回访规程及注意事项

服务顾问询问客户在维修车辆过程中的服务经历的满意程度，询问内容不局限于客户对车辆维修工作本身的满意程度，同时应向客户表明维修企业非常重视维持客户关系，回访的最终目标是尽可能长时间地留住客户。客户对维修企业（品牌4S店）提供的服务是否满意极为重要，客户的反馈意见无论是正面的，还是负面的，对企业都是有价值的指导，可以用来提高企业当前的服务水平。在跟踪回访过程中应注意严格按照有关的规程操作。

1. 专人负责制

企业设置由专人负责协调客户跟踪回访工作。工作内容包括：准备客户回访表；电话回访完成后收集客户回访表，统计并总结当天的客户回访报告；将当天的客户回访总结报告和客户的任何抱怨呈报服务经理，以便制定解决方案、实施相关措施。

2. 回访的人员素质要求

1）甜美的声音和良好的电话沟通技巧、礼貌。

2）良好的自我修养，理解电话回访工作的重要性，工作耐心细致，工作中不能与客户发生任何形式的争执。

3）全面的车辆维修专业知识，根据客户回访表的内容以及标准回访流程进行客户回访，并将回访结果存档。

3. 使用规范程序及电话模板

电话回访人员在接触客户时最好使用一个固定的模板，无论哪一位都按照相同的顺序问客户相同的问题，以确保结果的持续性。以下是一个访问的规定程序及电话模板。

1）在给客户拨打电话前，先了解客户及其车辆的详细情况：客户姓名、车型、交车日期等。给客户拨打电话但联系不上时，在客户回访表相应位置填写1表示第1次，2表示第2次，以此类推。

2）按规定模板打通电话。

例："先生"或"女士"或"小姐"（客户姓名），"早上好"或"晚上好"等。

"我是×××汽车4S店的×××"。

"是您于×月×日送修了×××车到我们汽车4S店维修部吗？"（如果接听电话的是其他人，则告诉对方你要找谁）。

"正如我们的服务顾问×××在接车环检时给您解释的一样，今天的电话是想向您做一

汽车维修业务接待实务

个电话回访。"

"现在方便问您几个问题吗？我不会占用您太长时间。"

3）按跟踪回访表内容进行回访。如果客户没有异议，按客户回访表上的提示开始提问，在提问过程中一定注意随手记录，尤其是当有问题时或客户提出意见和建议时。如果客户暂时不方便，和客户预约一个方便的时间，并在客户回访表上记录。

4）对于客户满意的回答，应尽快结束回访，不占用客户过多时间；对于客户提出的问题给予客户一个初步解决的方案及时间安排。

例："非常谢谢您×××先生/小姐、女士，占用了您宝贵的时间，我就想了解这么多，期待下次在我们公司见到您，再见！或祝您一切顺利！"

"哦，听到这样的消息，我非常抱歉。×××先生/女士、小姐，请问能多问您一些问题吗？我们需要这些信息，以便我们能采取矫正措施尽量让您满意。"

"我会将您这些宝贵的意见反映给我们的服务经理×××，他或者服务顾问×××在两天之内会联系您，与您讨论问题的细节和具体解决方案。"

"您觉得什么时间联系您会比较方便呢？"

"是拨打您的号码××××××××联系您，还是您会提供我们另外的电话号码呢？"

"非常谢谢您，×××先生/小姐或女士。您将会很快收到我们的回复，再见！"

4. 跟踪回访有关注意事项

1）电话回访客户对维修工作的满意程度，应在客户取车之后1~3天内进行，时间过长会让客户有产生抱怨，尤其是车辆有问题时。

2）当客户接电话不方便时，要灵活运用其他方式，比如当打通电话时，客户说："我正在开车"，然后就把电话挂了。作为服务顾问则不能相隔一段时间后又打过去，而是相隔一段时间后改用短信息或电子邮件等方式联系客户，应对打扰客户表示致歉，并告之身份及再次致电时间或请客户直接以短信、邮件答复。

3）如果电话回访无法联系到客户，应在第4天向客户发出信函进行回访。

4）对于满意的客户，在通话结束前，应向客户发出下次保养的邀请，并在下次保养前进行提醒服务。

5）每日的回访任务结束后，将当日的回访记录交给服务经理，并及时将跟踪结果向维修经理汇报。维修经理与顾客联系，属服务质量问题的将车开回进行维修，属服务态度问题的向顾客表示歉意，直至顾客满意。

任务实施

一、任务实施前的准备工作

1. 设备及工具准备

文件板、工作牌、夹板、笔、电脑一台、电话机两台等。

2. 学生组织准备

身着工作服；根据学生人数，分成3~5组，每组选定小组长

模块六　汽车维修服务工作流程

二、操作步骤

步骤一：跟踪回访资料准备

在进行客户回访前先准备好客户资料档案，维修跟踪回访记录表等资料。

要领：

在接通电话之前先阅读客户档案资料，对有关信息，如客户资料、维修项目、出厂日期等进行了解。

步骤二：接通电话

1）按规定模板接通电话，注意电话礼仪的使用。

2）先进行自我介绍，再确定客户身份。

要领：

1）正确选择电话回访时间，一般在维修车辆出厂后3日内为宜。

2）如果客户没有制定具体的回访时段，应尽量避开客户休息、用餐的时间，而且最好别在节假日打扰客户。

3）当客户不方便时或感觉到客户有情绪时，要灵活运用电话模板，采用变通方式。

步骤三：进入回访内容

1）说明本次访问的意图及大概时间。

2）打开跟踪回访记录表，针对表中内容一项一项进行确定。

例："您的汽车在行驶时方向盘转向沉重的现象还存在吗？"

"您对这次的维修质量还很满意吗？"

"好的，您说，我正在记录您说的问题，"

"您的建议非常好，我们一定采纳。"

要领：

1）回访交流过程中，始终保持热情、平和的心态。

2）在确定用户关心的问题时保持冷静、充满感情地听、不要随便打断用户的说话、不要有抵触情绪、不要否定用户的观点。

3）对客户满意的回答，要认可、赞同，并表示谢谢。

4）客户提出问题时，在未判断、确定问题之前，表示歉意，不要承认用户的判断都是对的。学会运用专业知识解疑答问，疏导客户的抱怨情绪。

5）对问题的协商解决，无论造成抱怨的责任是谁，必须协商出客户满意的解决决方案，站在用户的立场考虑解决方案，并表示十分愿意为其解决问题，直接询问用户如何解决的方案，估计用户的接受程度，保证用户满意。

步骤四：结束回访

1）回访内容进行完毕后，对客户表示感谢并提请预约。

2）对于待解决的问题给定客户一个初步解决方案及时间安排。

例："我们很高兴知道您的汽车已经行驶正常，谢谢您对我们维修站的信任与支持。"

"记住下一次的保养时间，我们一定会热情地为您服务。"

"对于您提出的问题，我们经理会打电话跟您联系的。"

要领：

正确掌握回访结束时间，避免造成不必要的时间浪费。

【案例讨论】

良好的服务回访能够提高企业的信誉度，有助于维护企业与客户的友好关系，从而提高客户的满意度。阅读图6-9了解服务回访的主要内容。

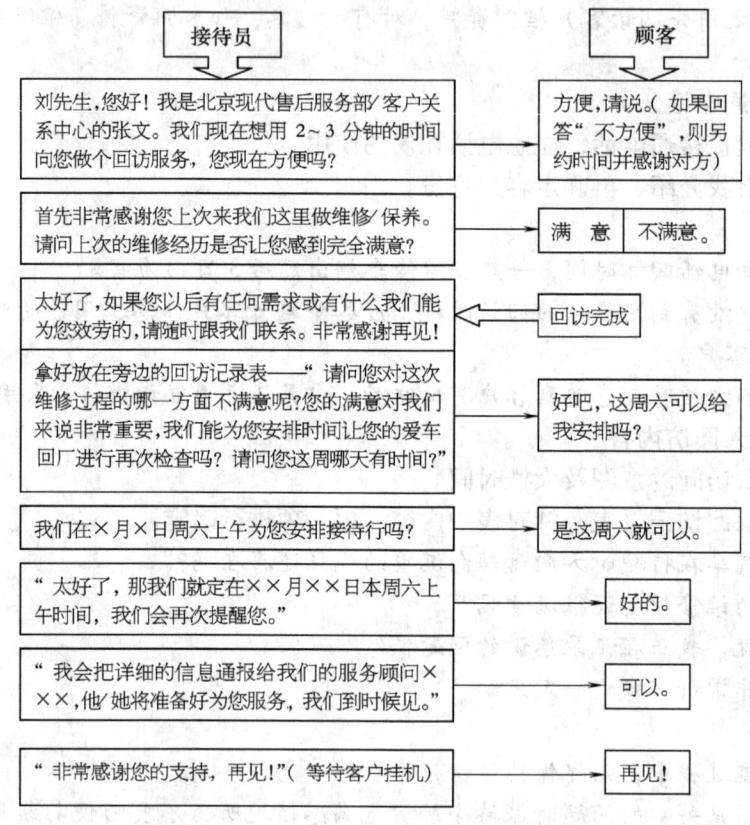

图6-9　服务回访的主要内容

议一议：电话回访中的用户抱怨处理

1）处理责任人：一般用户抱怨由客户关系管理主管处理，重大用户抱怨由服务经理直接处理。

2）表示歉意：对客户抱怨表示可以理解，但在未确定问题之前，不要马上承认用户的判断都是对的，责任全在企业。

3）确定用户关心的问题：在谈话时保持冷静，充满感情地听，切不可打断用户的说话；不要有抵触情绪，不要否定用户的谈话，避免指出用户的错误。

4）了解细节：通过提问的方式来了解和确定用户抱怨的细节。

5）协商解决：无论造成抱怨的责任是谁，必须协商出超出用户预料的解决方案；站在用户的立场考虑解决方案，并表示十分愿意为其解决问题；或直接询问用户如何解决方案，估计用户的接受程度，保证用户满意。

6）详细记录解决的方案。

任务评价

类别	序号	评价项目	评价内容及要求	配分	学生自评	学生互评	教师评价	得分
任务编号	21	学时：4学时			学生姓名：		总分：	
职业素质评价	1	文明、安全意识	遵守维修实训中心（或4S点）、一体化教室文明生产规则，遵守设备（含汽车、配件、软件或其他教具等）安全操作规程。纪律表现好	8				
	2	个人仪容	注重职业形象。面部清洁；不留长指甲；头发前不盖眉，不染发，女生扎发髻，男生头发不过长、不留胡须	8				
	3	个人仪表	服装整洁，着职业化服饰；标志牌（工作牌）佩戴于左前胸	8				
	4	电话礼仪	坐姿立腰、挺胸、上体自然挺直；双膝自然并拢、双腿正放或侧放（女），最多坐满椅子的2/3；左手持话机，右手持笔；始终保持微笑	10				
	5	团队合作任务执行	分组训练沟通交流、合作参与意识强；协作性、积极主动性好；责任感较强、任务完成度良好	8				
岗位技能评价	6	服务跟踪资料准备	提前准备客户联系资料；维修跟踪记录表、任务委托书、用户档案等	10				
	7	回访过程	自我介绍；介绍企业；个人的职务、姓名；确认用户身份；解释访问的意图；询问客户是否可以接受回访；了解维修后的车况	15				
	8	填写表格完成回访	填写《服务跟踪电话记录表》；填写无误、无漏；对用户表示感谢并提请预约；后于客户挂断电话	15				
	9	过程的连续性	与客户沟通过程顺畅，交流声音清晰、语言表达连贯，回访过程无中断	10				
	10	运用知识能力	是否能运用知识完成回访训练，完成服务跟踪与客户的交流，效果好	8				

注：按学生自评占20%、学生互评占30%、教师评价占50%计算总分。

 思考与训练

1. 学生角色扮演，一人扮演顾客，一人扮演服务顾问，分组训练并完成实训活动评分。

汽车维修业务接待实务

①练习服务跟踪话术——客户不满意维修质量的服务跟踪实训；②练习拨打、接听电话坐姿、手势。

2. 学生分组，各组设计"已维修项目"，就不同的项目填写表6-11，并予以评分。

学 后 小 结

本模块我们学习了汽车维修企业的维修服务工作流程，主要包括预约、接待、维修作业、结算与交车、服务跟踪五大任务。

◆预约包括主动预约和被动预约，被动预约是客户主动预约企业。

◆接待属于服务流程中与客户接触环节。业务接待应当具有良好的形象和礼仪，并善于与客户进行有效的沟通，体现出高水平的业务素质。

◆接车环检含：准备；迎接；车辆外观、内部、侧面检查；发动机舱、底底检查。

◆维修工单或维修委托任务书是客户委托维修企业进行车辆维修的合同文本。维修工单的主要内容有：客户信息、车辆信息维修企业、车辆维修作业信息、企业相关责任人签字和客户签字。

◆结算是服务顾问与客户接触的环节，结算单是客户结算修理费用的依据，维修完成交车时应及时打印结算单结算，不得让顾客等候。

◆跟踪回访是维修服务流程中的十分重要的最后一道环节，属于与客户的接触沟通和交流环节，一般通过电话访问的方式进行。

◆应掌握的单据有预约登记表、接车预检表、维修工单、终检表、回访记录表等。

附　　录

汽车维修合同实施细则

(1992年2月14日交通部、国家工商行政管理局发布)

第一条　为加强汽车维修行业管理，维护汽车维修经营活动的正常秩序，保障承、托修方当事人的合法权益，根据《中华人民共和国经济合同法》和《加工承揽合同条例》的有关规定，制定本细则。

第二条　本细则适用于中华人民共和国境内已取得当地交通主管部门核发的技术合格证和工商行政管理机关核发的营业执照的各类汽车维修业户（以下简称修方）与送修单位或车主（以下简称托修方）签订的书面汽车维修合同（以下简称合同）。

第三条　本细则由交通主管部门和工商行政管理机关组织实施，并负责监督、检查。

第四条　承、托修双方必须按要求使用汽车维修合同文本。合同必须按照平等互利、协商一致、等价有偿的原则依法签订，承、托修双方签章后生效。

第五条　下列汽车维修作业范围、承、托修双方必须签订合同。

（一）汽车大修；

（二）主要总成大修；

（三）二级维护；

（四）维修预算费用在一千元以上的。

第六条　承、托修双方根据需要可签订单车或成批车辆的维修合同，也可签订一定期限的包修合同。

第七条　承修方在维修过程中，发现其他故障需增加维修项目及延长维修期限时，应征得托修方同意后，方可承修。

第八条　合同签订后，双方应严格按合同规定履行各自的义务。

（一）托修方的义务：

按合同规定的时间送修车辆和收竣工车辆；

提供送修车辆的有关情况（包括送修车辆基础技术资料、技术档案等）；

按合同规定的方式和期限交纳维修费用。

（二）承修方的义务：

1. 按合同规定的时间交付修竣车辆；

2. 按照有关汽车修理技术标准（条件）修车，保证维修质量，向托修方提供竣工出厂合格证；

3. 建立承修车辆维修技术档案，并向托修方提供维修车辆的有关资料及使用的注意事项；

4. 按规定收取维修费用，并向托修方提供维修工时，材料明细表。

第九条　代订合同，要有委托单位证明，根据授权范围，以委托单位的名义签订，对委托单位直接产生权利和义务。

第十条 合同的主要内容：

（一）承、托修方的名称；

（二）签订日期及地点；

（三）合同编号；

（四）送修车辆的车种车型、牌照号、发动机型号（编号）、底盘号；

（五）维修类别及项目；

（六）预计维修费用；

（七）质量保证期；

（八）送修日期、地点、方式；

（九）交车日期、地点、方式；

（十）托修方所提供材料的规格、数量、质量及费用结算原则；

（十一）验收标准和方式；

（十二）结算方式及期限；

（十三）违约责任和金额；

（十四）解决合同纠纷的方式；

（十五）双方商定的其他条款。

第十一条 汽车维修合同签订后，任何一方不得擅自变更或解除。当事人一方要求变更或解除维修合同时，应及时以书面形式通知对方。因变更或解除合同使一方遭受损失的，除依法可以免除责任的外，应由责任方负责赔偿。

第十二条 托修方按合同规定对竣工车辆进行验收签字后，方能接收车辆。承修方必须按其义务和规定提供有关资料。

第十三条 托修方未按合同规定时间送修车辆和承修方未按合同规定时间交付竣工车辆，应按合同规定支付对方违约金。

托修方不按合同规定交付维修费，从应付费次日起，每日按不超过维修费的0.1%向承修方交纳滞纳金。

第十四条 违约金、滞纳金金额由双方商定，但法律另有规定的除外。

除双方另有商定的外，违约金、赔偿金应在明确责任后十日内偿付，否则按逾期付款处理。

第十五条 在合同期内已竣工的车辆，托修方不按合同期限验收接车，应承付车辆的保管费和自然损伤的修复费。逾期超过半年以上的，承修方有权将车辆提交有关部门依法处理。

第十六条 承、托修双方在履行合同中发生纠纷时，应及时协商解决；协商不成时，任何一方均可向当地经济合同仲裁部门申请仲裁或直接向当地人民法院起诉。维修车辆在质量保证期内发生质量问题，当事人也可先到所在地交通主管部门提请调解处理。

第十七条 承修方应建立健全合同管理制度，并有专（兼）职人员负责合同管理工作。对已签订的合同要建立登记台帐并妥善保管。

第十八条 汽车维修业户应定期向汽车维修行业管理部门书面报送合同履行情况，作为汽车维修行业管理部门对维修业户考核的内容之一。

第十九条 对违反本细则的行为,分别给予以下处理:

(一)凡属于第五条规定范围而不签合同的,交通主管部门可对维修业户予以警告和罚款,每次罚款额按实际发生或额定的维修费用总额2%(至少20元)计。由此而引起车辆维修质量或经济方面的纠纷,管理部门不予受理。

(二)维修业户凡不按规定签订的合同,交通主管部门责令维修业户修改。

第二十条 各地交通主管部门可结合本地的实际情况,根据本细则规定会同当地工商行政管理部门制定补充规定。

第二十一条 本细则由中华人民共和国交通部和国家工商行政管理局负责解释。

第二十二条 本细则自一九九二年三月一日起执行。

参 考 文 献

[1] 马涛，范海飞. 汽车维修业务接待 [M]. 北京：人民交通出版社，2011.
[2] 宋福昌. 汽车维修技巧与经验集锦 [M]. 沈阳：辽宁科学技术出版社，2008.
[3] 丰田汽车公司. 汽车维护操作 [M]. 北京：高等教育出版社，2006.
[4] 赵长利. 汽车保险与理赔 [M]. 北京：人民交通出版社，2011.
[5] 金加龙. 汽车维修业务接待 [M]. 北京：电子工业出版社，2008.
[6] 宓亚光. 汽车配件经营与管理 [M]. 北京：机械工业出版社，2008.
[7] 吴荣辉. 汽车销售与服务流程 [M]. 上海：同济大学出版社，2010.
[8] 程诚，应继儨，等. 汽车服务系统工程 [M]. 北京：人民交通出版社，2007.
[9] 鲍贤俊. 汽车维修业务管理 [M]. 北京：人民交通出版社，2005.
[10] 朱军，屈光洪. 汽车商务与服务管理实务 [M]. 北京：机械工业出版社，2008.
[11] 游四海，等. 汽车服务工程 [M]. 重庆：重庆大学出版社，2005.
[12] 夏志华. 汽车维修企业管理 [M]. 北京：中国劳动社会保障出版社，2007.
[13] 朱杰，等. 汽车服务企业管理 [M]. 北京：电子工业出版社，2005.
[14] 贾途钧，莫远. 如何做好汽车维修业务接待 [M]. 北京：机械工业出版社，2008.
[15] 谭德荣，董恩国. 汽车服务工程 [M]. 北京：北京理工大学出版社，2007.
[16] 张国方，朱杰，等. 汽车配件销售员培训教程 [M]. 北京：人民交通出版社，2004.

机械工业出版社

教师服务信息表

尊敬的老师：

您好！感谢您多年来对机械工业出版社的支持与厚爱！为了进一步提高我社教材的出版质量，更好地为职业教育的发展服务，欢迎您对我社的教材多提宝贵意见和建议。另外，如果您在教学中选用了《汽车维修业务接待实务》（潘波　主编）一书，我们将为您免费提供与本书配套的电子课件。

一、基本信息

姓名：_____　性别：_____　职称：_____　职务：_____
学校：_____　系部：_____
地址：_____　邮编：_____
任教课程：_____　电话：_____(O)　手机：_____
电子邮件：_____　qq：_____　msn：_____

二、您对本书的意见及建议

（欢迎您指出本书的疏误之处）

三、您近期的著书计划

请与我们联系：

100037　北京市西城区百万庄大街22号机械工业出版社·技能教育分社　陈玉芝
Tel：010-88379079
Fax：010-68329397
E-mail：cyztian@gmail.com 或 cyztian@126.com